住区建成环境对居民健康活动行为的影响研究

——以北京上地-清河地区为例

李婧 著

中国建筑工业出版社

图书在版编目（CIP）数据

住区建成环境对居民健康活动行为的影响研究——
以北京上地–清河地区为例／李婧著．—北京：中国建
筑工业出版社，2018.6
　　ISBN 978-7-112-22284-1

　　Ⅰ．①住…　Ⅱ．①李…　Ⅲ．①居住环境－影响－
居民－行为方式－研究－北京　Ⅳ．①C912.68

　　中国版本图书馆CIP数据核字（2018）第118577号

　　随着城镇化、老龄化等现实问题以及国家政策的整体导向下，我国
城市居民健康的需求和迫切性日益增加，城市建成环境与居民健康之间有
着密切的联系。城市规划科学及其他相关空间环境的学科逐渐将由静态的
物质功能转向社会与人的行为特征方面。在城市高密度住区这一典型的居
住形态条件下，我国居民健康活动与住区建成环境的关系尤为重要且值得
研究。本书正是基于这样的时代背景，聚焦微观个体的健康活动行为，以
住区建成环境与居民健康活动的基本关系为基本立足点，将居民的健康活
动行为与住区的建成环境要素进行逐一分析与研究，寻找两者之间的关
系，以期对当前我国城市住区的建成环境更新及改造有所引导和启示。

资助基金：

国家自然科学基金青年基金（51708002）公共健康指引下大型居住区建成
环境的优化模型与改造策略研究
教育部人文社科青年基金（13YJCZH080）促进城市高密度住区健康行为
活动的规划设计研究

责任编辑：唐　旭　孙　硕
书籍设计：锋尚设计
责任校对：张　颖

住区建成环境对居民健康活动行为的影响研究
　　——以北京上地–清河地区为例
李　婧　著
＊
中国建筑工业出版社出版、发行（北京海淀三里河路9号）
各地新华书店、建筑书店经销
北京锋尚制版有限公司制版
北京建筑工业印刷厂印刷
＊
开本：787×1092毫米　1/16　印张：17¼　字数：306千字
2018年7月第一版　　2018年7月第一次印刷
定价：**58.00元**
ISBN 978-7-112-22284-1
　　（32172）

前　言

城市规划学研究的核心问题之一是城市空间对人产生了怎样的影响，探讨城市生活方式的表现及其形成机制。城市规划学的研究重点从早期人-地关系研究转向人-社会关系研究，研究的视角逐渐由静态的城市物质空间转向动态的社会空间、从功能空间转向行为空间。我国社会经济发展不断推进，社会经济改革的不断深化，城市得到了空前的发展，以土地利益关系调整为核心的城市空间重组及不均衡现象得到加剧，在这样背景下，作为表征居民生活质的居民健康活动行为及与产生时空行为的特定环境特性及空间特征模式成为城市规划学研究的新的重要领域，聚焦时空行为所包含特定的建成环境如何与居民日常健康行为产生交互关系，这正是本研究要探讨的核心问题。

我国高密度住区内的居民健康相关的生活方式与行为模式具有其独特的模式与特征，与国外尤其是发达国家的居住形态区分较大，目前缺少系统深入的分析；另一方面，对于住区环境与健康行为的逻辑关系、空间环境与健康关系的理论框架、建筑心理等定性化研究，国内的相关研究还较为缺乏。本研究通过居民时空行为视角，研究高密度住区建成环境与居民健康活动的关系，具有很强的现实意义和理论意义。

本研究将提升健康设计在空间环境规划设计研究的理论地位。在发达国家，健康设计（Healthcare Design）早已成为建筑与环境设计、公共健康研究中的一个非常重要的门类。每年这些国家和重点实验室都投入大量科研经费在该领域，健康关注的科学知识也在相关学科教育中贯穿，尤其是建筑学、城市规划、社会学的相关领域中。在我国当前的住区规划设计理论研究中，对于环境空间的健康关注较少，也未对高密度城市住区这样居民和资源环境矛盾凸显的对象有更多健康设计侧重。所以，本书的研究可以提升健康设计在城市住区，尤其是高密度城市住区的空间环境设计理论中的地位，推动该分支领域的理论体系发展和完善。

本书将建立以健康生活为导向的城市规划路径。在城市规划的转型时期，我国的城市规划日益看重宏观城市发展与微观日常生活的协同，规划的思维方式转向以居民健康生活圈为节点，以居民活动路径为轴带，以社会及环境的可持续发展为目标，以空间需求为导向，以居民生活空间体系为核心内容的城市空间结构规划新模式。

目 录

前 言

第1章 绪论 ·· 001

1.1 研究背景与意义 ·· 002
    1.1.1 理论背景 ·· 002
    1.1.2 实践背景 ·· 005

1.2 研究思路与框架 ·· 010
    1.2.1 相关概念界定 ·· 010
    1.2.2 研究思路 ·· 010
    1.2.3 研究框架 ·· 011

1.3 研究目标 ·· 012

1.4 研究内容 ·· 013
    1.4.1 住区建成环境系统的指标体系构建 ········ 014
    1.4.2 住区居民健康活动时空行为轨迹分析 ········ 014
    1.4.3 住区建成环境与居民健康活动行为关系的理论构建 ···· 015
    1.4.4 住区建成环境对居民健康活动行为作用机制分析 ···· 015
    1.4.5 住区建成环境影响居民健康活动机制的验证 ········ 016
    1.4.6 基于居民健康活动行为的建成环境要素完善策略 ···· 016

1.5 研究结构 ·· 016

1.6 研究创新与实践价值 ·· 018
    1.6.1 研究创新 ·· 018
    1.6.2 实践价值 ·· 018

第2章　时空行为视角下的居民健康活动研究 ⋯⋯⋯⋯⋯⋯⋯⋯⋯⋯⋯⋯ 021

2.1　时空行为研究的理论基础 ⋯⋯⋯⋯⋯⋯⋯⋯⋯⋯⋯⋯⋯⋯⋯⋯⋯⋯⋯⋯ 022
　　2.1.1　行为地理学 ⋯⋯⋯⋯⋯⋯⋯⋯⋯⋯⋯⋯⋯⋯⋯⋯⋯⋯⋯⋯⋯⋯⋯⋯ 022
　　2.1.2　建筑心理学 ⋯⋯⋯⋯⋯⋯⋯⋯⋯⋯⋯⋯⋯⋯⋯⋯⋯⋯⋯⋯⋯⋯⋯⋯ 023
　　2.1.3　城市规划学 ⋯⋯⋯⋯⋯⋯⋯⋯⋯⋯⋯⋯⋯⋯⋯⋯⋯⋯⋯⋯⋯⋯⋯⋯ 025
2.2　时空行为研究的侧重点 ⋯⋯⋯⋯⋯⋯⋯⋯⋯⋯⋯⋯⋯⋯⋯⋯⋯⋯⋯⋯⋯⋯ 026
　　2.2.1　时空行为视角下的城市空间规划研究 ⋯⋯⋯⋯⋯⋯⋯⋯⋯⋯⋯⋯ 026
　　2.2.2　时空行为视角的城市管理 ⋯⋯⋯⋯⋯⋯⋯⋯⋯⋯⋯⋯⋯⋯⋯⋯⋯ 028
2.3　时空行为视角下的居民健康活动的研究 ⋯⋯⋯⋯⋯⋯⋯⋯⋯⋯⋯⋯⋯⋯ 028
　　2.3.1　居民健康出行行为 ⋯⋯⋯⋯⋯⋯⋯⋯⋯⋯⋯⋯⋯⋯⋯⋯⋯⋯⋯⋯⋯ 028
　　2.3.2　日常生活时间利用的研究 ⋯⋯⋯⋯⋯⋯⋯⋯⋯⋯⋯⋯⋯⋯⋯⋯⋯ 029
　　2.3.3　健康活动行为及其影响因素 ⋯⋯⋯⋯⋯⋯⋯⋯⋯⋯⋯⋯⋯⋯⋯⋯ 030

第3章　居民健康活动与建成环境的互动研究 ⋯⋯⋯⋯⋯⋯⋯⋯⋯⋯⋯⋯ 033

3.1　建成环境概念 ⋯⋯⋯⋯⋯⋯⋯⋯⋯⋯⋯⋯⋯⋯⋯⋯⋯⋯⋯⋯⋯⋯⋯⋯⋯⋯ 034
　　3.1.1　建成环境 ⋯⋯⋯⋯⋯⋯⋯⋯⋯⋯⋯⋯⋯⋯⋯⋯⋯⋯⋯⋯⋯⋯⋯⋯⋯ 034
　　3.1.2　建成环境的要素构成 ⋯⋯⋯⋯⋯⋯⋯⋯⋯⋯⋯⋯⋯⋯⋯⋯⋯⋯⋯ 034
　　3.1.3　建成环境研究的基本内容 ⋯⋯⋯⋯⋯⋯⋯⋯⋯⋯⋯⋯⋯⋯⋯⋯⋯ 035
3.2　行为-空间环境研究两种视角 ⋯⋯⋯⋯⋯⋯⋯⋯⋯⋯⋯⋯⋯⋯⋯⋯⋯⋯⋯ 036
　　3.2.1　基于空间的研究范式 ⋯⋯⋯⋯⋯⋯⋯⋯⋯⋯⋯⋯⋯⋯⋯⋯⋯⋯⋯ 037
　　3.2.2　基于人的研究范式 ⋯⋯⋯⋯⋯⋯⋯⋯⋯⋯⋯⋯⋯⋯⋯⋯⋯⋯⋯⋯ 037
3.3　住区建成环境与居民健康的关系 ⋯⋯⋯⋯⋯⋯⋯⋯⋯⋯⋯⋯⋯⋯⋯⋯⋯ 038
　　3.3.1　健康城市规划的研究 ⋯⋯⋯⋯⋯⋯⋯⋯⋯⋯⋯⋯⋯⋯⋯⋯⋯⋯⋯ 038
　　3.3.2　健康邻里规划的研究 ⋯⋯⋯⋯⋯⋯⋯⋯⋯⋯⋯⋯⋯⋯⋯⋯⋯⋯⋯ 043
　　3.3.3　健康城市与健康活动行为的融合 ⋯⋯⋯⋯⋯⋯⋯⋯⋯⋯⋯⋯⋯⋯ 046

3.4 建成环境对居民健康活动行为的影响 ⋯⋯⋯⋯⋯⋯⋯⋯⋯⋯⋯⋯⋯⋯⋯ 049

　　3.4.1 大尺度建成环境对居民体力活动的影响研究 ⋯⋯⋯⋯⋯⋯⋯⋯⋯ 050

　　3.4.2 邻里类型建成环境对居民健康活动的影响 ⋯⋯⋯⋯⋯⋯⋯⋯⋯⋯ 051

　　3.4.3 建成环境感知对居民健康活动的影响 ⋯⋯⋯⋯⋯⋯⋯⋯⋯⋯⋯⋯ 051

3.5 研究评述 ⋯⋯⋯⋯⋯⋯⋯⋯⋯⋯⋯⋯⋯⋯⋯⋯⋯⋯⋯⋯⋯⋯⋯⋯⋯⋯⋯⋯ 053

第4章　案例住区居民出行行为与建成环境数据采集与分析 ⋯⋯⋯⋯⋯ 055

4.1 研究区域基本概况 ⋯⋯⋯⋯⋯⋯⋯⋯⋯⋯⋯⋯⋯⋯⋯⋯⋯⋯⋯⋯⋯⋯⋯ 056

　　4.1.1 北京市自然经济社会条件 ⋯⋯⋯⋯⋯⋯⋯⋯⋯⋯⋯⋯⋯⋯⋯⋯⋯ 056

　　4.1.2 北京市城市与住区发展 ⋯⋯⋯⋯⋯⋯⋯⋯⋯⋯⋯⋯⋯⋯⋯⋯⋯⋯ 057

　　4.1.3 居住空间分异与北京居民行为关系 ⋯⋯⋯⋯⋯⋯⋯⋯⋯⋯⋯⋯⋯ 061

4.2 研究数据的获取 ⋯⋯⋯⋯⋯⋯⋯⋯⋯⋯⋯⋯⋯⋯⋯⋯⋯⋯⋯⋯⋯⋯⋯⋯ 063

　　4.2.1 传统问卷与移动定位技术 ⋯⋯⋯⋯⋯⋯⋯⋯⋯⋯⋯⋯⋯⋯⋯⋯⋯ 064

　　4.2.2 案例区域的选取 ⋯⋯⋯⋯⋯⋯⋯⋯⋯⋯⋯⋯⋯⋯⋯⋯⋯⋯⋯⋯⋯ 066

　　4.2.3 移动定位技术下的大数据获取 ⋯⋯⋯⋯⋯⋯⋯⋯⋯⋯⋯⋯⋯⋯⋯ 067

　　4.2.4 问卷设计 ⋯⋯⋯⋯⋯⋯⋯⋯⋯⋯⋯⋯⋯⋯⋯⋯⋯⋯⋯⋯⋯⋯⋯⋯ 069

　　4.2.5 调查实施 ⋯⋯⋯⋯⋯⋯⋯⋯⋯⋯⋯⋯⋯⋯⋯⋯⋯⋯⋯⋯⋯⋯⋯⋯ 071

　　4.2.6 居住社区建筑环境数据获取 ⋯⋯⋯⋯⋯⋯⋯⋯⋯⋯⋯⋯⋯⋯⋯⋯ 074

第5章　建成环境与居民健康活动的理论关系构建 ⋯⋯⋯⋯⋯⋯⋯⋯⋯ 077

5.1 研究样本的描述性统计分析 ⋯⋯⋯⋯⋯⋯⋯⋯⋯⋯⋯⋯⋯⋯⋯⋯⋯⋯ 078

5.2 建成环境与健康活动理论内涵与评价指标构建 ⋯⋯⋯⋯⋯⋯⋯⋯⋯ 079

　　5.2.1 建成环境与健康活动的理论内涵 ⋯⋯⋯⋯⋯⋯⋯⋯⋯⋯⋯⋯⋯⋯ 079

　　5.2.2 建成环境与健康活动理论指标构建 ⋯⋯⋯⋯⋯⋯⋯⋯⋯⋯⋯⋯⋯ 081

5.3 建成环境与健康活动理论模型构建 ⋯⋯⋯⋯⋯⋯⋯⋯⋯⋯⋯⋯⋯⋯⋯ 086

　　5.3.1　多分类Logistic模型介绍 ··· 086

5.4　建成环境对健康活动的影响分析 ·· 087

　　5.4.1　解释变量分类与取值 ··· 087

　　5.4.2　回归结果分析 ··· 088

5.5　小结 ·· 101

第6章　不同类型住区建成环境对居民健康活动的影响 ··················· 103

6.1　上地-清河三类不同住区的选取 ·· 104

　　6.1.1　住区的选取 ··· 104

　　6.1.2　住区的统计描述 ··· 105

6.2　三类住区建成环境与健康活动的回归分析 ·································· 108

　　6.2.1　20世纪90年代住区回归分析结果 ······································ 108

　　6.2.2　21世纪住区回归分析结果 ··· 118

　　6.2.3　政策型住区回归分析结果 ·· 129

6.3　三类住区建成环境对健康活动的比较分析 ·································· 136

　　6.3.1　三类住区建成环境对健康活动时间的比较分析 ····················· 136

　　6.3.2　三类住区建成环境对健康活动满意度的比较分析 ··················· 138

6.4　小结 ·· 140

　　6.4.1　建成环境对不同住区居民健康活动时长影响 ························· 140

　　6.4.2　建成环境对不同住区健康活动满意度的影响 ························· 141

第7章　住区建成环境要素对居民健康活动行为的影响机制 ·············· 143

7.1　居民健康活动行为的空间特征分析 ··· 144

　　7.1.1　模型与方法选择 ··· 144

　　7.1.2　活动时长空间密度分析 ··· 145

　　住区建成环境对居民健康活动行为的影响研究

　　　7.1.3　活动满意度空间分析 ································· 146

　7.2　建成环境要素对居民健康活动影响的机制分析 ············· 147

　　　7.2.1　研究思路与数据 ································· 147

　　　7.2.2　建成环境指标构建及分析模型 ················· 148

　　　7.2.3　影响居民健康活动的主因子提取 ··············· 151

　　　7.2.4　各社区居民健康活动环境综合评价 ············· 154

　　　7.2.5　小结 ··· 155

第 8 章　各社区建成环境要素的案例实证分析 ················· 157

　8.1　健康活动较优型住区 ······························· 158

　　　8.1.1　当代城市家园社区 ······························· 158

　　　8.1.2　领秀硅谷社区 ································· 166

　8.2　健康活动良好型住区 ······························· 171

　　　8.2.1　智学苑社区 ··································· 171

　　　8.2.2　安宁里社区 ··································· 178

　8.3　健康活动一般型住区 ······························· 183

　　　8.3.1　安宁东社区 ··································· 183

　　　8.3.2　毛纺北社区 ··································· 187

　　　8.3.3　上地东西里社区 ······························· 192

　8.4　健康活动较差型住区 ······························· 198

　　　8.4.1　美和园社区 ··································· 198

　　　8.4.2　力度家园社区 ································· 203

　8.5　不适宜健康活动型住区 ····························· 207

　　　8.5.1　铭科苑社区 ··································· 207

　　　8.5.2　安宁北社区 ··································· 211

　　　8.5.3　阳光社区 ····································· 216

8.5.4　毛纺南社区 ··· 221

8.5.5　海清园社区 ··· 226

8.6　小结 ·· 229

第9章　结论与讨论 ··· 231

9.1　基本结论 ··· 232

9.1.1　建成环境与居民健康活动行为的空间特征分析 ··········· 232

9.1.2　建成环境与居民健康活动行为的理论关系构建 ··········· 233

9.1.3　大尺度建成环境与居民健康活动的关系分析 ·············· 233

9.1.4　建成环境对居民健康活动影响的微观机制分析 ··········· 234

9.1.5　各社区建成环境要素的案例实证分析 ······················ 235

9.2　政策建议 ··· 235

9.2.1　健康活动环境完善的全面性策略 ··························· 236

9.2.2　健康活动环境完善的差异化策略 ··························· 236

9.2.3　健康活动环境完善的重点策略 ······························ 237

9.2.4　健康活动环境完善的案例参考策略 ························· 238

9.3　讨论 ·· 239

附录1　图录 ··· 241

附录2　表录 ··· 244

参考文献 ··· 247

住区建成环境对居民健康活动行为的影响研究

第 1 章

绪　论

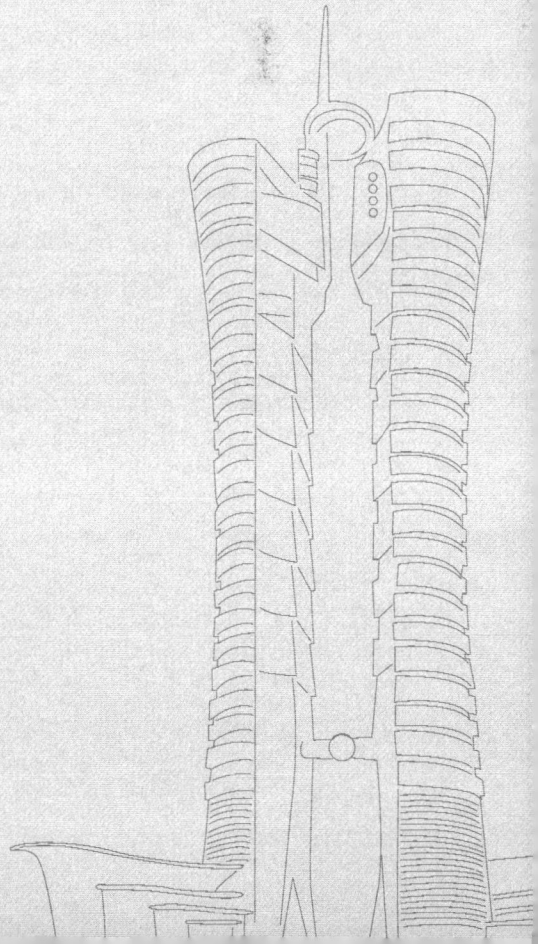

1.1 研究背景与意义

1.1.1 理论背景

1.1.1.1 城市规划研究的理论转型

城市规划学研究的核心问题之一是探讨城市生活方式（Urbanism）的表现及其形成机制。对于城市空间的研究早期主要集中在物质空间，受到人文转向的影响，城市规划学逐渐由对城市空间实体的研究转向对城市问题以及产生特定空间形态的经济、政治和行为过程的分析（Leitner，1989），研究重点从人–地关系研究转向人–社会关系研究（王兴中，2004；姚华松等，2007）。在此背景下，城市空间研究的视角逐渐由静态的城市物质空间转向动态的社会空间、从功能空间转向行为空间（Chai et al.，2007），关注点从土地利用的空间合理配置转向人类行为的空间表现，研究的目的也从重视生产的经济目标转向注重生活质量的社会需求目标。随着城市规划研究的哲学基础进入多元化的阶段，结构主义、后现代主义、女性主义等多元主义的发展在城市规划学者的话语体系中引起了一个普遍的共识，就是强调环境的特性及其时空变化（Lees，2002）。

时空行为视角下的居民健康活动行为是表征居民生活质量的重要形式，其与产生居民健康活动行为的特定环境及空间特征模式的交互关系成为城市规划学研究的新的重要领域。时空行为过程被认为是理解城市生活系统的核心（Lees，2002；Schwanen，2007；Kwan，2012a，2013），城市规划学者和城市地理学者已经开始意识到时间和移动性对于理解人类日常生活经历的重要性（Giddens，1984；Cresswell，2006；Urry，2007；Kwan，2013）。地理学家开始更多地关注地理环境的时间维度，时间逐渐成为批判地理学研究中的基础性要素。学者提出，时间属性的加入对于种族隔离、环境暴露和可达性的研究具有重要的意义，使用"地理背景"的概念，学者提出人类的日常生活经历具有时空情景的特征（Kwan，2012a，2012b）。部分学者开始意识到原有的基于静态的城市空间与社会研究存在问题，不能有效地把握城市运行和居民生活的特征。地理背景不确定性问题作为一个重要的概念被提出，认为个体的行为受到复杂的时间、空间和时空背景不确定性的影响而具有复杂性，原有的基于邻里效应的解释存在问题。因此，西方研究中社会排斥的测量已逐渐由基于地域（Place-based Measures）向基于个人（Person-based

Measures）、时空间中的测量（Spatio-temporal Exclusion）转变，后者所体现出的改善社会参与的可达性比仅仅提供物质环境机会更能对反社会排斥产生积极的意义（Geursand Wee，2004；Miller，2006）。西方早期强调建筑、道路、绿化、水、垃圾等物质实体环境对提高人们生活质量的意义，近年来则强调个体对周边物质实体环境的感知和心理反应及实体环境对个体时空行为之间的互动关系（Alfonzo，2005），即人不再是被动结构物质环境的改变，而是作为一个主体积极参与到影响自身行为的实体环境改造中（Kwan，2004）。

基于居民时空行为的城市研究成为理解城市空间与个体社会间交互的关键。以城市规划学、行为空间和活动分析法为核心的时空间行为研究，强调制约与决策的互动影响，通过时空间框架下的人类空间行为研究，深化了"人、时间与空间"的认识，以空间为基础建立了独特的时空哲学和方法论，为理解人类活动和城市环境之间在时空间上的复杂关系提供了独特的视角（Kwan，2004；Miller，2004）。一方面，强调人作为行为主体的作用，理解个体行为的制约与决策过程，重视从社会群体-家庭-个体以及长期决策-短期企划安排的层次决策与选择过程，从不同时间和空间维度理解个体与城市空间、个体与个体之间的互动过程。另一方面，强调行为与空间的互动，分析建成环境作为地理背景对于个体和群体行为模式的制约和塑造，同时个体通过他们的行为和其他人的相互作用，持续地改变空间安排并构建新的空间，表现为通过城市规划对于物质空间、社会空间的优化。

居民健康活动行为体现了主体和客体、理性与情感、日常生活和非日常生活等生活方式的统一，是个体时空行为的重要组成部分，也是其对所处实体建成环境互动选择的结果。基于居民时空行为的"健康活动行为"是随着人们消费水平、生活方式及需求结构的不断转变，对社会发展诸多方面提出新的需求，即人们对"生活质量"的高度关注。美国经济学家Galbrainth（1958）认为"生活质量"除了经济价值外，还应包括社会的平等、生态的平衡、都市的整洁，以及美、尊严、生活的乐趣等非经济价值。随着生活方式的自由化与多样化，城市居民个人偏好与主观能动性不断增强，增加居民健康活动时间及频次是城市空间结构调整提出的新的要求（柴彦威、沈洁，2006）。即城市的时空行为研究要注重个体行为的制约机制，通过调整城市物质空间的配置，以便最大程度地消除个体行为的制约，从而增强居民的健康活动行为。

近年来，中国城市转型与空间重构的研究重点逐步转向对微观过程与机制的剖析，微观个体行为与城市实体空间之间的互动关系成为透视转型的重要切入点。时空行为视角下居民健康活动研究在这一方面具有得天独厚的优势，使城市研究者能够从个体日常健康活动行为的视角理解中国城市建成环境及实体空间面临的转型，成为理解中国城市社会转型的行为范式。

1.1.1.2　基于时空行为下的城市研究范式

城市居民个体时空行为是城市研究的重要研究内容。在不同的研究中，时空间行为研究重视时空间的关联性，强调建成环境、基本服务设施、交通设施时空配置与居民时间利用的密切联系，这种关系可以更有效地应用于规划实践中。当前，基于时空间行为视角的生活时间利用研究揭示了城市空间、建成环境构成、信息科学技术使用、居民活动时间分配与发生时间特征及居民属性等因素的作用机制，以及城市时空环境对居民时空可达性的影响。

时空行为研究表明，一方面可以通过空间规划和信息发布的方式，调控居民的时间利用；另一方面，可以基于居民的时空间行为需求，规划城市时空间资源。充分揭示了居民的时间利用行为与城市时空系统的互动关系，在一定程度上论证了以时间为导向的公共政策的有效性。

目前，时空行为研究已有的规划应用的方式可归纳为两方面：首先，面向居民行为，以居民行为作为规划与管理的对象，将研究成果直接应用于居民行为的优化。具体来说，通过软性政策、信息化手段辅助居民在日常生活中进行智慧的行为决策，引导居民形成智慧、健康、低碳的行为模式与生活方式，这种引导是直接性的。其次，基于居民行为，识别城市空间现状、分析城市空间问题，并在此基础上提出城市空间的优化建议。具体来说，基于个体行为，进行城市时间结构（如公共服务设施运营时间）、城市空间结构（如土地利用布局）的优化调控，保证城市时空间结构与居民生活活动需求相匹配，为居民日常生活的"智慧"化提供城市物质环境的基本保障。总之，"基于行为"和"面向行为"这两大应用的方向，为开拓时空间行为研究新领域提供了思路。

然而，目前时空行为研究的规划应用探索侧重于城市空间发展决策与规划设计等领域，缺少面向居民生活时间利用的规划管理成果，无法充分体现时空行为研究"时空整合"的理论特色，也无法有效回应目前城市活动系统在时间维度的运行机制日趋复杂的现实问题。尽管已有学者基于实证研究的分析结果，提出了以时间为核心的规划、政策建议。例如，Neutens等（2010）通过分析设施运营时间与居民时空可达性的关系，提出了一种基于时空可达性优化设施运营时间制度的方法，为政策制定者提供量化分析和实施效果模拟的工具。Kamiya（1990）将空间行为学方法有效地应用于对20世纪90年代日本托儿所供给对女性就业影响研究中，通过时空行为研究方法对照看学龄前孩童的已婚女性在工作日的活动路径分析发现，托儿所营业时间以及接送小孩的家庭责任对已婚女性就业形成了的制约，在此基础上提出了实现男女家长时间的弹性化、延长公办托儿所营业时间的政策建议。Bauman（1999）等通过研究海岸居民的日常散步活动行为与其所处的海边环境的关系，发现海边环境整体区位、沙滩质量等外部环境对居民散步的密度产生了显著的影响，提出通过完善海边娱乐设施环境来提高居民散步活动。但上述研究仍停留在理论思考层面，尚未得到实践应用；并且已有的规划探索多表现为具体的、针对研究区域实际情况的政策建议，并没有形成系统的、普适性的规划范式。由此可见，借鉴已有规划应用的实践模式，提出以生活时间为导向、立足于时空要素整合、关注物质实体资源的合理配置与居民时间利用优化的新规划模式，是时空间行为有待探索的新方向。

综上，无论从城市规划学的转型及基于时空行为下的城市研究范式，在个体时空行为的研究中从理论到实践一直把城市空间及模式作为影响个体行为的重要影响因素来考虑，但具体到住区建成环境究竟会对居民时空行为视角下的健康活动产生怎样的影响，还缺少从作用机制到数据验证的深入研究。现有城市建成环境对个体健康活动行为影响的研究对住区环境与健康行为的逻辑关系、空间环境与健康关系的理论框架、建筑心理等方面的理解还很缺乏。事实上，建成环境与城市居民健康活动的相互作用关系较为复杂，居民健康活动的时空行为不仅受到住区建成环境的影响，而且同时受到居民家庭社会经济条件的影响，而如何控制居民家庭社会经济特征，辨识住区建成环境与居民健康活动之间的关系，才能真正理解基于时空行为下居民健康活动与住区建成环境之间的互动关系。

1.1.2 实践背景

1.1.2.1 我国快速城镇化下的城市转型

改革开放以来，随着市场化改革、经济全球化和快速城市化的不断发展，我国城市面临着深刻和重大的转型。随着产业竞争力不断增强和产业结构的逐渐优化，城市经济得到了量的扩增和一定程度上质的提升，但仍然存在经济增长效益、资源利用效能的不平衡，以及环境代价等问题。过多的自然资源投入与非集约的经济增长方式导致资源短缺和环境破坏，但随着自然与环境约束的增强，中国经济转型面临新一轮的挑战。

与世界上诸多国家相比，中国经济社会转型的总体背景更为复杂、历史任务更为艰巨，多重转换在同一时间和同一空间内并存，势必产生出一系列其他国家所难以理解的复杂问题和尖锐矛盾（张京祥等，2006）。伴随着国民经济的迅速发展，城市化进程不断加快，城市实体空间经历着大规模的扩张与重构（吴缚龙等，2007；冯健，2004）。在"走出去"与市场化转型等一系列政策影响下，中国已成为仅次于美国的世界第二大经济体。随着市场化转型与经济全球化带来的中国城市经济快速增长的同时，也带来了贫富差距增大、阶层化趋势明显、社会不公平等诸多问题。城市空间的发展、演化是城市经济、社会发展状态作用于空间地域上的表征，社会问题的空间性表现为社会空间问题，包括社会空间分异、职住错位、城市贫困、空间资源公正等问题（柴彦威等，2002；魏立华等，2010；杨上广等，2010）。由于多维度要素的复杂性与交叉性，在短时间内迅速推进的多元混合转型存在各种问题。

随着经济结构、社会结构、城市空间结构的交织演进，在城市化、郊区化双线叠加并行的中国城市，人们的生活方式正在发生着翻天覆地的变化。随着工业化和机动化的推动，城市居民人均汽车保有量不断增加，城市公共交通系统日趋完善，城市居民移动能力不断增强；在郊区功能从产业向居住再向生活演变的过程中，产业郊区化也再向居住郊区化进而向生活郊区化演进，郊区生活服务设施逐渐改善，郊区不再仅仅是一个住所，更是各种日常活动发生的场境，郊区居民典型的郊区化生活方式正在逐渐形成。同时，城市居民的生活方式日趋呈现多样性和个性化趋势，自主选择性和偏好在居民时空间行为中的作用逐渐增强。由于社会结构的不平衡性、社会矛盾的尖锐性和社会内容的创新性，社会转型比经济转型相对而言更加复杂，也不如经济转型较为顺利（侯百镇，2005）。

随着城市不断地发展，城市空间也成为了居民时空行为发生交互的重要场所，那么伴随经济社会的发展和转型，低消费水平、低生活质量的旧况也在逐渐改观，为此人们对健康及健康活动行为也更加重视，而健康活动行为所伴随的建成环境空间也自然成为居民个体所关切的。

1.1.2.2 健康城市与人本城市建设

2009年我国卫生部公布了《首次中国居民健康素养调查》，涉及31个省15～69岁的常住人口，共计近8万人。报告分析指出我国人民群众健康素养普遍偏低，仅有6.93%的人具有健康生活方式与行为，健身活动比例远低于发达国家。北京市健康保障协会所发布的《2012中国城市居民健康白皮书》中显示：城市居民的生活方式与生活因素很大程度上影响城市居民健康水平。调查结果显示城市空气质量、交通状况以及公共运动活动场所成为前三项公认的健康影响因素，其中公共运动场所减少这一因素对居民健康的影响被45%的调查对象所认可。可以看出，伴随我国工业化、城镇化的快速发展，保障我国人民群众健康的需求凸显，成为影响当前可持续发展、小康社会建设和社会和谐的重要因素之一。

从国家政策层面而言，"健康中国"在国家的十三五规划《建议》中上升为国家战略层面，多个部委包括卫计委、住建部、环保部已全面启动相关公共健康的编制工作。"健康中国"的战略通过实施完善健康保障体系，发展健康及其相关支撑产业，以期望能够解决当前老龄化、工业化、城镇化等所带来的公共健康问题。1989年我国展开了全国卫生城市项目，通过该项目提高城市的基础设施和生活居住环境。从2007年开始，我国从较发达的东部地区十个城市，开始逐步拓展原有的卫生城市项目，而启动健康城市的项目：健康城市着重通过预防来完善城市环境的物质与社会特征，并能够有效促进城市居民养成健康的生活方式。这些项目主要针对道路安全、健康生活方式、城市居住、健康市场等，相比卫生城市项目，该项目更加广泛地关注城市健康相关的各类因素。随着中国城市人口的快速增长，2025年全国人口的70%，约9亿人将生活在城市中，由于城镇化、老龄化和工业化所引发的城市健康新问题，显得更为急迫和重要。正如中国在世界卫生组织的健康建成环境的要素中所陈述的："健康城市是一个过程，不是结果。这需要不断努力，改善居民健康的决定因素，而不是达到一个特定的健康标准。"在此基础上，生活质量成为人们日益关注的焦点议题。

"生活质量"这一概念最早由美国经济学家加尔布雷斯在其著作《富足社会》中提出："国民生产总值只是一种经济价值，而经济价值只是社会价值中的一种，除了经济价值外，价值还应包括社会的平等、生态的平衡、都市的整洁，以及美、尊严、生活的乐趣等。应当考虑经济增长的代价，比如增加生产是以牺牲多少环境的美为代价"（Galbrainth，1958）。生活质量概念的提出是伴随着美国高速经济增长带来的社会与环境问题，逐渐受到社会各界的重视。

社会发展的目标就是满足人们不断增长的社会、经济、文化需求，提高生活质量促进人的全面发展。1995年哥本哈根世界社会发展首脑会议将社会发展的终极目的定位改善和提高全体居民的生活质量。随着人们消费水平、生活方式及需求结构的不断转变，对社会发展诸多方面提出新的需求。在经济飞速增长、城市化进程不断加快的中国，以自然资源过度开发和环境破坏为代价，长期以来的资源与环境问题积重难返，自然环境破坏逐渐引起人们的重视。除了经济增长付出的资源、环境代价外，在转型期经济结构、社会结构与城市空间的迅速重组，带来了贫富差距拉大、社会阶层化加剧、城市贫困等诸多问题。在快速城市化过程中，城市问题会在短期内叠加密集出现，如城市资源消耗加剧、交通拥堵、环境破坏、公共健康等问题日趋严重。

在城市空间扩展与重构过程中，城市产业功能与居住功能逐渐向郊区转移，生活郊区化、社会空间分异对城市居民生活方式转变产生了重要影响。生活方式的自由化与多样化，城市居民个人偏好与主观能动性不断增强，这对动态调整的城市空间结构提出了新的要求（柴彦威、沈洁，2006）。与此同时，社会阶层化、城市贫困等问题的不断恶化对城市居民的生活质量提出了更严峻的考验。西方城市研究学者较早就对当时城市扩张与发展模式进行批判，不仅只考虑城市发展的经济效益，更多开始考虑城市发展过程中的社会、环境与健康等与生活质量息息相关的话题（Burchell et al.，1998；Ewing et al.，2003；Handy et al.，2005）。随着环境污染不断加剧，响应以人为本构建"和谐社会"的号召，健康已成为政府、社会与居民个体关注的重要方面，也构成了城市居民生活质量的重要内容；健康研究紧扣社会公平、空间公正等前沿城市社会研究问题（王兴中等，2008），已成为城市地理、城市交通、城市规划等领域研究的重要热点之一。

随着国家层面不断关切健康及健康生活，以"健康"为名的居民健康活动、健康医疗、健康出行等为核心的人本城市建设得到了重视。例如，城市建设中，开发更多为公众服务开放的空间，在开放空间里增加更多设施，让更多人能够在空间里参与活动，在日常的维护上，让开放空间的功能得到更好的体现。这些措施旨在营造一个良好的空间能够更好地满足居民的日常健康活动。同时，这种空间的转变是居民由低层次需求向高层次需求的体现，是城市规划转型的内在推动力。

1.1.2.3 对住区居民健康活动环境的关切

世界卫生组织（WHO）、加拿大卫生与福利机构（Health and Welfare Canada）以及加拿大公共卫生学会（the Canada Public Health Association）于1986年在加拿大

渥太华（Ottawa）举办了第一届国际健康促进会议，渥太华《健康促进宪章》（the Ottawa Charter）由来自38个国家212个代表签订。该宪章强调住区环境对城市整体居民健康的重要促进作用。研究指出虽然个人生活方式的改变是健康促进的主体，但为了达到影响个人生活方式的目标，透过住区组织居民健康行为的方法往往是最有效的。Bracht等（1990）认为住区组织是一种有计划的过程，不仅仅包括社区层面的教育、政策、团体项目等行为活动介入，而且包括住区本身的空间环境设计、结构和现有的内外在健康所需资源的介入。因此，住区环境早已被公认为能够促进城市整体居民健康的重要因素之一，以达到对居民生活方式与态度的影响。通过推动健康生活社区化，能建构一个以居民健康需求为导向的多元化、高效益、社区式健康照护及相关的支持性环境，提升整体居住生活品质，建立社区民众健康新价值与共同承载的共识。良好的内部及外部的空间活动系统是构建和谐社区、提高城市居民生活水平的重要措施，有利于促进健康、安全、舒适、环保的居住环境的形成，促进降低碳排放，也符合当前可持续城市的要求（石谦飞，2007）。

为了营造良好的居民空间活动系统，西方发达国家在20世纪即提出住区环境健康促进的政策，强调预防保健服务、民众主动参与，规划设计支持性的健康环境，以促使居民落实健康生活形态（Mitchell，1954）。目前已有许多国家推动支持性健康环境的相关方案，如美国疾病管制局（Domenrich，1975）推动学童步行上下学方案，主要目的是增加学童规律运动的重要性，及学习安全和健康步行的生活方式，并创造出更多的住区步行空间供居民使用。此外，在加拿大国际心脏基金会（Cragg，2006）开展的健康促进环境设计项目，通过分析各种居民的活动行为特征，建议增加每天可以活动的住区支持性空间环境，包括从慢步行人到自行车使用居民等，都有适当活动空间且进行一定强度的身体活动。

以上研究表明，城市研究也更多地开始关注城市建筑环境和日常健康活动的关系，并开始考虑如何完善城市环境以增加居民健康活动行为。因此，通过研究城市建成环境与居民健康活动之间的关系对于重新建立城市规划与公众健康之间的关系具有重要的现实价值。在我国快速工业化、城市化和机动化的发展趋势下，城市社会空间利用的不公平性等问题快速增加，逐渐成为城市规划与可持续发展的挑战之一。建成环境是城市规划与建设在空间上的反映，适宜的建成环境能显著地增加居民健康活动行为和健康水平，因此以建成环境为切入点进行健康城市规划与建设成为应对城市问题及挑战的重要策略。

1.2 研究思路与框架

1.2.1 相关概念界定

建成环境指人为建设改造的各种建筑物和场所，尤其指那些可以通过政策、人为行为改变的环境，包括居住、商业、办公、学校及其他建筑的选址与设计，以及步行道、自行车道、绿道、道路的选址与设计（Cervero，1997）。建成环境要素包括住区规划指标及具体的环境及景观元素。规划指标指住区公共空间及步行系统的布局位置、空间及道路尺度、车行交叉、周边绿地率、水体面积、链接半径或距离等；环境、景观元素指所属公共空间及步行系统的铺地材料、绿地植被、座椅家具、健身设施、标识信号、照明器具等（冯维波，2009）。

个体健康活动的时空行为指相关居民健康的行为活动，包括体育锻炼、休闲健身等身体活动及其相关行为。具体指标包括场地选择密度、行为活动方式、行为活动持续时间和起止时间段、行为活动的频次、活动量、心情及满意度等（柴彦威，2010）。

1.2.2 研究思路

随着城镇化、老龄化等现实问题以及在国家政策的整体导向下，我国城市居民健康的需求和迫切性日益增加，城市建成环境与居民健康之间有着密切的联系。城市规划科学及其他相关空间环境的学科逐渐将由静态的物质功能转向社会与人的行为特征方面；在城市高密度住区这一典型的居住形态条件下，我国居民健康活动与住区建成环境的关系尤为重要且值得研究。一般而言，传统概念认为高密度住区由于建筑户内空间、建筑户外环境因素等影响，使整个居住区的居住性和舒适度在某种意义上下降了，从而会对居民健康产生不利的影响。国外部分研究学者也认为，在单位面积人口数量多和人口异质性明显的居住组团内，居住区空间环境的要素，例如景观的缺乏会直接带来一定的负面心理影响（Milgram，2002），而且动态变化的人口密度导致了复杂的结构性分异（Wirth，1938），也对城市居民的生活方式产生了深刻的影响。Simmel（1950）认为，从心理层面来看，复杂和缺乏的住区空间环境对居民的紧张刺激，不利于提高居民日常健康活动的满意程度。然而，相对于其他居住形态，我国高密度住区内的居民健康相关的生活方式与行为模式具有其独特的模式与特征与国外尤其是发达国家的居住形态区分较大，但目前缺少系统深入的分析；另一方面，对于住区环境与健康行为的逻辑关系、空间环境与健康关系的理论框架、建筑心理等定性化研究，国外的研究才刚开始起步，但是国内对这方面的研究还相对较为缺乏。本研究以北京市上地-清河地区的居住社区为例，基于居民时空行为视角研究高密度住区建成环境与居民健康活动的关系，具有很强的现实意义和理论意义。为此，提出以下研究思路（图1-1）：

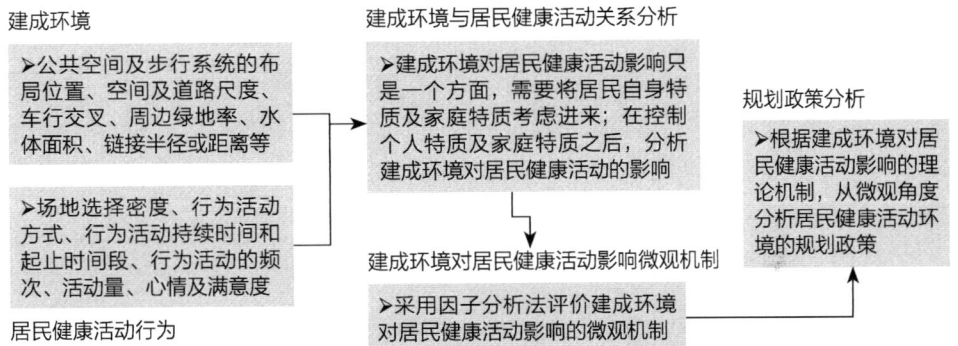

图1-1 住区建成环境与居民健康活动的关系研究

本研究思路首先需要构建住区建成环境、居民健康活动行为的衡量指标；然后，在假定住区建成环境各个要素对居民健康活动行为产生影响的基础上，且这种影响主要体现在影响居民健康活动的时间长度及满意度上，因此构建数学模型，定量分析建成环境与居民健康活动之间的关系；衡量建成环境的要素较多，为了评价微观建成环境要素对居民健康活动影响，本研究将采用因子分析法评价建成环境对居民健康活动影响的微观机制，为住区健康活动环境的完善提供理论支持。

1.2.3　研究框架

在城市尺度上，个体时空行为的研究一直作为重要的内容之一。基于时空间行为的城市研究成为理解城市空间与个体社会间交互的关键。以城市规划学、行为空间和活动分析法为核心的时空行为研究，强调制约与决策的互动影响，通过时空间框架下的人类空间行为研究，深化了"人、时间与空间"的认识，以空间为基础建立了独特的时空哲学和方法论，为理解人类活动和城市环境之间在时空间上的复杂关系提供了独特且有效的视角（Kwan，2004）。这些研究具有两方面的特征：一方面，强调人作为行为主体的作用，理解个体行为的制约与决策过程，重视从社会群体–家庭–个体以及长期决策–短期企划安排的层次决策与选择过程，从不同时间和空间维度理解个体与城市空间、个体与个体之间的互动过程。另一方面，强调行为与空间的互动，分析建成环境作为地理背景对于个体和群体行为模式的制约和塑造，同时个体通过他们的行为和其他人的相互作用，持续地改变空间安排并构建新的空间，表现为通过城市规划对于物质空间、社会空间的优化。然而，个体时空行为的研究中，从理论到实践，一直把城市空间及模式作为影响个体行为的重要因素来考虑，但具体到住区空间尺度上的理论应用则相对较少，更缺少在高密度住区形态下的应用研究。

本研究认为：在高密度住区形态下，居民健康相关的活动行为体现了主体和客体、理性与情感、日常生活和非日常生活等生活方式的统一，是个体时空行为的重要组成部分。由此，本研究提出"健康时空行为"的概念，即将通常研究城市尺度下个体时空行为的理论方法应用于高密度住区健康相关的个体时空行为研究，以期该理论方法能够有效地回答上文所提出的研究问题。

事实上，高密度住区空间环境与居民健康时空行为的相互作用关系较为复杂，居民健康活动的时空行为不仅受到住区空间环境的影响，而且同时受到居民家庭社会经济条件的影响，如何控制居民个人及家庭的社会经济特征，辨识高密度住区空间环境这一单一作用力的实际发生效力，才能真正清晰地说明基于时空行为视角下的居民健康活动与高密度住区空间环境之间的相互关系。在已有研究文献及已有北京高密度住宅区的个体健康活动行为数据基础上，本研究提出如下的研究假设：

高密度住区的公共空间、道路、景观等建成环境要素特征能够显著影响居民对健康活动的评价。该研究假设包含两个层次的递进内容：建成环境要素与个体健康时空行为具有定量化的关联；进而，个体健康时空行为所涉及的行为活动模式、特征等又直接影响居民的健康满意度。研究假设的关联示意图如图1-2所示。

1.3 研究目标

本研究核心目标是住区建成环境要素对居民健康活动行为产生怎样影响，这种影响在不同住区之间有何差异。为了回答这一问题，本研究需要回答：1）居民健康活动水平在空间的分布特征；2）控制个体及家庭社会经济特征，建成环境与

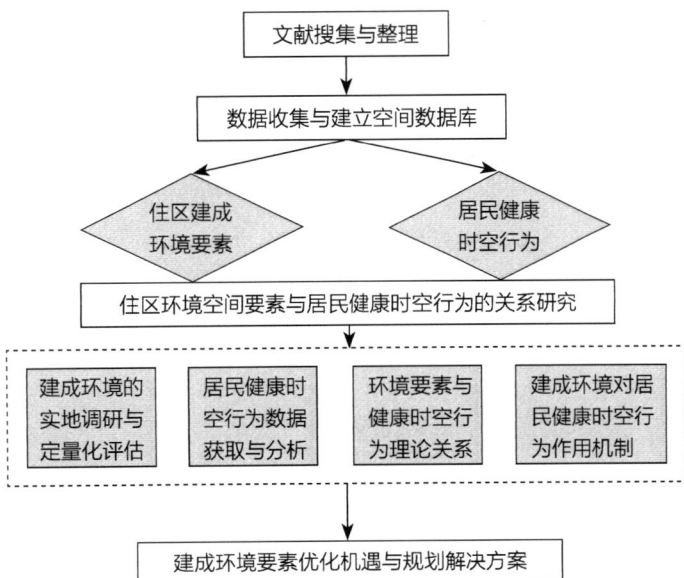

图1-2 建成环境对居民健康活动影响的研究框架

居民健康活动行为关系构建；3）不同住区建成环境对居民健康活动的影响差异；4）从微观视角评价建成环境要素对不同社区的影响差异，分析建成环境对居民健康活动影响的微观机制。根据以上问题，本研究制定以下研究目标：

• 对北京市高密度住区进行了翔实的调研分析，利用城市规划学的基本方法，得到所选研究区域不同住区内部的建成环境特征差异。

• 利用GPS移动定位技术和互联网技术综合获取居民出行行为时空数据，分析出高密度地区居住区居民日常健康活动行为差异及空间特征。

• 利用结构方程模型及多项Logistic模型，从居民健康活动评价、地理环境、社会联系及个体环境四个方面，构建起建成环境与居民健康活动行为的理论关系。

• 多方位考虑住区建成环境与居民健康活动行为的关系，找到建成环境影响居民健康活动行为的内在机制，为建成环境要素优化以增强健康活动行为提供理论支撑。

1.4 研究内容

本研究的研究对象为北京市上地–清河地区的高密度住区居民健康活动行为及其所产生的建成环境。选择上地–清河地区主要是该地区住宅类型覆盖传统工业区、新兴产业开发区以及单位社区、政策性住房社区、商品房社区、城中村等多种建设年代和开发模式的居住区，反映了多元的生活方式在此并存的现象，居民的健康活动行为在不同的小区存在较大的差异。

本研究采用了形态辨识–机制验证–发展预测这样的三阶段研究思路。从城市规划学、建筑心理学及行为地理学的理论依据出发，利用北京市高密度住区的实际调研和个体时空行为跟踪数据，定量化描述城市高密度住区的建成环境要素。进而，分析不同住区空间模式及其建成环境要素对居民健康和时空行为的影响差异，识别住区建成环境中影响居民健康活动行为的主要因素，提出高密度住区健康为目标的规划解决方案。三个阶段的设计遵循了科学研究从现象规律、作用机制探讨到实际应用的一般路径。具体的研究步骤包括：建成环境具体要素的实地调研与定量化评估、居民健康时空行为数据获取与分析、建成环境要素与健康时空行为的理论关系构建、建成环境要素对健康时空行为的作用机制模型、高密度住区居民健康活动环境要素优化与规划解决方案。

1.4.1 住区建成环境系统的指标体系构建

在北京上地–清河地区大型高密度住区进行了翔实调研的基础上，构建住区建成环境系统的指标体系，其中建成环境要素内容主要包括了道路、节点空间、路灯、座椅和体育器材、铺地、标识、绿化等要素的定量化记录。然后利用城市规划学的基本方法，对研究区域建成环境要素进行空间分析及空间表达，形成上地–清河住区建成环境的一般认识。其次，通过设计获得小区居民对建成环境影响居民健康活动的评分问卷，对上地–清河地区的居民进行问卷调研，采集小区不同居民对建成环境影响居民健康活动的评分数据。

1.4.2 住区居民健康活动时空行为轨迹分析

从研究数据的获取上，传统的调查问卷获取活动与出行信息日志的效率及数量都十分有限（Jones et al., 1983；Miller, 2004），伴随智慧城市及大数据的广泛应用，传统的调研数据不能进行大规模的数据采集，因此需要较为新的数据形式对城市居民的日常活动空间进行大数据采用。

本研究的数据获取将综合GPS移动定位技术和互联网的居民行为时空数据获取方法，进行调查方案设计及调查实施，开发网上调查平台，利用GPS设备获取的居民移动轨迹，平台获取的数据主要包括所在位置、轨迹情况、活动日志填写情况、社会经济属性等。同时引入新技术修正时空行为数据采集方法，使用基于网络的调查技术将被调查者的活动定位到地图上，将交通方式、活动地点等背景信息清晰地呈现。

其次，本小节将分析上地-清河地区内部不同类型的居住区居民日常健康活动行为差异，分析上地-清河地区内部不同收入个体的居民日常健康活动行为差异。利用ArcGIS等软件技术，将居民健康活动行为空间和时间差异进行空间可视化表达，更加清晰准确地描述居民时空行为轨迹及健康活动的时空特点。

1.4.3　住区建成环境与居民健康活动行为关系的理论构建

建成环境并不是影响居民对健康活动评价的唯一决定因素（Brundtl et al.，1987），而其他因素例如个人的家庭、收入水平等社会经济条件，区域总体的经济发展水平，自然环境差异及全球的生态系统都会对居民的健康生活水平产生较大影响（Whitehead & Dahlgren，1991）。本研究欲通过建立次序Logistic模型将居民健康活动评价、个人和家庭社会经济特征等变量纳入到统一的模型当中，在控制个人和社会经济变量的基础上，分析建成环境对居民健康活动的影响。

1.4.4　住区建成环境对居民健康活动行为作用机制分析

结合GPS居民健康行为时空行为数据和实地问卷调研数据，其中实地调研数据采用2015年9月30日到2015年11月22日对北京市上地-清河地区的16个社区进行第一手问卷调研数据，数据调研对象为正在进行健康活动的社区居民，调研问题主要侧重影响居民日常健康活动的社区建成环境要素情况，内容主要包括了居住区的主要道路情况、小区停车情况、康乐器材、广场空间、照明设施和座椅情况等方面[①]。从微观角度评估建成环境要素对居民健康活动行为的影响，并根据不同建成环境要素对居民健康活动影响的差异，提取建成环境要素对居民建成环境的主因子，同时划分不同等级居民健康活动住区。

---

① 数据说明详见第7章。

1.4.5 住区建成环境影响居民健康活动机制的验证

结合遥感数据及实地调研数据，本研究将从建筑学角度，通过对北京市上地–清河地区16个住区的空间布局、道路等级及格局、绿化、广场、路灯、停车场等建筑景观进行分析，进一步验证建成环境要素对居民健康活动行为影响的合理性。

1.4.6 基于居民健康活动行为的建成环境要素完善策略

本部分的研究主要基于如上四个步骤的分析结论为理论支撑，通过住区建成环境要素与居民健康时空行为的相关机制，从住区规划科学的视角，分析：1）住区规划中，如何实行差异化的策略以完善住区建成环境，从而提升居民健康活动水平；2）以案例研究的方法，提出住区建成环境要素的优化路径；3）根据建成环境影响居民健康活动的微观机制，提出以居民健康活动生活质量为导向的城市空间规划模式。

1.5 研究结构

本研究的组织主要包括了8个章节。第1章为绪论部分，主要介绍本书的研究背景、研究思路与框架、研究目标、研究内容和创新点等；第2章和第3章为文献综述部分，主要综述了时空行为视角下的居民健康活动研究进展、住区建成环境与居民健康活动的互动关系研究；第4章介绍案例区选取、基于GPS的居民健康活动行为的时空行为数据采集，这些数据是本书研究的基础。

第5章主要建立建成环境与居民健康活动行为之间的理论关系；第6章从大尺度宏观视角探讨了不同住区建成环境与居民健康活动行为的差异关系，同时分析不同住区建成环境的社会经济及个人因子对居民健康活动行为的满意度及活动时长的影响；第7章结合GPS居民健康行为时空行为数据和实地问卷调研数据，从微观机制分析建成环境要素对居民健康活动行为的影响机制，并根据建成环境要素的影响程度，提取建成环境要素对居民建成环境的主因子，同时划分不同等级居民健康活动类型的住区空间，最后，从城市规划学及建筑学实证分析这些住区的建成环境要素的特征，以期验证建成环境对居民健康活动影响的合理性及可靠性；最后一章是本书基本结论的总结，同时根据前文分析提出政策建议（图1–3）。

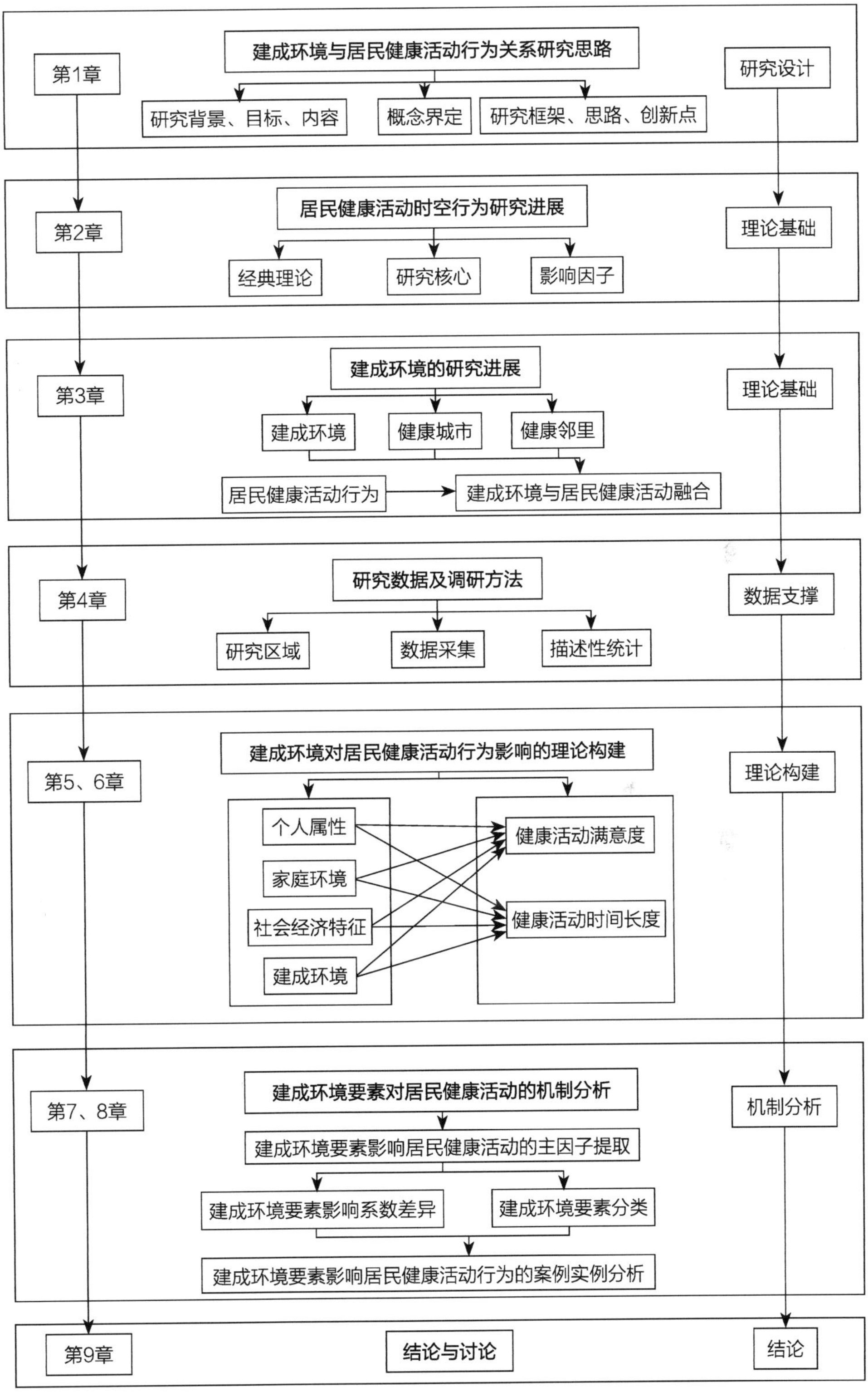
第1章
建成环境与居民健康活动行为关系研究思路
研究设计
研究背景、目标、内容
概念界定
研究框架、思路、创新点
第2章
居民健康活动时空行为研究进展
理论基础
经典理论
研究核心
影响因子
第3章
建成环境的研究进展
理论基础
建成环境
健康城市
健康邻里
居民健康活动行为
建成环境与居民健康活动融合
第4章
研究数据及调研方法
数据支撑
研究区域
数据采集
描述性统计
第5、6章
建成环境对居民健康活动行为影响的理论构建
理论构建
个人属性
家庭环境
社会经济特征
建成环境
健康活动满意度
健康活动时间长度
第7、8章
建成环境要素对居民健康活动的机制分析
机制分析
建成环境要素影响居民健康活动的主因子提取
建成环境要素影响系数差异
建成环境要素分类
建成环境要素影响居民健康活动行为的案例实例分析
第9章
结论与讨论
结论

图1-3 建成环境对居民健康活动的影响研究结构

1.6 研究创新与实践价值

1.6.1 研究创新

本研究的特色在于采用了形态辨识–机制验证–发展预测这样的3阶段研究思路，重点工作在于第2步的机制验证。依据城市规划学、建筑心理学和城市地理学的理论基础，探讨居民日常健康活动与其时空行为的物质实体环境之间的关系，一方面为理论的进一步完善提出方向，另一方面为寻求建成环境要素优化、居民健康活动提高提供理论支持。3个阶段的设计遵循科学研究从现象规律、作用机制探讨到实际应用的一般路径。

1. 住区尺度下的居民健康活动行为轨迹及建成环境的时空差异

选取北京市典型的高密度住区进行了翔实的调研分析，利用城市规划、建筑设计的基本方法，得到所选研究区域不同住区内部的建成环境特征差异；同时利用GPS移动定位技术和互联网技术综合获取居民出行行为时空数据，分析出居住区居民日常健康活动行为差异及空间特征。

2. 构建了住区建成环境与居民健康活动之间的理论关系模型

本研究欲通过建立次序Logistic模型将居民健康活动评价、个人和家庭社会经济特征等变量纳入到统一的模型当中，在控制个人和社会经济变量的基础上，分析建成环境对居民健康活动的影响。

3. 明确了住区建成环境要素对健康活动行为的影响机制

结合GPS居民健康行为时空行为数据和实地问卷调研数据。从微观角度评估建成环境要素对居民健康活动行为的影响，并根据不同建成环境要素对居民健康活动影响的差异，提取建成环境要素对居民建成环境的主因子，同时划分不同等级居民健康活动住区。

1.6.2 实践价值

本课题研究具有如下三方面的理论和实际应用价值：

1. 改善我国当前高密度住区的居住和生活环境，提高高密度住区的生活品质

高密度住区是我国当前大城市的普遍居住形态，因此其空间品质和环境的改善对于大多数大城市居民而言有着非常深远的意义。本课题研究能够发现住区环境与

健康行为活动之间的关联性，并能够切实提出改善城市高密度住区居住环境的方法，这对于总体城市健康发展、保障全民健康水平、建立和谐社会有着重要的现实意义。

2. 提升健康设计在空间环境规划设计研究的理论地位

在发达国家，健康设计（Healthcare Design）早已成为建筑与环境设计、公共健康研究中的一个非常重要的门类。每年这些国家和重点实验室都投入大量科研经费在该领域，健康关注的科学知识也在相关学科教育中贯穿，尤其是建筑学、城市规划、社会学的相关领域中。在我国当前的住区规划设计理论研究中，对于环境空间的健康关注较少，也未对高密度城市住区这样居民和资源环境矛盾凸显的对象有更多健康设计侧重。所以，本课题的研究可以提升健康设计在城市住区，尤其是高密度城市住区的空间环境设计理论中的地位，推动该分支领域的理论体系发展和完善。

3. 以健康生活为导向的城市规划

中国的城市规划往往根据城市经济发展战略确定城市空间发展方向、城市新的增长极、重点开发区域以及产业空间布局。通过预测人口总体规模、用地比例标准配给配套的居住用地、设施用地等组合形成城市空间结构，在实践中逐步形成以经济增长为目标。以空间供给为导向，优先考虑产业空间，而将居民生活空间作为配套功能的规划模式。

我国的城市规划有必要突破现有的城市空间结构规划模式，在规划中着重强调宏观城市发展与微观日常生活的协同，将规划的思维方式从"以产业功能区为节点，以经济联系为轴带"转向"以居民健康生活圈为节点，以居民活动路径为轴带"，倡导以社会及环境的可持续发展为目标，以空间需求为导向，以居民生活空间体系为核心内容的城市空间结构规划新模式。

4. 为未来的城市规划实践提供科学依据和具体的环境健康设计策略

在当前大量城市高密度住区规划与实施的背景下，基本的城市规划设计方法和实践急需得到一定程度的更新与完善，以应用高密度住区所面临的可以预见和不可预见的居民健康问题。目前针对城市居住区的特质，国家和地方陆续出台了若干法规政策和设计指导以求应对，如《健康住宅建设技术要点》（2008）、《国家环境与健康行动计划（2007年–2015年）》（2007），北京市出台的《健康北京"十二五"发展建设规划》（2012）等。然而，规划师与设计师在实践中往往将政策流于表面，本质上仍然无法结合针对环境健康的具体设计要求。该研究在环境因素与健康行为活动的影响研究基础之上，将结合申请者正在进行的多个城市高密度住区规划设计实践项目，进行具体的策略，结合研究和比对研究，以探索适宜设计者实际应用的健康设计方法。

第 2 章

时空行为视角下的居民健康活动研究

2.1 时空行为研究的理论基础

2.1.1 行为地理学

人类健康与行为息息相关，从时空行为的微观视角解读城市居民的健康响应及其与行为之间的作用关系，能够帮助我们更好地理解人类健康响应发生的微观过程，也有利于通过行为的优化来减少负面健康影响。基于此，强调时空间制约的行为地理学和强调主观决策的行为主义地理学及空间–行为–社会作用过程为基于行为的城市居民健康研究提供了理论基础。

从哈格斯特朗创立了行为地理学的理论框架以来（Hägerstrand，1970），时空行为研究已成为解读城市社会发展的重要维度，被城市地理、城市规划、交通规划等诸多领域学者广泛运用（Dijst，1999；Kwan，2002；Timmermans et al.，2002）。行为地理学强调人类行为发生、作用的"时空"过程，通过"制约"、"时空棱柱"、"路径"等概念，为解读时空场境与人类行为之间复杂的作用关系提供了理论框架与方法（Hägerstrand，1970；Kwan，2004）。行为地理学强调个体自身的制约和周围自然、社会等条件的制约，用"时空棱柱"、"活动束"、"领地"概念分别代表能力制约、组合制约和权利制约，在制约条件下关注制约的来源与产生机理，有利于更深层地解读时空间行为与社会、心理、健康等行为响应结果之间的关系。

面对行为地理学过分强调制约的批判，1980年代以来行为地理学也逐渐开始探索制约下主观能动性，强调企划与制约的相互关系，并将情感、价值等引入行为地理学的框架下。企划是指居民个体或群体在执行任何目标或者意图驱使的行为时必需进行的简单或复杂的任务序列，包括家庭、个人企划和组织目标导向的制度性企划，包括长期企划和日常企划（Pred，1981）。行为过程及其社会、健康等方面的行为影响可以通过两种方式来优化：一方面，通过改变制约条件实现行为过程与结果的优化；另一方面，可以通过在有限制约条件下进行企划，实现制约条件下最优的行为过程与结果。面对行为地理学人本主义和结构主义的批判，行为地理学者将时空间行为放在更复杂的社会背景下，探究行为与其背后隐藏的社会、经济、文化、健康等要素的关系。近年来，由于个体健康响应与居民时空间行为的紧密关系，以及地理信息科学的迅速发展，利用行为地理学从居民时空行为视角解读个体居民健康响应逐渐受到健康地理学者的关注（Kwan，2012；

Richardson et al.，2013）。行为主义地理学将心理学、社会学相关理论引入地理学，将个人偏好与主观偏好、情感等因素对时空间行为决策进行分析，强调行为发生的过程与人的主体性（Golledge & Stimson，1997）。20世纪80年代以来，面对西方城市发展中产生的各种社会问题，行为主义地理学也将个人行为偏好与决策纳入在一定的社会、经济、文化环境背景与制约下进行分析，尤其是对低收入、女性、老年人等社会弱势群体的分析。通过学科的交叉与发展，行为主义地理学研究逐渐从"空间行为"转向"空间中的行为"（冈本耕平，2000），这不仅强调了行为决策发生的社会、经济、文化背景及其带来的制约，而且也赋予了行为更丰富的社会内涵、隐喻与意义。

在同一时期，城市研究在经历了芝加哥学派的人类生态学、后芝加哥时代的都市民族志范式之后，转向了新城市社会学对空间的生产、城市的权利、集体消费、都市社会运动的关注。城市社会研究开始出现空间转向，以空间视角对城市危机和社会问题进行研究，空间成为理解和分析城市社会变迁的独特视角。社会空间互动观点开始兴起，将人和空间的二元关系作为个体行为基础的社会因素联系起来，强调社会与空间的相互作用（Gottdiener & Hutchison，2011）。人类行为是连接社会与空间辩证关系的桥梁。社会对于空间的塑造、空间对于社会的制约及影响，均有个体行为的发生，这赋予了时空间行为丰富的内涵（社会、经济、文化、健康等）。空间社会视角强调行为及其社会、健康等诸多方面的响应微观过程与机制的剖析，个体空间与行为、行为与社会作用关系成为研究者关注的重点，它为解读行为与健康及其与时空场境的关系提供了良好的理论支持。

综上，行为地理学强调制约与企划的共同作用，解读时空间行为与社会、心理、健康等行为响应的关系；行为主义地理学强调行为主观决策过程，个人对地理环境与时空场境的认知会影响行为决策与行为转变；空间社会视角理论探究行为过程及其社会、文化、健康等响应相互作用关系。空间-行为-健康研究从行为-空间互动视角探究时空间行为的健康响应，旨在通过空间优化与行为优化提升居民健康水平和生活质量，因此行为地理学、行为主义地理学与空间社会视角理论为基于个体健康活动时空间行为的城市建成环境研究提供了理论基础。

2.1.2 建筑心理学

建筑心理学是关于人与建筑之间的相互关系的心理学研究，即研究人与物质环境之间复杂的相互作用关系（胡正凡等，2010）。这些环境即包括大尺度的城市环境，又包括小尺度的建筑空间。建筑心理学就是从社会学、人类学及心理学等不同的层面来分析这一复杂的关系。同时，它还包括关于建筑师的心理学研究，关于如何解决设计问题和设计决策过程的以及设计中的创造性研究问题。建筑心理学的研究核心是主要在于探讨人们对现实环境的反映及选择、改善、创造适于生存、生活和满足心理要求的建筑环境。这个全过程是人们把现实的环境作为刺激条件来认知，继而对它做出反应。然后对它确定行为，最后对经过行为之后的建筑环境进行评价。评价的结果形成心理的资料，为建筑设计提供可靠的依据。

在建筑心理学中，其研究和服务的对象都是人，而人是不能脱离社会和环境的存在，人的行为可以认为是由环境和人的交互关系所决定的，为此将"建筑-环境-人"作为这样的研究旨在关心人与环境的融合（李延龄，2011）。

建筑心理学最早源于格式塔心理学，其最大的特点就是强调心理对象的整体性。整体性的核心是有机体或统一的整体构成的全体要大于各个部分单纯相加。格式塔一词来源于德文"gestalt"，它是强调了形式、图形和组织结构或整体，就是说完形是一个组织的全体，它的特性是由内部的整体性所决定的，他本身是一种具体的存在，而非其部分简单相加。

在建筑心理学中，主要研究方向为3个方面，首先在于建筑环境的形势心理，其强调建筑形状与视知觉、空间形式的立感和动感；其次在于建筑环境的色彩心理，强调建筑环境色与光、色与情、色与形、色彩的心理作用、色彩的社会心理与民族心理；再次在于人居环境心理，主要强调归属感、归宿感、走向自然心理、邻里效应、接近于疏远心理和住所私密性（张文忠，2008）。

人在空间中的活动具有一定的规律性，这种规律性对于建筑设计者来说，具有十分重要的作用（Moilanen，2010）。设计者可以依据这些规律性在空间序列的创造性达到应有的效果。例如，人的活动规律可遵循人向人群集中的地方集结，形成活动中心，一切活动始于边界，然后向中心扩展，日常行为始于原点至工作场所的往复循环运动等。为此，设计环节考虑人感观与建筑相互渗透的关系，虽然看起来似乎只是在建的空间上有"无缝"的链接，实则是链接人的心理意识。为此，本研究对建成环境要素影响居民健康活动的评价调研中，其实质就是反映了建筑环境对人们心理的影响。因此，建筑心理学为本书的研究提供了很好的理论支持。

2.1.3 城市规划学

城市规划史上的几次重要变革都与城市公共卫生应对和"健康促进"密切相关，如霍华德的"田园城市"构想（霍华德，1820）、Corbusier提出的现代城市规划方案和Wright关于"广亩城市"的规划设想（张庭伟，2013）。这些规划思潮与理念都希望以新的方式优化建成环境，改善居住、就业和休闲空间，提升居民体力活动和公共健康水平城市环境。

随着大量人口居住在更大规模和更高密度的城市，城市生态环境质量和公共健康将面临严峻的挑战。目前，我国城镇化水平已经超过50%，未来还将有4亿人口进入城市，如何在高密度的城市建成环境中保障公共健康，将成为宜居城市和新型城镇化发展的重要议题。Maantay（2010）呼吁城市规划领域必须充分理解和评估规划或建设项目对公共健康的潜在影响，公共健康领域也必须理解城市规划或土地利用规划的决策。城市规划和健康领域各自专业优势的有机结合，有利于共同应对城市发展中的慢性疾病与健康问题。世界卫生组织将健康定义为良好的生理、社会和心理状态，而不仅仅是远离疾病。公众处于健康的生活和生产状态，有利于提升其生活质量和城市运作的效率。

20世纪60年代以来，随着发达国家小汽车进入家庭，由此而引起的城市交通拥堵及环境污染问题越来越受到关注，城市建成环境与居民出行行为的关系得到了广泛而深入的研究。尽管城市建成环境因素复杂多样，Cervero（1997）将其主要归纳为3个方面：密度（Density）、混合度（Diversity）、设计（Design）。

多数研究认为，密度与通勤行为存在密切联系。随着密度的增加，居住地更加邻近就业地，通勤距离减短，居民更多采用公共交通及非机动的通勤方式，减少小汽车的使用（Yang，2013；吉黎，2013）。在通勤方式选择上，采取公共交通及步行出行方式的比重与通勤起讫点人口密度/就业密度之间存在显著的正向关系（Frank，1994）。Moilanen（2010）对挪威的研究发现，高密度城市发展能更好使待业者在当地找到匹配自己的工作，郊区的高密度发展有利于减少长距离通勤需求。过度高密度发展也会引起交通中心化造成更加严重的交通拥堵（Shiftan，2002），此外，高密度区域公共交通的组织更加有效，城市通达性得到改善，公共交通及非机动通勤比例增加，从而也减少了小汽车的使用率（Zhang，2004）。对于小汽车来讲出行时间增加，在一定程度上减少了小汽车使用率。也有学者研究认为，对于通勤而言，居民是否选择小汽车出行与密度关系微弱甚至没有（Limtanakool，2006）。

城市建成环境中，在一定区域范围内部较为合理的土地利用方式可以促进居民的健康活动。例如，如果采用混合的土地利用方式，可以增加居民就近工作的机会，减少小汽车通勤需求；同时，这种土地利用方式有可能使得居民其他出行需求同时得到满足（Melia，2011）。城市设计中，连续畅通的人行道，方格网状的道路布局，宜人的非机动出行环境，传统邻里设计，可以为居民提供一个安全、舒适、便捷的绿色出行环境，可以增加居民的健康出行活动（Levtnson，1997）。综上，城市规划学为居民健康活动行为与建成环境之间的关系研究提供了很好的理论基础。

2.2 时空行为研究的侧重点

2.2.1 时空行为视角下的城市空间规划研究

通过分析城市居民日常活动与出行的决策机制，可以辨识居民行为的制约因素，为城市设施布局优化或相关管理政策的调整提供量化指标，从而辅助规划师及城市管理者检讨已有规划或城市管理措施中存在的问题，为城市规划与管理提供更精细的科学依据。时空间行为研究基于多源数据与不同活动类型等，可以多尺度透视城市时空间体系。

在微观尺度的城市社区规划与旅游景区规划中，Duncan和Mummery（2007）等为75个小学生发放了GPS，观察其上学和回家路程，通过将学生实际行走的线路与GIS计算的最短路径进行对比，为城市社区尺度的学区出行规划提供了参考。Shoval（2008）以以色列的阿克古城为例，对246名旅游者的高精度GPS数据进行分析，得出了景区各部分旅游者的活动强度以及不同时段的旅游者分布变化。黄潇婷和马修军（2011）也以北京颐和园为例，基于GPS数据研究旅游者在景区内的活动过程与节奏。

在城市尺度的城市空间规划与交通规划研究方面，Ratti等（2006）以意大利米兰市为例，利用手机通话数据，研究了一天内不同时间手机使用者在城市中的空间分布，透视了城市移动景观。Liu等（2012）基于上海市的浮动车数据分析了不同时间段城市中乘客上下车的热点区域。龙瀛等（2012）基于北京市一周的公交IC卡数据研究了居民的通勤时间、职住距离，并对居民的通勤行为进行了可视化以识别主要的交通流方向。申悦和柴彦威（2012）基于北京市民一周的GPS日志数据，研究了居民通勤的日间差异性和弹性特征，并对居民一周的通勤模式进行了可视化表达。

在更加宏观的城镇体系层面，可以基于虚拟空间中的时空间行为来透视城市体系和区域空间结构。Ratti等（2010）利用英国境内一个月的手机通话数据来计算各区域之间手机联络的紧密程度，利用无重叠社区划分法对英国进行区域再划分，并与行政界限进行了对比。甄峰等（2012）结合中国城镇等级规模和信息化发展水平，基于微博好友关系数据对中国城市网络体系进行了创新性研究。Kang等（2013）利用黑龙江省内的手机通话数据，揭示了区域城镇体系的特征及其对城市间移动通信网络的影响。这些研究表明，时空行为研究能够获取静态城市研究方法所不能发掘的现实居民生活的动态性信息，为城市规划与管理提供新的思路。

另外，在城市规划的编制过程中，与信息化手段结合的时空行为研究能为规划调研、规划决策支持、规划实施效果评估等提供科学依据，并有效节省规划编制的成本，从而提高规划的效率。早在20世纪70年代，Lenntop（1978）在行为地理学理论的基础上开发了计算机模拟模型，对交通规划方案等进行了有效模拟。随着GIS技术、复杂计量模型、多智能体模型等新技术在城市规划编制中的应用，城市规划方案的制定和评估等工作日趋定量化、信息化、系统化，而时空间行为研究能有效推动微观、精细化、时态化的城市模型发展。

一方面，大规模时空行为数据在城市规划编制过程中的使用，为城市功能区的识别、城市用地现状分析和规划城市用地功能结构的评价等提供了良好的数据基础。早期的城市功能区识别工作多基于遥感影像或土地利用勘测数据，划分的功能区显得过于粗放（王静远等，2014），而浮动车、公交刷卡、签到数据等反映居民行为特征的数据集与城市路网数据、兴趣点数据（POI）等基础地理数据的结合，可以辅助进行高效率、高精度的城市功能区识别。这在一定程度上降低了规划编制过程中现场勘测的工作量，以智慧化的手段减少了规划编制的成本（Yuan et al.，2012）。

另一方面，通过分析城市空间与居民行为的互动机制，可以模拟不同的规划方案及其实施各阶段的居民行为响应，并以此为规划方案评价与选择提供决策支持。例如，Goulias等（2012）开发了SimAGENT模型，通过模拟美国加利福尼亚州居民的活动与出行行为及其碳排放来预测各类规划政策的可能实施效果。王德等（2009）利用网上虚拟环境获取上海世博会参观数据，基于参观者游览行为的建模分析，模拟规划设计的两轮方案编制过程中的人流分布特征，以此为依据进行规划方案的对比评价，提出改进建议。可以看见，基于时空行为数据为研究城市空间及城市规划提供了很好的途径。

2.2.2 时空行为视角的城市管理

在城市管理中，通过居民的时空间行为研究，动态分析与模拟居民时空行为与城市空间的相互关系，可识别并预测不同时间截面上城市人口（特别是弱势群体、违法乱纪者、重大事件的集聚人流等）的分布结构，为即时化、精细化的城市管理提供决策依据。目前，时空行为研究的城市管理中的应用的主要体现在社会管理、公共安全管理及罪犯追踪、安全事故预警、重大活动人流管理等方面。

在社会管理方面，时空间行为研究能够促使在管理中切实考虑被管理对象（尤其是流动人口、老年人、残障人口等弱势群体）的需求与决策，使管理更加人性化（柴彦威等，2012）。在安全事故预警方面，通过城市人口聚集区的动态分析，结合城市自然灾害预警信息，可以及时发现城市安全事故的潜在发生区域并进行预警。这类基于大数据与时空行为分析的安全事故管理目前已在交通安全领域有较多的实践案例（Sadoun & Al-Bayari，2007）。

在公共安全管理方面，基于城市违法乱纪行为及刑事案件发生的时空分析与模拟，可以发掘刑事案件频发的时段及对应的空间热点区域，有利于对城市违纪与犯罪事件进行遏制与预警（Liu et al.，2005；徐冲等，2013）。在重大活动人流管理方面，通过分析重大活动期间人流集聚与扩散的规律并模拟居民的应急避难行为，可为人流疏导管理及应急预案提供有效依据（Van Londersele et al.，2009）。在单次刑事案件的破案过程中，通过对嫌疑犯的追踪定位与行动轨迹的预测，有利于公安部门在有利时机进行战略安排与警力部署，从而有效加快案件侦破的效率（Liu et al.，2005）。

2.3 时空行为视角下的居民健康活动的研究

2.3.1 居民健康出行行为

西方发达国家已将时空行为研究的成果应用于交通需求管理与个人出行服务之中。个人出行服务有针对居民日常出行的规划引导的实践，通过提供个性化的交通信息和出行方案，结合认识层面的劝服诱导和公共交通奖励等手段，辅助交通使用者及其家庭成员自愿改变出行习惯，选择绿色、健康的出行方式，实现缓解城市交通拥堵、降低出行碳排放等目标（Taylor & Ampt，2003；Jones & Sloman，2006）。例如，结合用户的交通出行方式，向居民发布每日出行中的能量消耗、污染物排放量等信息；或在用户制定出行计划的过程中，通过次序选择进而引导居民选择就近活动，减少不必要的交通出行；或提供各项活动的邻近公交站点分布、公共交通时刻、公共自行车租赁点信息、绿色出行奖励信息，引导居民以绿色出行为导向制定整日活动计划。

另外，鼓励居民共车出行，并提供搜寻共车出行车辆、搜寻出行同伴、预约结伴的渠道；引导居民增加户外休闲、体育锻炼、非机动出行、社会交往等健康相关行为的时间分配等。但目前，这类研究的范围还局限在出行行为上，对交通过程的分析只局限在交通决策端，鲜有面向居民的完整活动–移动路径的分析与规划实践；并且对决策、制约、时间空间、时空间预算与收支等的理解还有待深化（肖作鹏、柴彦威，2012）。

2.3.2 日常生活时间利用的研究

日常生活实践的处置是居民时行为的作用组成部分。生活时间利用研究的主要理论视角包括：关注时间收支、时间价值、活动选择效用的时间经济学（如Becker，1976），关注时间分配调查与社会结构透视的生活时间的社会学研究（如矢野真和，1995；王琪延，1999），关注日常生活的例行化行为的结构化理论（如Giddens，1976），关注节奏分析与日常生活批判的结构马克思主义（Lefebvre，2004），关注时间效率、关注劳动时间的精确计算的时间管理学（Macan，1996），以及关注时空间关联、时空间资源、活动–移动系统、城市的时空间结构秩序的时空间行为研究等（Hagerstrand，1970；Chapin，1974；Thrift & Pred，1981；Weber & Kwan，2002）。相比于其他研究视角，时空间行为研究重视时空间的关联性，强调设施时空配置与居民时间利用的密切联系，因此能更有效地应用于规划实践中。

在时空间行为研究中，哈格斯特朗最早提出时间地理学框架，强调在时空间制约下个体所表现出来的日常行为（Hagerstrand，1970）。而活动分析法（Activity-based Approach）的出现，则为出行的时间利用分析提供了行为基础，从选择和制约两方面思考活动–移动时间利用行为的发生过程和时空间等制约因素（Timmermans et al., 2002）。活动–出行持续时间的理论基础受到社会学、经济学和地理学等时间利用理论的影响，但核心是时间预算理论（Time Budget），即认为居民在日常生活中分配给不同类型活动–移动的预算时间是基本固定的，并且受到生命周期和行为偏好等因素影响。

居民日常活动–出行的时间利用则反映了居民的个人生活质量和基于活动可达性或公共交通机会的社会公平等城市可持续发展问题。城市个体、家庭在既定的时空间预算中进行各项活动企划，并表现出特定的时间节奏；而城市的制度、企业组织的时间安排及城市设施与服务的运营时间安排决定了城市时空间的资源性，不同的个体、家庭因对时空间资源的占有及竞争并产生时空间冲突。因此，可通过有效的规划、政策手段优化城市时空间资源配置、引导个人与家庭的生活时间决策，以平衡城市时空间需求与城市时空间资源供给、提高居民生活质量（Hagerstrand，1970；Thrift & Pred，1981）。

2.3.3 健康活动行为及其影响因素

在我国快速城镇化的发展过程中，城市住区空间是居民日常健康活动行为发生的最重要的载体，而关于居民健康活动行为的研究与居民时空出行行为的研究存在一致性（Ding，2014）。对于城市住区空间模式与居民健康活动行为的关系研究，不少国外学者认为，人口数量多、人口密度高和人口异质性通过城市景观可产生直接的心理影响（Milgram，2002），动态变化的人口密度导致的复杂的结构性分异（Wirth，1938），对城市居民的生活方式产生了深刻的影响。Simmel（1950）认为，从心理层面来看，复杂的城市环境对居民紧张刺激的强化是居民世故性格和次属社会关系出现的动因，不利于提高居民日常健康活动的满意程度（Simmel，1950）。Wirth（1938）认为，从社会结构层面来看，劳动分工与专业化导致的空间分异进而影响居民的健康活动及生活方式。

Cervero（1997）从体力活动环境、土地利用与交通环境和当地饮食环境等7个方面来分析建成环境对居民健康活动的影响：1）密度，如人口与建筑密度等；2）多样性，如土地利用混合型和功能多样性等；3）城市设计，如非机动车道、公交站点等设施的设计；4）连接性，如不同功能区域的邻近度和接驳性；5）中心性，即不同等级中心地域和居住区的便捷度；6）可达性，如体力活动设施（体育馆、公园、绿色空间及操场等）和食物场所（超市、便利店与快餐店等）的空间可达性；7）可步行性，即在不同场所内部及其与基础设施连接通道的步行适宜性。

研究表明，某些建成环境特征，如住区附近的人行道设计、靠近公园和某些餐饮类型的商业，与行为活动具有明显的关联性。公众健康倡导者已经呼吁调整政策和法律来协助创造更有利的环境，从而可以促进普及体育锻炼、健康饮食和健康的生活方式（Saelens & Handy，2008；Schilling、Giles-Corti & Sallis，2009）。因此世界各国政府和地方政府都在各个社区实施推动住区健康规划，改变机动车引导的住区模式，而采用绿地系统、公共空间系统与步行系统交互的开发模式（Geller，2003）。研究人员在不断的追踪研究中已经发现住区健康规划对建成环境的影响，如步行和混合用地的住区规划策略可以明显增加住区建成环境的活力，也能够一定程度上促进健康行为活动。

可以看出，建筑环境对居民的健康活动产生直接的影响，人们对健康活动及幸福感的追求反过来促进城市建成环境的不断优化及完善。而健康活动行为由于居民进行的不同活动而具有不同的定义，如对于偏好散步的居民来讲，活动的时间长度及对活动的整体满意度可以用来衡量居民的健康活动行为（Berringan，2002），而对于选择户外体育锻炼的居民来说，整体的满意度似乎比活动时长更为重要（Frank & Pivo，1994）。同样，在一些研究中，因为建成环境的差异可以导致居民在不同的健康行为方式进行选择从而带来健康活动的评价差异，比如，道路等级较低的小区更加适合进行自行车的运动，而对于绿地比较多的小区，更加适合户外亲子活动，而这些活动的满意度及活动时间长度差异都较大（Keslie, et al., 1999）。

建成环境并不是影响居民对健康活动评价的唯一决定因素（Brundtland，1987），而其他因素例如个人的家庭、收入水平等社会经济条件，区域总体的经济发展水平、自然环境差异及全球的生态系统都会对居民的生活水平产生较大影响（Whitehead & Dahlgren，1991）。根据英国公共健康协会2006年年会发布的社区居民健康栖息的健康地图显示，建成环境仅直接影响环境质量及居住条件，但是对健康的影响还涉及其他要素，比如生活方式对人们社交网络的影响，从而影响人们对幸福的评价，个人家庭特征、社区条件、地区经济发展、自然环境的变化及全球生态系统都是影响人们健康活动及幸福感的重要因素（Barton & Grant，2006）。个人家庭特征中，性别和年龄差异会对居民对日常行为方式健康评价上产生重要差异，女性和年龄较大的居民一般情况对健康活动及出行行为的幸福感评价较低，这样就产生了性别年龄的空间差异（Spinney et al.，2009）。例如，基于英国住房小组的实际调研数据，Roberts等（2011）研究发现，女性对日常通勤时间及通勤满意度的健康测评得分通常较低。Dratva et al.（2010）研究也证实，在同等的交通噪音环境暴露下，女性对生活质量的评价通常要低于男性，即女性对居住环境的敏感性通常要大于男性。在社会经济特征中，收入水平不仅影响居民日常健康活动和出行行为的时间及空间距离，同时也会影响居民生活质量及对幸福感的认知。经济收入较高的居民，对时间

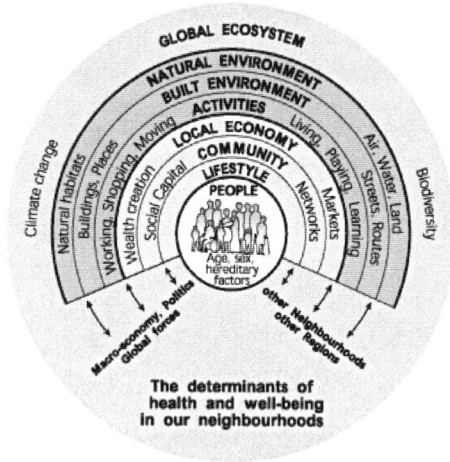

图2-1 邻里健康及幸福感的决定因素
（Barton & Grant, 2006）

更加敏感，所以长距离的通勤或出行行为将降低居民的主观幸福感（Ettema et al., 2012）（图2-1）。

Schwanen and Ziegler（2011）还将个人的独立性（independence）和健康出行行为进行研究发现，独立性较高的个体其出行过程受到的约束就会较少，出行的主观感受就会更加的积极与正面，而受到时间和外部环境约束较大的个体，其出行行为的主观感受会大幅下降。同时本研究值得关注的是，Schwanen and Wang（2013）通过建立结构方程模型将居民主观幸福、地理环境、社会联系及个体环境4个要素纳入到统一的模型当中，建立了一个负责的关系网络，说明不同因素的变化对居民出行行为主观幸福感的影响。

第 3 章

居民健康活动与建成环境的互动研究

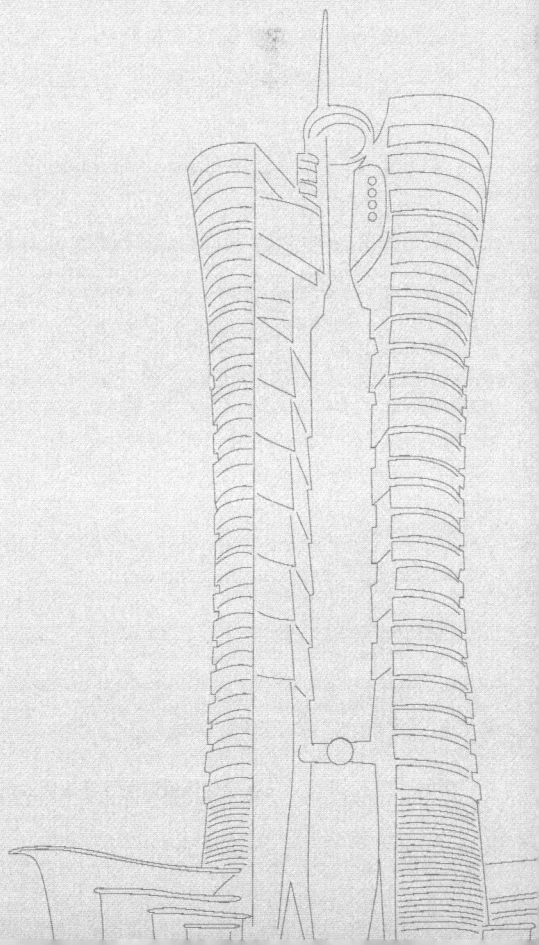

3.1 建成环境概念

3.1.1 建成环境

建成环境指人为建设改造的各种建筑物和场所，尤其指那些可以通过政策、人为行为改变的环境，包括居住、商业、办公、学校及其他建筑的选址与设计，以及步行道、自行车道、绿道、道路的选址与设计，是与土地利用、交通系统和城市设计相关的一系列要素的组合（Crane，2000）。衡量建成环境的要素多种多样，Cervero等（2006）将建成环境归结为3个重要的维度，即密度、多样性和设计；Handy（2005）等提出密度、土地混合利用程度、街道连通性、街区尺度、美学、区域结构等6个建成环境特征。Saelens（2003）等则从功能、安全、美观、目的地4个方面探讨建成环境要素特征。从研究尺度来看，建成环境对健康活动的影响可划分为宏观、中观、微观3个层面。宏观层面关注整个城市，侧重于城市扩展、基础设施布局等方面对人群体力活动的影响；中观层面涉及一个或多个城市街区的构成范围，主要关注密度、土地利用混合程度、街道连通性等对人群体力活动的影响；微观层面主要关注建筑及其选址，主要包括场所设计、街道尺度、公共设施距离等对人群体力活动的影响。需要指出的是，虽然不同尺度的特征都对体力活动产生不同程度的影响，但本书仅对影响体力活动的中观和微观层面的建成环境进行总结，因为这两个层面已经能够涵盖所有的体力活动类型。

3.1.2 建成环境的要素构成

为了分析建成环境对居民健康活动行为的影响，本研究根据已有文献发现，现有关于"建成环境要素"的构成至少包含10个以上的空间要素信息（Kaczynski，2008；Casagrande，2009；McCormack，2004；Reed，2007）。通过文献描述性统计方法，分析已有关于建成环境与居民健康活动关系的研究情况，这些数据基本包括了以上10个建成环境的要素的信息（表3-1）。

建成环境与行为活动研究的建成环境要素变量   表3-1

居住类型机会和选择	• 住宅类型 • 不同收入群体的住房需求 • 同一街区的公寓、联排和独立住宅的混合程度

住区的步行与骑行系统	• 道路断面宽度 • 道路两侧是否有人行步道 • 道路两侧是否有自行车道 • 横穿人行道设置 • 车行道的交通控制设备（例如减速带、停止标识等）
住区和各方利益相关者的合作	• 是否有行政多部门的综合决策 • 住区公众的政策参与程度
住区自身的可辨识性	• 住区居民对住区整体的认同感 • 住区的特色建筑或场所：如公园、社区中心、交通枢纽、体育馆、教堂等
住区发展决策的预见性、公平性和经济效益	• 地方政府规章、地方性行动和综合计划的一致性
土地利用特征	• 住区内及外部的土地综合使用程度 • 从居住到周边商业的可达性的均好性
开放空间、自然环境和安全保护区域	• 湿地、鱼类和动物栖息保护区 • 地质危险区等安全保护标识和隔离 • 开放空间的比例与可达性
住区内部及与外部连接的交通选择	• 交通导向性和交通友好性 • 公共交通特征（停车换乘的地段、交通中心等） • 交通（公共汽车、地铁、轻轨）站点的可达性和距离
建立在既有住区基础上的规划建设	• 分期建设方案和对于紧凑开发的激励方式 • 给定土地面积上的人口密度
住区住宅建筑和公共建筑的设计	• 建筑密度和间距 • 公共建筑的可达性与使用情况

3.1.3　建成环境研究的基本内容

通过利用谷歌及百度学术，进行相关研究文献查找，在此基础上通过标题和摘要的筛选，本次文献综述搜索共确定了204篇文章，这些研究是本小节综述的基础。此外，最终确定了44项研究（至少包含4个以上的建成环境的要素分析）的深入具体分析。表3-2列出了这204篇文章研究中，行为活动相关的建成环境要素的分析情况。研究频率最高的是建成环境的要素二、四和六。建成环境的要素二（住区的步行与骑行系统），研究了150次；要素四（住区自身的可辨识性），被研究了128次；要素六（住区土地利用特征），被研究了107次。有两个要素是所检索文献中未被研究的，包括要素三（住区和各方利益相关者的合作）和要素五（发展决策的预见性、公平性和经济效益）。其余5个要素的被研究覆盖次数在11至42次之间。这些要素涉及到居住类型机会和选择，开放空间、自然环境和安全保护区域，住区内部及与外部连接的交通选择，建立在既有住区基础上的规划建设，以及住宅建筑和公共建筑的设计。对于每项研究所涉及的建成环境要素总数，最常见的是每份研究通常涉及1个和3个要素（约25%），其次是4个要素（15%）、5个要素（6%）和6个要素（1%），目前没有研究包含相关建筑环境的7个至10个要素（表3-2）。

建成环境要素被研究的情况　　　　　　　　表3-2

建成环境的要素	测量次数
一、居住类型机会和选择	11
二、住区的步行与骑行系统	150
三、住区和各方利益相关者的合作	0
四、住区自身的可辨识性	128
五、住区发展决策的预见性、公平性和经济效益	0
六、土地利用特征	107
七、开放空间、自然环境和安全保护区域	17
八、住区内部及与外部连接的交通选择	40
九、建立在既有住区基础上的规划建设	42
十、住区住宅建筑和公共建筑的设计	22

对比这些研究发现，已有关于建成环境的研究主要集中在土地利用特征、住区的步行与骑行系统、住区自身的辨识度、既有住区基础上的规划建设等方面，但是相对于其他方面，其中住区的步行与骑行系统与本书的研究主体比较接近，因为住区的步行与骑行系统作为建成环境的重要组成部分，其完善程度将直接影响居民日常健康活动行为的时间长度、满意度、活动频次等。总体来看，通过建成环境影响居民日常健康活动的研究呈现以下几个特点：1）基于某项特定的健康活动要素分析特定环境要素对居民特定健康活动类型的影响；2）基于个体的时空行为特征分析健康活动受环境的影响特征；3）基于环境要素为研究主体分析居民健康活对环境要素的互动机制。

3.2　行为-空间环境研究两种视角

通过对204篇文献的研究综述发现，对于环境空间与时空行为之间的互动关系主要从两个研究视角展开，基于时空行为和基于空间环境两个方面。如何把握个体与社会之间的复杂关系，从微观到宏观、再从宏观到微观，将特定区域特定个体的微观研究与整个社会的宏观研究相结合，以及在方法层面解决由汇总到非汇总的"生态谬误"问题和由非汇总到汇总的多维信息损失，这些都是社会科学领域的核心方法论问题（张文佳，2010）。从本研究的文献综述，我们发现对于人的行为研究在汇总和非汇总两个尺度的基础上，还存在着基于环境空间（place-based）和基于人（people-based）的两种不同的研究范式。

3.2.1 基于空间的研究范式

空间是城市规划学及地理学的核心思想与传统，空间位置提供了一种整体性和综合性。理解其途径，将在其他学科视角下相互独立的现象整合起来（Berry，1964；Harvey，1969）。就像托布勒在地理学第一定律中描述的，所有的事物都相互关联，然而它们的关系随相互间距离的增大而逐渐疏远（Tobler，1970）。人文地理学的空间思想曾出现过多次重大转向，从早期康德、哈特向的绝对空间观，到舍费尔与计量学派的空间几何学，再到人文主义的空间、激进主义的空间、后现代主义的空间，空间的内涵越来越丰富（石崧、宁越敏，2005；叶超，2012）。而空间研究在地理学，尤其在人文地理学中，一直保持着稳固而重要的地位，不断壮大的地理信息科学与地理信息系统也进一步巩固了其核心地位（Miller，2007）。尤其在中国，"人地关系"的研究中"地"受到了更多的关注。

3.2.2 基于人的研究范式

20世纪60年代后，出于对计量革命下空间分析学派对人地关系中人的作用的贬低，以及实证主义模型中无差异的"理性经济人"假设的不满，出现了一系列的反思和批判（Tuan，1976）。在人本主义思潮的影响下，行为主义、人文主义地理学开始了对作为行为主体的人的正面关注，发展出了强调个体和微观过程的行为主义地理学、时间地理学、活动分析法等行为论方法，其中时间地理学出于对区域科学中的人的思考，提供了一种在时空间中从人的角度关注个体活动的视角，而时空路径、时空棱柱等一系列在时空间中对微观个体表达的方法，也为其日后与GIS的结合打下了基础。这些关注微观个体的理论与方法，为城市规划学提供了基于人的视角与方法论，一方面为非汇总的研究提供了可能，另一方面突破了传统基于空间汇总的范式，使得在时空间中基于人的汇总成为可能。

信息与通信技术的发展使人们在虚拟空间中能够突破传统意义上的时空制约，整个地球处于"时空压缩"的状态（Harvey，1990）。在人的行为与活动模式方面，现代生活方式使人类活动在时间和空间上更加破碎化，在时间利用方面多个任务同时发生也成为可能，移动性、连通性以及活动的时空破碎化使得人们的行为更加复杂化。人类行为在与空间要素相关之外，还与其性别、年龄、社会经济属性等因素相关，即使拥有相同的家和工作地住址的人也可能具有完全不同的行为模式，人类行为更加个性化。在这样的背景下，传统以距离衰减定律为基础的空间理论面临巨大的挑战，而过去相对固定的人、地方与活动三者之间的关系变得愈发复杂（Miller，2007）。因此，关注微观个体的理论、技术与方法就显得更加重要。

在交通领域，传统的基于交通小区的汇总分析无法揭示人类出行行为的复杂性，以及在出行中人们的相互作用，基于人的交通调查以及出行行为分析方法得到越来越多的关注和探讨（Timmermans et al.，2002）。健康地理学领域，医院、健身房等与健康有关的设施在空间上分布的研究已经无法满足人们对于健康的需求，基于人的在空气污染中的暴露、在日常活动中接触的传染病源的研究成为研究热点（Richardson et al.，2013；Kwan，2014）。

在设施配置与可达性研究方面，不仅需要考虑设施在空间上的接近程度，更需要考虑个体的日程安排，进行基于人的时空可达性研究（Kwan，1999）；在社会隔离与社会排斥研究方面，从人的日常活动和行为模式出发，而不是仅考虑居住地，有助于更好地理解社会隔离与社会排斥问题（Wong & Shaw，2011；Wang et al.，2011）。

以上可以看出，不同于传统基于空间环境的研究，基于行为视角，特别是时空行为视角的研究是目前城市规划学家及行为地理学研究的前沿，城市空间环境和人行为之间的互动关系需要基于空间的视角，更需要人的视角。若不从人的角度出发，则无法认识城市空间对人的影响，我国面临的城市发展问题，对空间环境和人的双重考虑方面将有助于我国城市问题的解决。

3.3　住区建成环境与居民健康的关系

3.3.1　健康城市规划的研究

"健康城市"的概念可以追溯到19世纪40年代，在工业革命的快速城镇化影响下，城镇居住条件所关联的传染病、空气污染等问题被密切关注，从而英国率先成立了名为"城镇健康协会"的组织，并通过了世界上首部《公共卫生法案》。更加明确的健康城市概念来自于1984年国际会议"健康多伦多2000"，在世界卫生组织的促动下，欧美多国组织建立了多个健康城市项目：将城市的健康需求与城市规划结合，开展健康城市的理论和城市规划探索。研究显示城镇的空间规划或城市规划能够对整体居民的健康造成深远的影响（Braubach & Grant，2010）。

Laughlin（1999）和Black（2000）将城市中的健康决定因素按照梯度展开，图3-1主要表达了基于社会经济基础的健康等级变化。可以看出，居民健康或满意度需要通过一系列的阶段完成，没有基本的环境安全和食品健康，单纯居民个体健康行为的改变也无法实现最终的健康目标。健康梯度图也被世界卫生组织的作为评估健康城市策略的可行性标准之一，任何促进城市健康的项目和策

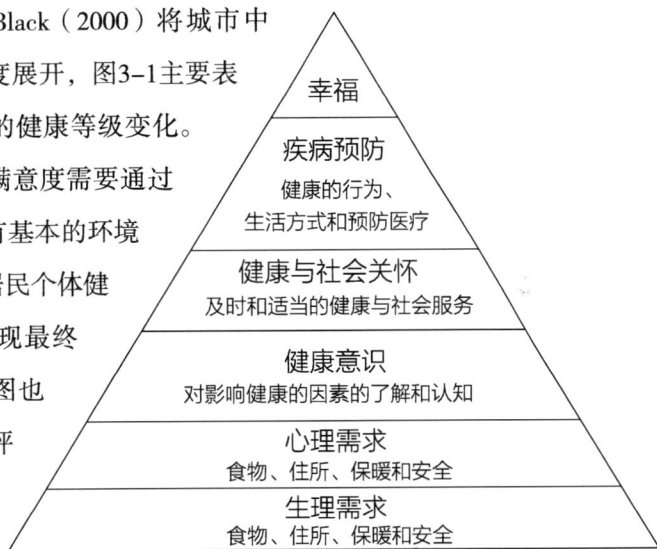

图3-1　健康梯度层级图Laughlin（1999）和Black（2000）

略都必须覆盖健康梯度图所涉及的所有层面要求，包括这些因素之间的相互关系和相互作用。

在这样的健康梯度因素分析基础之上，世界卫生组织的资助项目"塑造邻里"从更大的自然环境和生态环境的角度明确了人类居住环境与健康的关系（Barton & Grant，2006）。这种关系围绕"居民健康"的核心，由内及外依次扩展的各层是影响个体健康的生活方式、社区、经济生活、活动、建成环境以及更大的自然环境和全球生态环境。各层的顺序也反映了各层之间的密切相互关系，所有这些要素都会在建成环境的影响下发生变化或存在着复杂的相互作用。同时，居民健康活动关系与外界的关系还在于将大范围的气候稳定性、生物多样性等自然环境属性与社区、建成环境、经济活动管理等相结合，构成了以健康为视角出发的整体规划分析方法。

截至目前，已经完成五期的世界卫生组织WHO（2011）健康城市欧洲项目（Healthy Cities Programme），由38个城市参与，并在城市健康杂志上发表其进展状

况。该项目的多项研究从不同的角度均表明参与健康城市计划的城市取得了明显的进步：包括城市环境、居民健康满意度、整体健康水平和居民健康意识等。该项目也明确定义了健康城市规划（Healthy Urban Planning）。一个完整的健康城市规划概念除了能够涵盖上图3-1所有相关的健康决定因素之外，还应该反映世界卫生组织的核心健康原则，即平等、社区、参与、合作。由此，健康城市规划的概念被具体化为11个目标，这些目标既关联如上的健康决定因素，也符合世界卫生组织的健康原则。满足这样的11个目标，即可以定义为健康城市规划。

建成城市规划基本内容 表3-3

序号	内容
1	能够促进健康生活方式（尤其是基本的健身与锻炼）
2	能够促进社会关系和社会网络
3	能够推动高质量的居住房屋项目
4	能够扩大就业机会
5	能够促动高质量的配套设施包括教育、文化和医疗健康服务等的建设
6	能够保障地方食品生产的能力以及提供健康食品的渠道
7	能够保障社会公平和社会投资发展
8	能够促进建设有吸引力的城市环境，具备可接受的噪音水平以及好的空气品质
9	能够保障城市水供给的质量以及健康
10	能够保护土地质量和自然资源
11	降低危害气候环境稳定的排放

对于健康规划中的可持续定位，在不同的健康规划研究或项目实施中所采用的也不相同。例如，强调健康促动的规划将可持续定位为健康所带来的远期社会与经济利益；强调创新与组织结构变革的健康规划，则将可持续定位为如何将健康项目持续不断地融入到社会系统、如何增长独立健康项目的寿命；强调邻里社区发展的健康规划，一般将可持续定位为适宜的邻里居民容量和健康设施。这些不同的可持续定位（强调健康效益、强调持续的社会系统融合、强调居民容量）都会采用不同的方法来规划和评估可持续性，但是广义上仍然能够满足世界卫生组织的多维度健康城市的定位（WHO，2002）。通过对当前文献理论的检索，共计获得了84个可持续健康规划的研究与报告（1995~2010年）。其中，24份研究来自于低收入和中等收入的国家，此外25份来自发达国家的低收入片区或社区案例。下表3-4显示了其

中具有典型代表性的健康理念与规划可持续性的整合项目。由此可以看出，在欠发达地区或低收入地区的健康规划与可持续性的关系尤为重要和复杂，也需要投入更多的研究。

健康规划与可持续定位及可持续评估要素 表3-4

研究者	健康规划项目	项目持续时间	可持续性指标	可持续性的因素
Lee, 1995	澳大利亚偏远社区的老年人群健康促进	4年	持续的营养获取方式	增强社区健康意识、老年群体交流、社区管理者的介入
Hii, 1996	马来西亚农村社区健康促进	4年	持续降低的疾病报告	预算控制、志愿者计划、监督与评估体系
Eliason, 1999	喀麦隆西北部社区健康规划	17年	社区健康结构的可持续	支持传统地区文化、健康生活方式
Rowley, 2000	澳大利亚郊区邻里健康促进规划	2年	体质指数的合理区间；户外体力活动的平均时间	邻里教育与规划策略结合、邻里支持的健康项目发展纲要
Tannenbaum, 2002	厄瓜多尔国家健康中心社区健康康复规划	3年	康复者的康复时间	目标人群的规划策略、资源供给计划、健康咨询服务工作站设计
Israr, 2006	巴基斯坦健康服务设施规划	6年	社区居民的参与性	健康类建筑的可持续设计、修复与建设；社区居民的参与计划
Toledo, 2007	古巴圣地亚哥健康生活方式促进规划	2年	健康生活方式的持续性	社区教育计划融合、社区居民的参与计划

城市绿地系统能够提供更广泛的生态系统服务，不仅能够促进城市的环境生态可持续性，同时促进城市居民生活，尤其是健康的水平提高。具体而言，城市绿地系统能够净化空气、减轻空气污染、降低噪声、雨水收集、甚至提供城市食物（Nowak，Crane，& Stevens，2006；Nowak et al.，1998；Escobedo，Kroeger，& Wagner，2011）；另一方面，城市公共绿地系统能够满足对不同收入、种族、年龄、性别等人群的均等性供给，而且有多项研究表明公共绿地空间是重要的公共健康促进因素：促进环境满意度、降低肥胖疾病的风险、提高体力活动、增加社区交流与凝聚力（Groenewegen et al.，2006；Cummins & Jackson，2001；Giles-Corti & Donovan，2002；Giles-Corti et al.，2003）。例如，Giles-Corti等（2005）分析了公共绿地空间的尺度关系与吸引力的关系，从而实现对居民健康满意度和社会网络交流

图3-2　纽约高线绿地公园的改造效果

的促进。Groenewegen等（2006）的研究采用调研问卷的方式和环境物理数据采集，从而明确了包括较少车行、充足步道和树木以及一定的购物停靠的公共绿地空间，能够显著促进居民健康体力活动时间和强度。

在相关健康与可持续规划的具体实施项目中，最为著名的案例为纽约的高线城市绿地公园（High Line Park），如图3-2所示。其建立在废弃的高架铁路之上，而最初的规划方案是将其拆除以满足整个地区商业发展的氛围。在当地的设计师与活动家的促动下，将其保留并调整为公共开放绿地公园，从而使其成为城市中最具特色和受欢迎的景点之一。多项有关高线城市公园的研究证实，该公园一方面切实促进了周边邻里居民的健康行为活动（71%的周边居民认为该公园促进了其个体的健康活动）以及邻里社区的关联性和凝聚力（Cataldi, et al., 2011），另一方面，研究表明该绿地系统提供了生物多样性的栖息地，并能够有效减缓夏季的城市热岛效应（Krasny & Tidball，2012）。

由于城市居民的居住形态都是以群体和社区方式展开，所以住区建筑环境与居民健康的研究一直以来都被作为热点内容之一。广义上，建成环境（Built Environment）被定义为日常生活、工作和休闲设计和建设的物质空间。从原始的游牧文化和居民到今天的现代城市和居民，建成环境必然经历了重大的变革，通过规划、设计、形成，利用建成环境的要素来满足人类的需要。然而，居民健康的关注和需求提升，住区建成环境愈发受到严格的分析和研究。住区居民与住区建成环境之间的关系是一种理解健康的新兴焦点。一个健康的住区被描述为一个不断形成并能够促进住区社区网络环境，并同时促进居民在日常生活中的健康行为，并充分发挥居民社区生活的潜在交互影响（Centers for Disease Control and Prevention，2015）（图3-3）。

Green and
pedestrian areas
Suitability index (1-100)
1 - 28
28 - 36
36 - 43
43 - 52
52 - 100

N

Physical disorder
(n. of complaints/n. of residents)
0,00 - 1,41
1,42 - 2,19
2,20 - 3,00
3,01 - 3,80
3,81 - 26,93

N

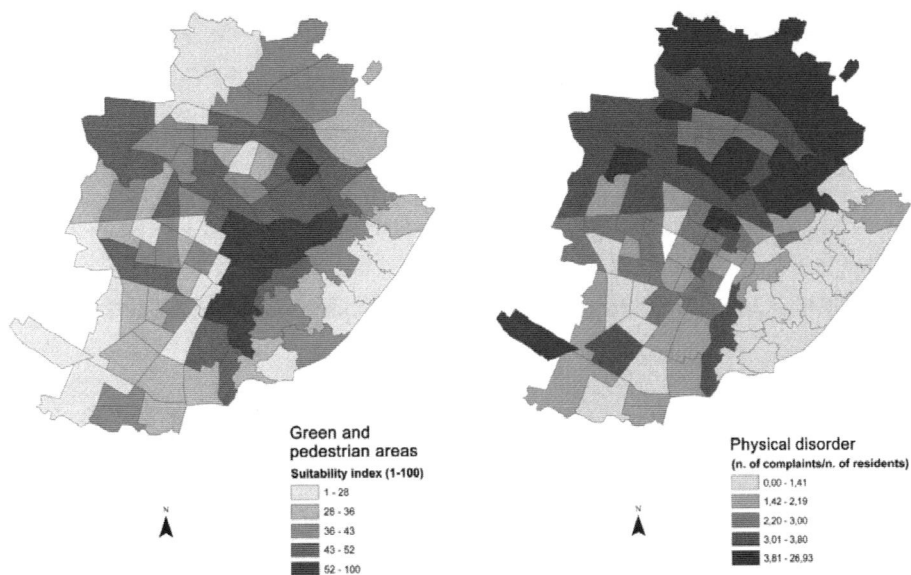

图3-3　绿地覆盖指数分布图与居民对建成环境的主观抱怨指数分布图

图3-4　建成环境绿地系统比较

　　在具体分析住区的建成环境特征时，当居住地点周边具有较差的住区景观设计的居民时，36%的居民报告了不同程度的精神抑郁；面对缺少外部的联系和公共交往空间的居民，64%的居民报告了精神抑郁（Galea et al.，2005）。相反，在针对相同群体的居民调查研究，对邻里环境中含有植物与不含有植物的居民心理健康数据统计中发现，即使1%的绿地面积区别，也能够对精神压力和抑郁起到缓解作用（Alcock et al.，2014；White et al.，2013）（图3-4）。

3.3.2　健康邻里规划的研究

　　修斯巴顿等在《塑造邻里：实现地区健康和整体可持续发展》一书中对健

康城市规划在邻里层面（Neighborhood）进行了具体的研究和影响。尽管作为构成城市细胞的基本单元，邻里的概念通常被规划应用于住区或社区的规划设计中，但是该研究认为局部的微观特征与外部的宏观特征是具有关联性并互相影响的，并由邻里的层面逐渐延伸至外部宏观整体的关联性，如整体生态的可持续性。因此，该理论将塑造邻里的健康规划定位为"地区整体规划"（Local Global Planning）。

不同研究视角对于邻里概念的界定也不尽相同。传统的定义主要是从城市管理角度：指具体划分城市片区的界定，例如欧美郡以下的行政划分。邻里环境报告或生活质量报告往往可以用这些以行政划分的部门获得。但是这样的划分过度依赖行政，而实际的居民活动和邻里认知可能完全不同。当前的邻里健康研究主要讲邻里的概念落脚于居民个体，从居民个体的角度出发界定邻里的范围，进而分析适当的健康规划方式和要素。获得居民个体邻里的方式包括问卷调查或社区合作等，从而确定邻里范围内的居民和居民认识的邻里尺度。然而，主观信息的获取以定性的邻里判定为主，多以地区的购物街区、开放空间、铁路边界等。为了明确邻里范围内的自然环境资源信息、公共健康服务设施信息以及城市文化休闲等设施的信息，仍然需要获得相对明确的物理界限，研究者为此主要采用两种方法界定。

第一，Llewellyn（1998）提出的"自然分水岭"方式。以居民所认知的邻里中心（主要以多功能的公共空间或交通枢纽作）作为起始点，5~10分钟步行可达的范围，如图3-5左图。步行可达的原则明确了以健康行为活动为基准的邻里范围界定，同时以交通枢纽为中心的方式可以串联整个城市的各个邻里区域，从而形成串珠的组织方式，如图3-5右图。

第二，根据交通平静区（Traffic-calmedareas）的划分原则（Appleyard，1980）。当城区内交通线路的车辆使用低于每小时300辆时，其街道区域的整体活力和安全性可以得以保证。由此，政府设定交通线路的驾驶时速限制（20英里每小时）以及城市道路的等级和交通管理等，该限制范围内的区域被称为交通平静区。交通平静区常被规划研究者和设计者作为划分邻里的边界条件，由此形成邻里的范围。图3-6为美国马萨诸塞州剑桥市的邻里社区划分。Ratti等（2010）等综合了交通平静区和居民主观问卷结合的方式，明确了其邻里的范围，进而用以开展相关邻里活力和健康等的相关研究。

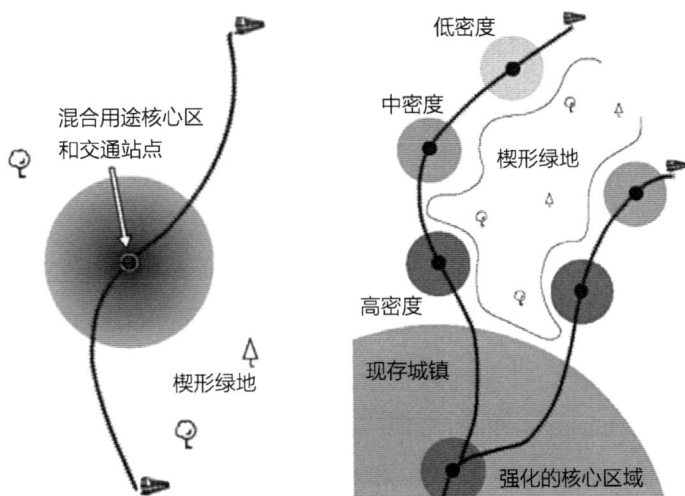

图3-5 以居民步行和中心交通枢纽为判定的邻里划分

图3-6 马萨诸塞州剑桥市的基于交通平静区的邻里划分

邻里的范围界定是塑造邻里健康的基本工作之一。在此之上的邻里规划不仅会对区域的就业、可持续发展造成影响，也会对邻里内居民的健康整体水平造成影响，比如娱乐休闲场所的可达性、公共空间和绿地的品质、开展体育活动的促进计划等，甚至能够影响该邻里范围的社会网络和凝聚力——而所有这些又会对邻里健康造成冲击，并可能持续影响邻里居民的健康状况（Barton，2010）。邻里健康规划的目标主要涉及社会层面、经济层面以及环境层面。表3-5即为该3个层面的具体邻里健康规划目标。

健康邻里规划目标 表3-5

社会性	经济性	环境性
加强本地社区	促进财富创造	加强环境质量
加强公平性	促进就业	促进野生环境及野生生物
加强健康的居住环境	提高经济效益	保卫自然资源
加强安全性和治安	增强住区经济集聚	减少温室气体排放
加强选择的自由行		
加强当地决策		

具体塑造邻里健康的策略和过程包含7个步骤（图3-7）：提出倡议、确定愿景、研究邻里特征、形成健康规划、达成协调计划、建设实施、经验教训的学习。在这7个邻里健康规划的步骤中，4个最为重要的关注要素包括：用地属性、建筑密度、交通结构与网络以及绿色建筑和空间。用地属性应尽量保证混合利用的模式，从而使得各类功能用地内

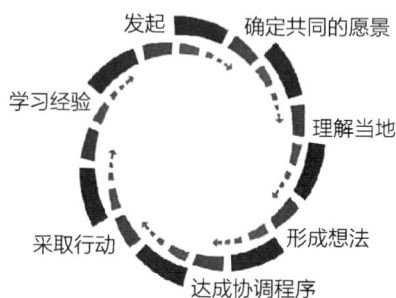

图3-7 邻里健康规划的7步骤
（Barton et al., 2010）

的人群能够有更大的社交网络和社会凝聚力，从而加强邻里的概念。其次，建筑密度应按照分级和集约化的方式开展，从而增强邻里空间的活力与多样性。再次，邻里的交通规划和结构网络应包含公共交通系统、步行和骑行的交通系统，一方面减少交通系统排放造成的邻里空气品质下降，另一方面促进邻里居民的健康行为活动。最后，绿色建筑和空间的规划设计主要集中在绿色基础设施，包括公共空间和绿地的规划，为邻里居民提供可供交流和休闲活动的场所，同时增强其健康生活方式与环境可持续的意识。

3.3.3 健康城市与健康活动行为的融合

在20世纪之前，紧凑、贯穿和网格型的城市街区长期以来作为城市规划的标准范式。已知最早的存在网格街道模式可以追溯到从公元前2500年开始的（Stanislawski，1946）古代希腊人和罗马人的城市建设思路。尽管经过多年的变化，这种城市街区形态为主的城市规划在近几十年迅速演变成稀疏、松散和绿化结合的城市格局，如图3-8所示。越来越多的研究文献表明，尽管紧凑城市结构可以促

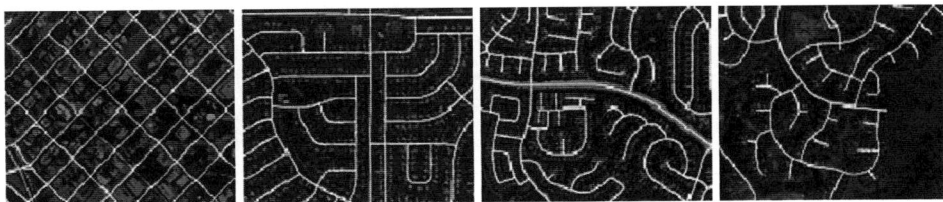

图3-8　美国城市街道网络的演变（Southworth & Ben-Joseph，1997）

进驾驶路线的减少和更加积极便利的运输（Frank et al.，2007；Handy et al.，2002；Marshall & Garrick，2010；Pendola & Gen，2007），但是过分强调的工业化、经济化却使得公共健康指标明显下降（Davison & Lawson，2006；Dunton et al.，2009；Frank&Engelke，2001；Grafova，2008；Williams et al.，2012）。

　　Marshall等（2009）和Marshall等（2010）对城市街道格局和公共健康研究收集了超过24个美国加州的城镇数据以及从人口普查和美国社区调查获得的旅游行为数据和社会经济数据，城市街道网络的控制因素包括城市街道网络密度、街道连接方式和街道类型模式，这些控制因素的数值是通过GIS数据库的空间分析获取的。代表居民健康的因素包括肥胖、糖尿病、高血压、心脏疾病以及哮喘。该研究证明了城市街道布局对城市健康的重要影响：更紧凑、用更少的车道连接街道网络中的主要道路使居民中肥胖、糖尿病、高血压和心脏病的发病率有明显减少。

　　Susan等（2005）对萨克门托市的研究得出，传统的城市规则式街道网格布局要比郊区的蔓延式街道网格布局发生步行行为的可能性大，Sallis等（2006）对直径距离相等的A和B两点间的街道网格研究也得到了类似的结果。部分学者在研究中使用了数据论证并做出可行性分析，如Berke（2007）的研究中引用了Moudon等人的数据统计出了城市建筑环境对出行时选择步行意愿可能性概率大小。建设发展方向、景观美化、步行设施以及其他街景特征也与其他要素诸如人行道覆盖、与步行、自行车等有模糊的关系，任何影响很可能是涉及一项多个设计特点的集体影响，也是一个涉及土地使用与出行变量的互动效应。

　　按照Barton & Grant（2013）健康城市的理念在城市规划中的融入基本上可以分为3个阶段。

　　第1个阶段是基础发展阶段，主要集中在对人居环境的生活支持与促进作用的认知和研究，这包括作为基本庇护作用的场所提供，食物、清新空气与清洁水源的提供，以及有效的污水处理系统。这些基本的认识主要来自于上述19世纪工业革命和大规模城市化运动所带的健康威胁和环境影响的教训。以西欧为主的国家，例如英国和法国，率先将健康引入城市规划中。然而，在这个阶段内的健康理念引入或者说健康从城市规划学科中独立为一个分支，事实上是规划学科从业者和政策制定者在潜意识中逐步实现的。尤其是随着城市的快速扩张，导致许多城镇缺乏适度的健康医疗设施，更不必说社区或片区级别的健康服务和居民健康意识，这些当时的现实状况决定了健康理念在城市规划中的初步融入。

第2个阶段是环境健康阶段，在基础发展阶段扩展为更多影响居民健康和满意度的环境规划与设计要素，包括高密度城市区的公园、城市环境与自然环境的结合、空气品质的考虑、健康体力活动的促进、新鲜食品的供给渠道、社会关系的加强、自行车行道路系统、安全城市环境、降低汽车排放、房屋改造与经济型住房的建设等。涉及这些要素的规划项目为健康规划的政策支持又增加了新的维度和考评内容。但是，这些方法的规划设计和建设实施往往是分割的，缺少一个整合经济和空间发展的总体纲要，因此常常出现有别于初步设计甚至相反的结果（Barton，2009）。

第3个阶段是健康与规划过程的全面整合。健康理念被地方政府以至国家层面的规划法规和政策接受，并将健康规划作为最基本的城市规划类型之一。这个阶段的健康规划理论和实践能够将城市环境的可持续、社会均衡、经济发展等整合于一体。2003～2008年期间第五期欧洲健康城市项目报告结论中认为，即使在欧洲的各个健康城市项目实施中，这类全面的健康与规划整合也非常少。主要原因在于很难将政府决策方、绿色建筑项目负责方、环境再生研究者、交通规划者以及公共健康部门整合在一起进行这样的健康规划。尤其是，如果这类健康规划被作为远期城市规划的一个基本部分，健康规划与城市发展的经济目标整合将成为重要议题和挑战（Barton，2009）。图3-9展示了城市规划政策和相关健康决定因素之

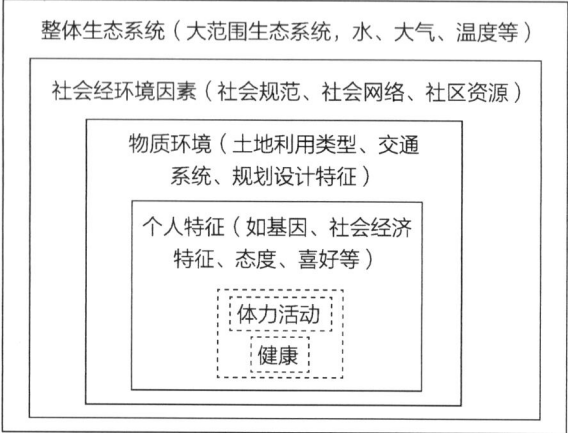

图3-9　健康活动与建成环境的多层级关系
（Transportation Research Board，2005）

　住区建成环境对居民健康活动行为的影响研究

间的关联性。这些决定因素的层级与上文所述的图2-1具有一致性。

个体行为与生活方式：城市或住区的物理环境可以通过规划设计的实施来促进或影响个体的健康行为活动和生活方式。例如，住区的开放空间设计和步行、骑行的道路系统设计能够更好地促进城市居民通过健康行为活动来增加与自然环境、较高空气品质等的接触。这对于儿童，尤其是上下学等常规行为活动的影响具有重要意义，对于老年人降低抑郁和促进交流及社会联络也有着重要作用。

社会与物质环境影响：第2圈层的影响主要指社会和社区对个体健康的影响。城市规划作为一种介入性的城市更新方式，能够重建社会网络，培养丰富的社区文化生活。局部社会网络的建构可以通过多种类型场所的规划来实现，例如学校、邮局、步行道、娱乐和文化场所等。这里并不是说规划可以重新创造社区，而是说规划可以影响人们在社区中选择聚集和选择交流的方式，这对于城市中的弱势群体尤为重要。因为这部分群体，例如老人、残疾人等本身在社区交流上具有更多的敏感性和风险性。

地方经济与结构条件：第3个圈层是地方经济与结构条件。城市规划的政策可以非常直接地影响这个圈层的健康属性。例如，缺乏较高品质的居住类建筑可能导致住房压力和生活动力匮乏，从而影响健康。创造一定的城市工作机会能够有助于减轻生活压力从而减少对健康等的不利影响。相对低价的城市公共交通系统能够促进社会网络的沟通和文化交流，同时可以为低收入人群提供更多社会交流机会，从而促进整体健康条件。

全球整体生态系统因素：城市规划也可以影响最外层的整体生态系统。例如城市规划中的交通规划能够影响城市本身甚至外部区域的空气质量，高密度城市中心区能够带来热岛效应从而扩大到更大范围的二氧化碳排放，给水排水布置可以影响更大范围的区域水资源调配。

3.4 建成环境对居民健康活动行为的影响

20世纪90年代中期，在世界卫生组织的引导下，欧洲健康城市网络与欧洲可持续城镇发展运动两个项目进行了联合探索，从而将城市健康的议题引入可持续城市规划的框架内，并使得两个城市规划的分支领域开始互动联络，同时鼓励各国地方政府在政策方面予以支持。其主要契机在于，城市健康问题往往与城市交通、社会关系、社区邻里网络、城市的经济生活等要素存在关联性，单方面地强调城市健康，很难符合城市可持续发展的要求，同时也难以长期贯彻执行城市健康的规划。因此，如何加强城市不同部门和利益相关者之间的协调工作与相互配合是确保城市健康与城市可持续规划的主要思路。尤其是在欠发达和发展中国家，由于常常出现原有城市健康计划的实施中断或停止（Shediac-Rizkallah & Bonel，1998），因此如何在城市规划中可持续地推动城市健康的目标，对其是一个巨大的挑战。对于建成环境如何影响居民健康活动水平，已有研究主要集中在大尺度建成环境对居民体力活动的影响，以及邻里尺度建成环境与步行系统和骑行系统的影响上。

3.4.1 大尺度建成环境对居民体力活动的影响研究

体力活动是指"任何由骨骼肌收缩引起的导致能量消耗的身体运动"。按行为目的不同，公共健康领域将体力活动分为4类：家务相关行为、工作相关行为、娱乐或者休闲时间活动行为、交通相关行为（Lee & Moudon，2004）。与建成环境相关的体力活动研究一般可分为两类：总体体力活动和特定类型体力活动，后者包括休闲性体力活动、交通性步行、休闲性步行等主体分类以及散步、慢跑、游泳等特定的类型。总体体力活动研究对于居民健康有着重要的意义，其是否满足健康推荐标准是研究的一个重点热点，而研究特定类型的体力活动对于研究何种环境和政策对特定体力活动的影响有重要意义。

尤因（Ewing）等（2003）通过对22个变量进行主成分分析，将居住密度、土地混合度、中心度、街道可达性等作为城市蔓延的指标，分别在州级层面和都市层面上研究了城市蔓延指数与体力活动之间的关系。结果发现，州级的城市蔓延指数与短距离休闲步行呈正相关，但是与总体体力活动和推荐体力活动标准并没有很强的关联性，同时都市层面上的蔓延指数与体力活动的关联性也不甚明显。其后的研究都是在这一研究的基础上进行修正，结论也不够明确（Kelly-Schwartz et al.，2004；Ewing et al.，2006），主要是因为目前城市蔓延指数与体力活动的关系研究尚处于起步阶段，采用的城市蔓延指标较为简单和粗糙，对体力活动类型、总量等的具体影响还不明确，在何种情况下使用城市蔓延指数也有待研究。另外，城市蔓延指数源于北美的城市发展模式，而北美与欧洲以及中国的发展模式是截然不同的。

步行指数是国际上量化测量环境相关步行性的一种方法，国内常称其为"行人服务水平评价"。由于上述建成环境各要素对居民体力活动水平的影响存在共线性，因此很多研究会采用步行指数来描述建成环境的总体状况（周热娜等，2012）。不同的研究采取的步行指数指标不同，但大都根据居住密度、土地混合利用、街道连接性、底层零售店土地面积4个客观量度的得分进行加权合计而来（Frank et al.，2006），也有一些研究根据自身需求采取不同的指标。总的来说，高邻里步行指数对体力活动具有积极的作用，特别体现在交通性步行方面。

3.4.2　邻里类型建成环境对居民健康活动的影响

建成环境对健康活动产生影响的研究中，一些研究者将不同的建成环境差异归纳为一个综合的特征，在对邻里社区进行简单分类或分级后，比较研究不同类型社区对体力活动特征的影响。对社区类型的划分有相当一部分是基于社区的定性判断，如传统社区和郊区社区、公交导向社区和小汽车导向社区、城市社区和郊区社区等（任晋锋等，2011）。也有一些研究者是基于定量的衡量，主要通过对建成环境特征（比如步行性）进行评估分类（Loon & Frank，2011），比如塞韦罗等对旧金山湾地区和南加州地区进行研究，比较了公交导向邻里和小汽车导向邻里的通勤特征，发现公交导向社区的步行分担率相对较高（Cervero & Gorham，1995）。Khattak等（2005）研究发现生活在传统邻里的居民会比居住在郊区邻里的居民产生更多的步行出行，步行出行比例分别是17%和7%。

为了更好地开展邻里类型对体力活动影响的研究，很多学者还对邻里类型进行了其他分类。Nelson等（2006）根据经济特征和建成环境特征将邻里分为郊区工人阶级邻里、农村邻里、种族混合邻里等，发现居住在市中心低社会阶层区域的居民会比居住在种族混合区域的居民拥有更多的体力活动。Norman等（2010）在圣迭戈（San Diego）的研究中通过形态分析将邻里分为开放空间、尽端式居住、大密度的房屋及设施3种类型进行研究，结果发现居住在开放空间、尽端式居住邻里的男孩比居住在大密度房屋及设施的男孩久坐行为更少，而中等体力活动在这3个类型中则没有什么差别。

3.4.3　建成环境感知对居民健康活动的影响

建成环境感知研究是当前欧美国家环境心理学、城乡规划、景观建筑学、地理学乃至交通规划等相关领域的研究热点。目前，与体力活动相关的建成环境感知主要通过问卷调查、访谈、观察等方法，将建成环境的定性评价指标如美学价值、安全性等与建成环境的空间定量指标进行对应，进行建成环境感知的量化评定，实现了环境感知定性评价的定量化（韩西丽，2011）。

美学感知和安全感知是研究建成环境对体力活动影响的常用指标。美学感知主要指场所的吸引力，包括街景、建筑设计、景观（如行道树）、公共设施（如凳子和灯光）等（Handy et al.，2002）。总的来说，邻里社区（Humpel et al.，2004）、街道（Borst et al.，2008）和公共空间（Giles-Corti et al.，2005）的美学感知对居民体力活动，特别是休闲性体力活动具有积极的作用，一般可以解释为其可以提升积极的体力活动以及步行的态度和社会凝聚力，进而促进居民主动步行出行，特别是休闲性步行，以及其他类型的体力活动（张莹，2010）；然而也有一些研究表明邻里环境美学感知情况与体力活动水平呈负相关，特别表现在交通性步行方面（Hoehner et al.，2005）。导致结论不一致的可能原因是，环境优美的邻里，使用不便利，而且街道连接性也有可能较差，因此不利于居民展开交通相关的体力活动。

安全感知主要指居民对邻里犯罪和安全的感知，其量度主要包括步行路径安全感知、犯罪率、晚上是否有足够的灯光以及是否存在交通隐患等，主要分为环境安全、治安安全和交通安全3大类（Moudon et al.，2006）。从研究文献来看，路径环境安全（Booth et al.，2000）、邻里犯罪率（Boarnet et al.，2005）、交通安全（Inoue et al.，2010）等邻里安全感知与体力活动呈正相关，特别是对于休闲性步行作用明显。可以说，安全感知是体力活动的基本影响因素，其也是居民步行出行的基本需求（Alfonzo，2005）。然而也有研究发现，男性对邻里环境交通安全的感知度与其步行水平呈负相关，而女性则呈正相关（Humpel et al.，2005），这可能是由于周边环境的服务设施可达性与其交通状况相关，即服务设施可达性和交通安全感知对男性步行水平的影响是相互重合的。

目前关于建成环境与体力活动关系的研究主要集中在国外，国内只有少量综述类的文献研究（苏萌等，2010；韩西丽等，2011），针对我国国情的实证研究还非常匮乏。发达国家虽然对建成环境对体力活动的影响关注较早且进行了大量研究，但就研究内容和方法而言，仍然存在以下问题：从研究内容来看，缺少分析影响体力活动的环境因素与体力活动类型、体力活动强度之间的关系研究，而且涉及影响体力活动感知的环境因子的研究较少，特别是环境感知与客观建成环境融合的研究较少；从研究方法来说，缺乏采用纵向研究法进行的研究，特别是缺乏采用真正的面板数据调查进行的研究，即针对相同人群的研究。

3.5 研究评述

　　基于以上较为系统的文献梳理，不难发现各学科运用各有的理论与方法对建成环境与居民健康活动关系的研究进行了深入与广泛的关注。从健康与建成环境的关系来看，学者往往通过直接的定量分析健康与环境的关系，其中连接环境与健康作用机制的行为要素往往被忽视。目前已有的人类活动–移动行为与健康的关系研究，往往通过行为所属的空间间接进行研究，尤其是对微观活动–移动环境下的测度。从城市居民健康活动的测度方法上看，一步走的直接测度方法由于仅对建成环境、行为、健康其中某一方面挖掘，导致很难将多种因素整合起来探究其关系，实现行为与健康影响机理的深度解剖。因此，逐步通过建立建成环境测度、居民健康活动行为采集、建成环境与健康活动交互关系等多个步骤实现基于建成环境对居民健康活动行为影响特征与影响因素分析。

　　以上分析表明，已有研究的主要不足在于：

　　（1）已有研究多从宏观视角出发研究特定的方面，比如对建成环境的关注较多而缺少对健康活动的关注，或者往往关注环境或者健康本身，即使是对人的关注，也多是以人口特征为基础的群体研究，缺乏对健康活动"个体"的关注。

　　（2）已有研究无论是行为地理学还是城市规划学中探究健康与建成环境的关系甚至是健康与人类活动–移动过程的关系，均是以空间作为研究主体，缺乏对"人"这一研究主体的关注，缺乏对"行为"这一健康活动及健康活动差异与诱发性原因的分析。

　　（3）已有研究往往对环境或健康本身进行研究，将行为与环境、健康的关系割裂开进行分析，经常忽视环境对健康的重要的影响的行为媒介，较缺乏将建成环境、行为、健康三者关系进行整合研究。

　　从个体时空间健康行为视角出发对城市居民健康活动测度、特征及影响因素的分析，重新回归于特定建成环境下面的健康活动的主体"人"及"人的行为"，从个体时空间行为出发提供了居民健康活动与建成环境关系，从个体时空间行为视角将环境、行为、健康等重要研究主题整合进行分析。一方面，探究居民个体时空间行为在环境与健康活动的关系的重要作用，突破传统的居民健康活动的相关研究；另一方面对行为相关丰富的建成环境及所承担的居民时空行为的内涵进行深度解决，不单是"就环境论环境"、"就活动论活动"，深入健康活动行为及其背后隐含的复杂的时空场境和建成环境背景，从刻画到挖掘，从描述到解读，从时空间行为出发探究建成环境以外与时空间健康活动行为紧密相连的健康活动及建成环境交互关系的主题。

第 4 章

案例住区居民出行行为与建成
环境数据采集与分析

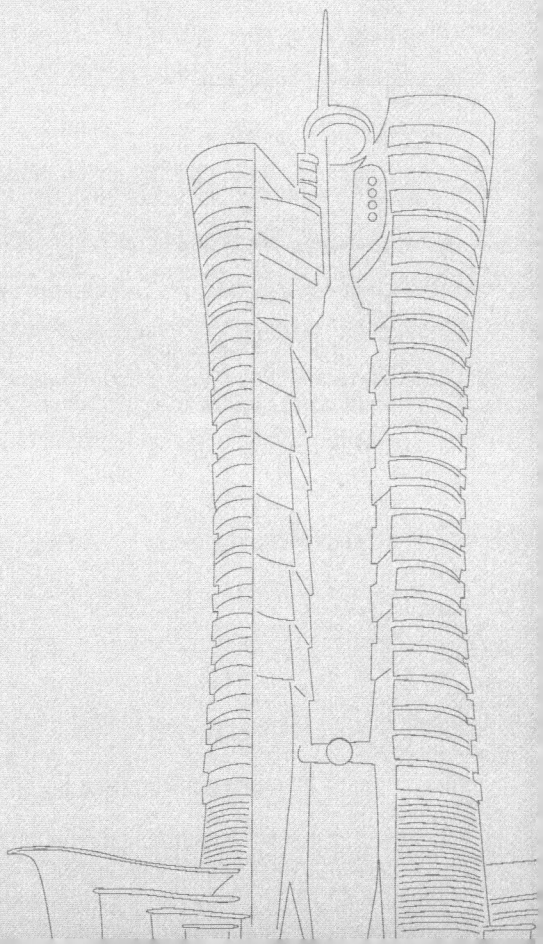

居民健康活动行为数据及案例区域的选取对本研究的分析结果将产生较大的影响，本章主要分析案例住区居民出行行为与建成环境数据采集，分析主要包括以下3个部分：第1部分对本书研究的区域进行详细介绍；第2部分详细说明基于GPS移动技术的北京市上地–清河居民日常健康活动出行行为实地调研数据的获取；第3部分分析大尺度建成环境数据的获取，对调研数据进行描述性统计分析。

4.1　研究区域基本概况

4.1.1　北京市自然经济社会条件

北京市位于我国华北平原北部，东靠辽东半岛，西邻太行山脉，北部毗邻内蒙古高原，南临山东半岛，区域经纬度范围大致处于东经115.7°～117.4°与北纬39.4°～41.6°之间。城市总面积1.64万平方公里，其中山地面积占62%，平原面积占32%，地势西北高耸，东南低缓。西部、北部和东北部是连绵不断的群山，东南是一片缓缓向渤海倾斜的平原（北京国土资源局，2015）。北京的气候为典型的北温带半湿润大陆性季风气候，夏季高温多雨，冬季寒冷干燥，春、秋短促，太阳辐射量全年平均为112～136千卡/厘米。2014年年平均气温为14.1℃，七月份最热，平均气温28.1℃，全年降水量461.5毫米，年度降水主要集中于夏季（北京气象局，2015)(图4-1)。

从2010年经济发展来看，经济总量从2010年的1.41万亿元上升到了2014年的2.13万亿人民币，年均经济增长率超过了7%，经济得到健康快速的发展。从2014年的经济发展结构来看，第一产业增加值159亿元，下降0.1%，第二产业增加值4545.5亿元，增长6.9%；第三产业增加值16626.3亿元，

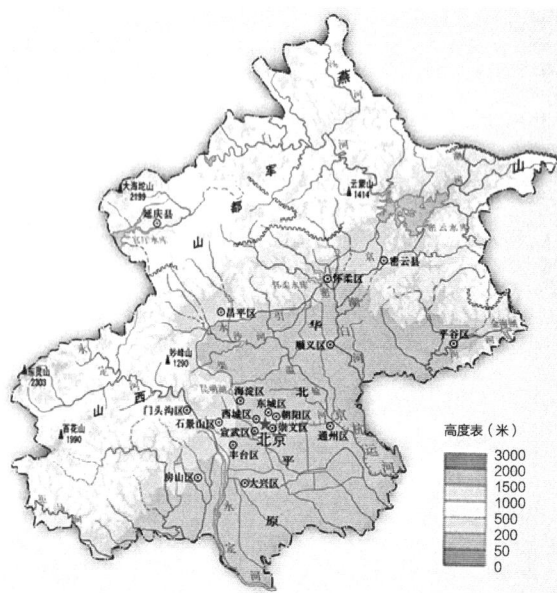

图4-1　北京市地形图

住区建成环境对居民健康活动行为的影响研究

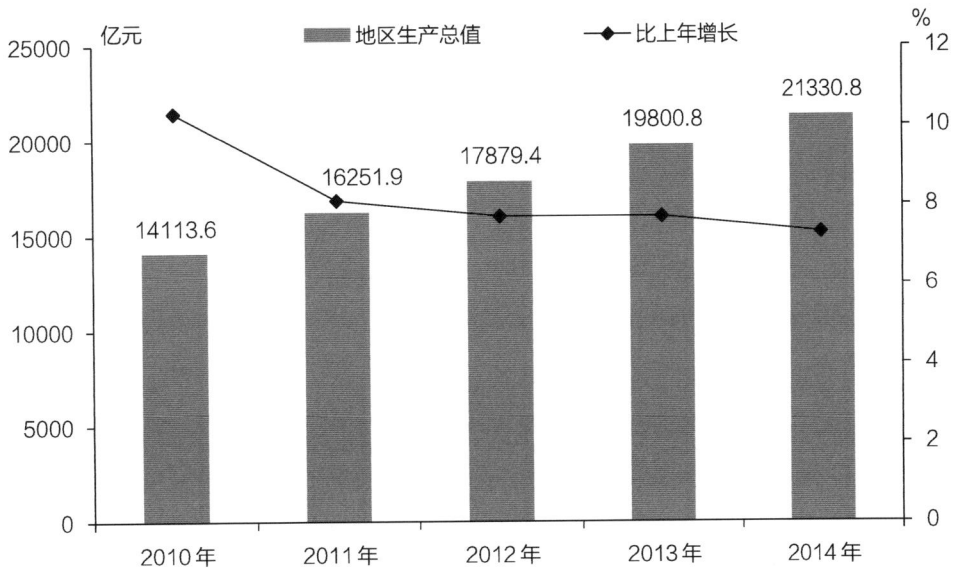

图4-2 2010～2014年北京市GDP增长情况

增长7.5%，产业结构得到不断优化。2014年末，全市常住人口2151.6万人，其中常住外来人口818.7万人，户籍人口1333.4万人，常住人口密度为1311人／平方公里，常住人口中，城镇人口1859.0万人，乡村人口292.6万人（图4-2）。

从区位交通来看，北京是我国最为重要的交通中心之一，不仅有到各大城市的普通铁路和高速铁路线，而且还拥有世界规模最大的国际机场之一——北京首都国际机场，其旅客吞吐量从1978年的103万人次增长到2014年的8612.83万人次，仅次于美国亚特兰大机场，位居全球第二（北京交通委员会，2015）。因为城市人口的不断增加，北京市加大了城市内部交通的建设，截至2014年末，全市公路里程21892公里，比上年末增加218公里。其中，高速公路里程981公里，比上年末增加59公里。年末城市道路里程6435公里，比上年末增加41公里。

4.1.2 北京市城市与住区发展

1. 城市土地利用扩展

在我国快速城镇化背景之下，北京市城市也得到了快速的发展，其主要表现为人口不断向城市集中，土地利用结构不断发展调整，郊区的农业用地逐渐转为非农用地。北京市城市化起步阶段是从新中国成立初期开始，受到计划经济体制及莫斯科城市发展规划的经验影响，在改革开放前30年，北京先后制订了四轮城市总体规划，城市化进程经历了反复的过程（张文茂、苏慧，2009），城市的外围空间拓展较为缓慢，从1949年到1978年，城市建成区面积拓展不到200平方公里（顾朝林，1999）。而改革开放之后，北京的城市化过程经历了快速的发展，城市建成区面积由1978年的340平方公里拓展到2010年的1289平方公里（北京市统计局，2015）。北京市的城市发展过程中，主要呈现以下几个特征：

首先，依托原有的城市中心，在中心区外围建设大型的城市郊区组团。例如，新中国成立初期，北京中心市区的空间形态基本是一种封闭型向心结构，主体在二环以内，经过20年的发展，北京城区的拓展基本沿着二环线在外围新建大型住区，城市发展呈现缓慢的蔓延趋势（何春阳等，2002）。20世纪80年代以来，北京进入了郊区城市拓展阶段。郊区城市发展的早期主要是以被动郊区化为主，其中一个重要的特征就是随着中心城市的土地利用结构重新调整、住房制度改革、城市存量土地的开发、棚户区和危旧楼房改造等因素引起城市人口的大量被动外迁（周一星，1996）。另一方面，城市工业结构调整，一些高危污染严重的工业企业开始逐步迁出城区向郊区进行转移，而引起城市空间在郊区的大幅拓展。而进入90年代后，主动型与被动型的郊区城市空间拓展是北京土地扩展的新特征，其中，由于郊区土地价格的低廉、就业机会的增加、住房价格的低廉，使得人口和工业企业不断增加向郊区迁移（冯健等，1996）。

其次，北京市的发展依托交通主干道而积极推进城市空间拓展的趋势增强。例如，20世纪80年代，北京的城市空间扩张主要集中在东部和东北部，为了引导企业及住户向该方向落地，政府加大了快速交通环境和快速放射干线的投资力度，以公路交通为先导的城市空间发展方案较为明显（陈佑启，1996）。

单中心块状的城市空间拓展和基于公路交通的蔓延式城市拓展，并没有很好地解决北京市面临的城市发展问题。首先，集中式的发展导致城市中心城区土地利用功能的高度重叠，土地利用的效率较低，城市土地利用浪费比较严重。其次，城市功能在中心城区的集聚必然带来人口、功能与设施的高度聚集，导致了旧城破坏、交通堵塞、房价高涨、空间错位等城市问题（Wang，2000；Li Siming，2003）。再次，单一的道路交通建设并不能很好地促进产业在空间上的优化组织，同时道路存在供给不足，不利于经济效益的提升。因此，中心疏散将是北京未来发展的空间战略之一。

为了优化北京市的土地结构利用效率，北京市从2000年起，开始了新一轮的城市交通基础设施投资，其中城市环线和轨道交通的建设是最受瞩目的。轨道交通不仅带来了城市土地的增值，同时降低了就业居民向城市外围迁移的成本，这就使得城市土地利用空间的业态发展出现了空间分离（张文忠、李业锦，2005）。例如，对租金承受高的金融保险等第三产业就会向中心城区进行集中，北京王府井和西单中心商务区就是其中的典型案例（王茹芹等，2008）；而对土地租金承受较低的居民则会向外围迁移，上地-清河地区和回龙观大型居住区就是由于交通等基础设施完善带来的利好。这种空间组织安排，北京市大型开发区和大型居住区向外扩展，同时促进高收益企业不断向城市中心区集聚，优化了城市土地利用的结构，促进了城市经济效益的提升（仵宗卿、戴学珍，2001）。

再次，北京借鉴西方卫星城镇建设的经验，积极推进远郊区大规模卫星城镇建设，以分担城区的主要功能，优化新建城区对城市产业发展的支撑力度及辐射带动作用，同时为了促进社会事业的发展和基础设施的建设。其实，北京市在1950年左右提出过"分散集团式"的空间发展策略，只是由于当时计划经济政策和城市发展速度较慢的原因没有推行过这项政策。而随改革开放及北京亚运会举办的契机，北京市重新考虑了当年提出的空间发展策略。其中，在20世纪90年代北京的城市总体规划中就提出了建设14个卫星城和10个边缘组团的发展策略，以缓解中心城区发展所面临的一系列问题。而21世纪进行的北京市总体规划的修编工作中，提出为了进一步引导北京中心城区的产业和人口向周边的新城和小城镇疏散，北京市提出了"两轴-两带-多中心"的城市空间发展结构，同时又重新规划了顺义、通州等多个新城。目前新城建设存在一些问题，但是通过新一轮的北京城市空间发展方案，北京的土地利用效率较之前有了较大的提升（冯健、周一星，2008）。

2. 城市居住用地空间扩展

前面一小节对北京市土地总体空间发展特征的梳理，有利于我们对北京市土地利用的理解，同时有助于分析北京市居住用地空间的发展特征及驱动因素。

居住用地的城市空间拓展是城市空间拓展的重要组成部分，可以说是城市空间拓展的核心部分，它是城市住宅用地从城市中心区不断向城市外围的郊区快速扩展和沿边的一个社会经济过程（Jackson，1985）。近些年来，随着北京市快速的城市空间发展，城市功能的不断完善和增强，大量人口不断向城市集中，城市的居住用地面临着前所未有的挑战。而根据北京新建住宅竣工面积资料汇总发现，北京住宅郊区化主要表现为北京新建住宅郊外扩展（刘盛和等，2000）。

从1980年以来，北京市的居住用地在空间上的拓展主要可以分为3个重要阶段，即1980~1990年、1991~2000年、2000年以后（宋金平，2007）。1990年以前，北京市道路交通建设比较缓慢，郊区基础设施落后，对人口的外迁引力较小，因此中心城区外围的房屋建设面积少；而1990年之后，北京依托亚运会的重要机遇，开始大力完善城市中心城区通往郊区的道路和基础设施，使得郊区得到大规模开发。

1980年北京建成区面积约为345平方公里，其中居住用地面积约为97.23平方公里，占到了城市建成区面积的30%左右；到了1990年北京市建成区面积约为395.4平方公里，其中居住用地面积约为105.2平方公里，占城市建成区面积为26.56%（北京市统计年鉴，1981、1991），这一期间，城市居住用地在城市建成区的面积总比例呈现下降的趋势，居住用地主要在城市西北方向及西南方向呈现缓慢发展。这一阶段居住用地发展较慢主要是受到国家住房政策的限制，住房供给相对缓慢（柯焕章，2003）。

1990年开始，国家住房政策由政府包办的计划经济体制向依靠市场供给的发展模型转变，这极大刺激了以商品住宅为代表的房地产业的发展（宗跃光，2002），北京市的居住用地在空间上呈现四面开花的发展趋势。但是，由于早期政府推行的城镇土地使用制度改革试点中，政府对房地产市场的宏观把控能力不足，使得大批量的城市住宅用地得到了过度的开发（叶依广，2003），导致北京在20世纪90年代中期出现城市住宅用地过快扩张的现象，1995年北京居住用地面积超过120平方公里。但是，总体来看这一阶段住宅用地发展不稳定的特征较为明显，其中郊区住宅土地出让的项目已占明显的优势。从1995年之后，北京近郊区的居住用地项目出让占到其他地区出让面积总数的55%，内城居住用地面积呈现不断下降的趋势，但内城改造与再建设使得内城的居住用地得到一定的拓展。到2000年前后，北京市居住用地的总面积达到187.89平方公里。总体来看，这一阶段内城和近郊区的城市居住用地扩展相对较快，但是远郊区居住用地由于城市总体发展限制而扩展较慢。

2001年之后，北京市城市居住用地面积得到了快速的发展，2003年居住用地面积上升到了223.87平方公里，占城市建成区面积的29.2%，比例较1990年上升了3个百分点。从分区来看，北京近郊区的居住面积为140.48平方公里，居住人口为416万人，而远郊区的居住面积为43.51平方公里，中心城区为40.8平方公里，所以近郊区的居住用地的扩展速度较快。2003年之后，我国加快了住房制度的改革，随着经济社会发展水平的不断提高，城市基础设施进一步的完善，住宅用地由城市中心区向近郊区和远郊区拓展的趋势得到加强，北京的近郊居住用地的拓展也得到了前所未有的发展。例如，2008年，北京再次借助大型公共活动的契机，推进城市居住用地及其配套设施的建设，北京的居住空间在2008年前后增幅高达101%[①]。

北京市的居住空间在快速发展的过程中，必然伴随着城市社会空间及人的行为方式的巨大变化。例如，近郊区居住用地的不断增加使得人们要改变原有的生活工作模式，进行远距离通勤或购物，单位型的居住社区居民不得不因为企业职住空间分离而增加自己对生活空间的再审视。本节梳理北京市居住空间近40年的基本发展特征，更有助于理解北京市居民行为空间的基本变化特征。那么，下一节将探讨对北京市居民因为城市空间发展而造成的行为空间变化的已有研究。

4.1.3 居住空间分异与北京居民行为关系

随着我国社会经济发展的不断推进、社会经济改革的不断深化，城市得到了空前的发展。但是，伴随城市化发展的同时，以土地利益关系调整为核心的城市空间重组也更加激烈（Braimoh，2005）。市场化、全球化和外来移民之下的城市空间急剧分化，表现为邻里与社会阶层逐步相匹配，不同社区之间在住房、居民等方面都产生了巨大的分异，单体均质而整体异质的社会空间逐渐成为中国城市的典型特征（李志刚、吴缚龙，2006）。在中国目前城市化进程中产生的社会分层及分化中，居住社区的空间分化是最为严重的，其主要在时间、空间和居住者社会阶层等方面表现得最为显著。例如，从时间上来看，王颖（2002）从社区存在的年代指出上海存在5种类型社区，分别是传统街坊社区、高收入商品房、中低收入商品房、社会边缘化社区、单位公房社区，作者同时指出，居住社区的分化也导致了人们生活幸福程度的差异。

张艳等（2010）对北京居住社区研究表明，北京居住社区由于时间跨度较长，不同社区受到当时社会经济体制影响，居住区可以大致划分为老城区旧居住区、单位居住区、郊区新建商品房居住区、政策性住房居住区等4种主要的社区类型，这种划分反映出不同时期的住房制度，以及城市空间扩张与重构所致的居住社区空间差异。从居住社区发展的空间脉络来看，社区类型又会产生多样的居住空间。例如，吴缚龙（1992）按照社区发展的时间和空间顺序、形成方式以及居民类型和

---

① 作者根据2001年和2009年《北京市统计年鉴》两个年份中数据计算得到。

居住环境，将中国城市社区分为6种类型，分别是传统式街坊社区、单一式单位社区、演替式边缘社区、混合式综合社区、以房地产开发为主体的新型房地产物业管理型社区和城市社会变迁中形成的"自生区"或移民区。

城市空间也是不同利益阶层相互激烈博弈的重要场所，不同社区的活动行为也不断成为不同社会阶层经过博弈之后而选择的集体性行为，在此基础之上就产生了因为不同阶层收入水平的差异导致的居住用地类型及居住社区类型的空间差异。相对来说，收入水平越高可能占据环境条件及生活配套设施更好的地区，而收入水平较低的社会阶层可能因为土地或住房价格而逐步被边缘化。这里的边缘化可能存在两种可能：一种是生活或工作空间的边缘化，原本居住或工作在城市中心区的低收入居民，可能因为城市中心区价值和商业资本被驱离到郊区；其次，生活或工作方式的边缘化，土地价值或者居住价值的提升带来生活方式的提升，例如电影、室内健身替代原有的室外生活方式，对于低收入者来说，这种生活方式是不可承受的。

学者对收入差异带来的居住等社会空间分化作出的研究表明，高收入人群往往居住在商品房社区，形成相对封闭的门禁社区，这类社区虽然没有户口、工作单位性质和职位高低等约束条件，但居高不下的住房价格实质上将中低收入阶层排除在外（刘望保等，2007）。低收入者，例如城市贫困者和低收入人群在居住空间上的相对集中于老城衰退居住区、退化的单位社区和城中村（吴启焰，1999）。而对于北京收入中等的单位社区居民来讲，他们主要依靠过去福利制度的残留，例如新建国营工厂、行政机关、科研教育单位的职工（张艳、柴彦威，2009），可以得到较好的居住和生活条件，但是这本身并不是市场竞争的最优结果，而是依靠社会资源垄断形成的一种特殊的空间现象。当然，社会存在一种对低收入者的补偿机制，例如对本地居民进行的经济适用房和廉租房建设，这也使得城市空间的居住用地混合着各种社会阶层。"城中村"和城郊地带及城市中心的旧城区由于租金便宜、就业方便而成为流动人口聚集地而形成社会阶层混合的居住空间（刘望保、翁计传，2007）。

城市的空间分异结果就是城市居民行为方式及行为空间的变化。例如，城市郊区化过程中伴随现代化生活方式的产生与传播，传统的生活方式开始发生革命性的变化，例如依附型的生活方式向自主型的生活方式转变，封闭型的生活方式向开放型的生活方式转变，单一保守的生活方式向开放多元的生活方式转变（王玉波，1995）。这种生活方式在一定程度上反映了单位时期大一统和无差别的集体主义生活方式逐渐土崩瓦解，自由主义和个人主义的盛行，是社会发展和人们生活水平提高的必然结果（刘继同，2003）。

对于这种多元化生活价值方式，人们首先强调了自我价值和自我形象的突出，人们拥有很多可自由支配的休闲时间，利用闲暇时间进行创造性的活动。其次，社会参与需求得到了提升，社会和城市的公民意识得到了增强。再次，人们对自身的发展性需求更为强烈，居民的自我发展意识与自我实现意识较为强烈。最后，人们强调自身的幸福感是日常生活工作不可缺少的组成部分。那么在北京居住用地变化和生活方式变化的背景下，什么因素才真正影响居民的日常行为及幸福度呢？个人及家庭属（Law, 1999; Kwan, 1999; Crane, 2007; Scheiner and Holz-Rau, 2012）、个人社会经济特征（Bagley and Mokhtarian, 2002; Schwanen et al., 2008; Krizek, 2003）、建筑环境等3个重要领域的研究是我们不能忽视的。其中，建筑环境建成环境因素可以被总结为密度、混合度和设计三个方面（Cervero and Kockelman, 1997; Crane, 2000; Ewing et al., 2003）。而本书正是基于国外已有的研究成果，首次提出建筑环境对城市居民健康活动影响的研究思路。

4.2 研究数据的获取

健康活动行为与建筑环境的关系研究中居民的出行行为时空数据最为关键，是分析居民健康行为的空间移动模式及其与建筑环境关系的重要数据支撑，数据的可靠性对于衡量建筑环境与居民健康行为关系具有决定性意义（Ohmori et al., 2005）。随着科技的发展，国外不少学者已经采用了移动定位技术和信息通信技术等快速时效方法进行数据采集，例如GPS技术、手机定位技术获取的居民空间移动数据的实践（Stopher et al., 2007; Ahas et al., 2007; Ratti et al., 2006）。这类方法获取的数据具有真实化、精确化和规模化特征，特别是主动获取居民的个体出行信息及属性信息对于深入研究活动-空间环境的互动关系具有重要的意义。

国内使用GPS进行行为-空间的数据采样的研究还很不足，而GPS相对于传统的问卷调研方式又存在很大的优势及不可比拟的数据量，为此怎样结合GPS进行大数据采集及利用，这将成为本书研究的一个重要特色。北京大学时空间行为研究小组于2012年10月9日~12月20日在北京上地-清河地区实施结合定位技术与调查网站的活动与出行调查，根据区域综合调查的结果，调查确定了该区域的人口、住房、交通特征，识别出了典型的代表性人群，利用GPS技术突破传统时空行为数据采集方法（如出行日志、活动日志）的时空限制，采集了具有高精度的个体时空行为信息和部分建筑环境信息，并以传统的时空数据集（如视频图像、问卷、访谈等）包含的完备活动信息为辅助，补充、健全轨迹数据的时空语义，实现异源时空位置数据与活动内容信息的高度融合。

4.2.1　传统问卷与移动定位技术

在传统的问卷调研的数据采集方式中，日志调查（Diary Survey）被认为是大量采集居民行为时空数据最为有效的方法之一，它主要通过问卷调查表的形式，收集居民某一时间段内连续的活动和出行信息（Arentze et al., 1998；柴彦威等，2009）。一般来说，日志可以分为活动日志和出行日志，起止时间、类型、活动地点类型与具体地址以及活动同伴等属于活动属性的基本内容，起止时间、出行目的、出行前后的地点类型与地址、活动同伴以及出行交通方式等属于出行属性的基本内容。早期的日志调查以出行日志为主，强调获取一天内所有出行的相关信息，即使有对活动信息的获取，也将活动作为出行的目的（Ampt et al., 1983；Jones & Stopher, 2003）。

而随着活动分析法在交通领域被广泛接受，调查问卷的设计者开始倾向于设计同时获取活动与出行信息的日志，即活动日志（Jones et al., 1983；Stopher, 1992）。社会学调查中还有一种时间利用日志，主要涉及时间预算（把活动和出行当作是等价的日常生活事件）（Michelson, 2005），但不强调空间信息日志调查最早出现于20世纪70年代欧洲的出行日志（Trip Diary）调查中，这些调查通过入户面对面访谈方式，要求人们回顾一天内所有出行的情况（Stopher & Greaves, 2007）。活动分析法认为，城市居民的出行需求是居民为了满足个人或家庭需求，参与在相隔一定距离的场所上发生的活动而派生出来的一种需求，而不仅仅是为了出行而出行（Chapin, 1974）。因此，活动日志以活动为核心，强调一天 24 小时的活动–移动过程在时间上的连续性和完整性，在方法论上强调出行是由活动派生出的。

目前，国外日志调查拥有很长一段历史，目前国内关于采用日志调研的方法中，对居民的日常时空行为进行研究的主要集中在以下几个方面：经济学者的研究，如陆化普（2006）和国家统计局社科司（2008）采用超过一天时间的日志调查，对调查地区从调查地区、实施年份、调查类型、跟踪期限以及样本量采用居民的出行行为，试图了解居民日常经济空间行为。其次，地理学者利用日志调查进行居民行为时空数据的采集，例如柴彦威等在1995~1998年分别对深圳、天津和大连3个城市居民进行活动日志调查，并对问卷调查的实施过程和数据库编码进行了较为详细的描述（柴彦威等，2002）。阎小培等（2002、2007）分别于2002年和2007年在广州实施出行日志调查，这一阶段的主要特征是他们采用的方法主要是传统的问卷调研基本方式。基于传统问卷调查形式的日志调查的优势在于：首先，国内外已有大量的实践经验，相关的理论与方法已非常成熟，可操作性强；其次，研究者在根据研究目标进行调查方案设计时比较自由，同时尽管在问卷发放、录入等环节需要一定的人力，但整体上成本较低。总体上，研究者基本能够根据研究需要，在可控的前提下获取较为充足的数据，因此，到目前为止，基于问卷的日志调查仍然是时空间行为研究最主要的数据来源。然而，传统的日志调查也存在被调查者的任务量相对较重、信息填写的主观性较强且无法对其进行验证等不足。

随着智慧城市及大数据的广泛应用，传统的调研数据不能进行大规模的数据采集，因此需要新的数据形式对城市居民的日常活动空间进行大数据采用。此时，基于GPS及可移动平台的数据采用方式应运而生。例如，柴彦威等（2009）于2007年采用GPS可移动平台，基于基站定位的手机定位数据，基于射频识别技术（Radio Frequency Identification，RFID）的公交IC卡、停车卡数据对北京和深圳居民进行了活动日志调查，并且详细讨论了如何利用相关技术进行微观个体行为时空数据的生产过程与质量管理。

再次，日志调研在建筑与城市规划学的应用，国外学者已经进行了大量研究。其中主要的侧重点就是居民的居住环境（包括了硬件环境和软件环境）是如何影响居民的日常行为选择的。例如，Ball, et al.（2001）就广泛采用了问卷调研的方式着重讨论居民居住空间的美学环境、安全及娱乐设施对自己户外散步（walking）的影响研究。Bauman等（1999）采用一对一的数据问卷行为对海边居民居住环境进行研究，发现海边的建筑环境及设计对居民户外活动时间及频次都有显著影响。Handy（1996）和Giles-Corts（2002）等通过问卷设计，将空间可达性、邻里吸引、安全及兴趣、街道亮度等因素纳入问卷中，分析了居民健康户外运动的活动偏好。同时，外国采用GPS、ICT等先进科技手段研究建筑环境与居民行为选择在近来呈现不断增多的趋势（Hollands, 2008；Brocke, 2009；Caragliu et al., 2011；Paddo & Taewoo,

2011），其对调研的方式已经趋于完善和优化（Buliung et al.，2008）。

目前，国内学者采用ICT、GPS及可移动平台进行大规模的数据采集方式对建筑环境与居民健康行为的研究还没有起步，而本书采用GPS可移动平台获取的大数据正是本研究的一种重要创新点。其次，本书采用建筑学的研究视角，从2015年9月30日~2016年1月22日，对北京上地-清河地区的16个住区的建筑空间和32个居民个体活动空间进行了第二次调研，调研主要获取了关于上地-清河详细的建筑环境信息。再次，本书构建了北京市遥感影像数据库和北京市GIS交通等级资料数据库等重要数据库，为分析上地-清河居民健康活动行为与建筑环境的相互关系提供了重要依据。这将是采用GPS可移动平台采取大数据进行建筑环境与居民健康活动行为的一次有益及开创新尝试。

4.2.2 案例区域的选取

本书选取北京上地-清河地区作为研究区域。上地-清河地区位于北京市海淀区中东部、北五环与北六环之间，共约8平方公里，常住人口约12万、就业人口约12万，覆盖了传统工业区、新兴产业开发区以及1990年前后修建的社区、单位社区、政策性住房社区、商品房社区、城中村等多种建设年代和开发模式的居住区，是北京西北部大型综合性边缘组团、重要的郊区就业中心与住区。根据研究需要，本书在上地-清河地区选取了3种不同类型居住区：1990年前后的居住区主要选取了上地东里一居、上地东里二居、安宁北路、安宁东路、毛纺北和毛纺南等社区；21世纪新型住区主要是选取了2000年之后修建社区，主要为上地西里、阳光、当代城市家园、海清园、力度家园和领秀硅谷等社区；政策型居住区主要包括20世纪90年代前后政府修建的安宁里、美和园及2000年之后修建的铭科苑和智学苑等社区，社区总数共24个（图4-3）。

从该地区用地情况变化来看，1949年前已有零星开发，"文革"期间，计划经济主导的工业化与生产力布局，推动了地区的工业生产用地扩张、城镇人口增加，附属于工厂的单位大院成为地区城镇人口的主要居住空间，但整个地区的土地利用仍以农业用地为主。进入20世纪80年代，伴随着快速城市化以及剧烈的市场化转型，地区城镇人口快速增长、空间迅速重构、形态与功能的日趋多样化，先后经历了旧城改造和工业外迁，信息产业的高速发展，以居住环境为导向的居住迁移，城市景观与城镇人口的逐步演替了乡村景观与乡村人口，形成传统工业区、新兴产业

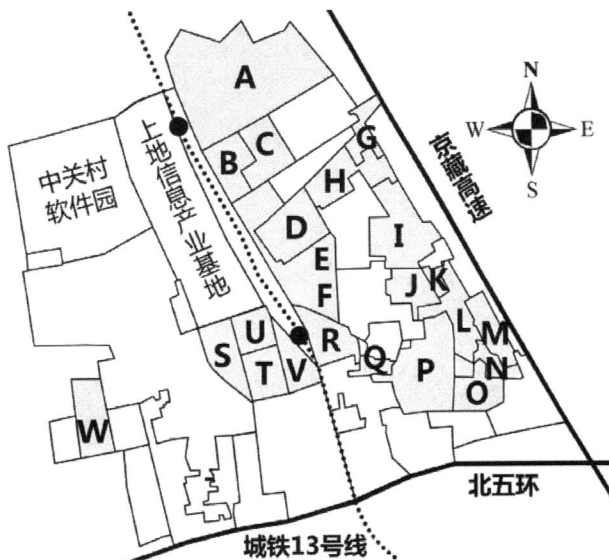

图4-3　上地-清河地区社区分布

开发区以及多种建设年代、开发模式、居住群体的社区共存的格局。

从现实情况来讲，上地-清河地区信息产业及附属服务业发展兴盛，已形成独立的综合型郊区空间组团，是北京市北部重要的居住与就业中心。上地-清河地区承接北京市北部重要住区天通苑居住区居民向市中心通勤，同时承载着上地-清河本地区就业与工作及居民日常活动需要。上地-清河地区拥有以京藏高速、信息路、北五环及其他道路为主干的交通网络，地铁13号线纵贯该地区，使得该地区的交通网络较为完备。由于该地区的类型覆盖了不同的类别，不同类别的住区在空间上重要的表现就是建成环境的巨大差别，其所引起的居民日常健康行为在空间上必定产生较大的差异。此外，上地-清河地区居民的基本个人属性特征、社会经济属性都存在较大的差异，怎样将这些差异和建成环境的差异进行结合，一起来研究该地区居民的健康活动行为，具有很重要的现实与实践意义。本地区作为北京郊区快速城市化地区与交通流节点，具有较好的典型性与研究价值。

4.2.3　移动定位技术下的大数据获取

天津大学和北京大学时空间行为研究小组于2012年10月9日～12月20日在北京上地-清河地区实施结合定位技术与调查网站的活动与出行调查。根据区域综合调查的结果，调查确定了该区域的人口、住房、交通特征，识别出了典型的代表性人群。根据社区人口总数和分析需要，按照1%左右的比例在各社区进行家庭抽样。为保证样本的代表性和普遍性，调查采用了多级整群抽样的方法，首先确认相应的典型社区名单选取社区，在社区中采用随机抽样的方式。

调查实施过程包括4个主要步骤，即抽样与样本联系、发放设备与讲解、调查进行、设备回收。每一轮抽样由调查者和居委会或企业配合完成，确定抽样名单以及联系方式。确定调查时间、地点后，调查人员将分组前往样本社区或企业所在地，与样本签订调查协议、进行样本培训、发放设备。在调查期间，要求被调查者每天对GPS设备充电并由本人随身携带，当天晚上或第二天空闲时间通过GPS设备相对应的账号和密码登录调查网站，查看一天活动与出行轨迹，并根据轨迹通过回顾的方式填写居民一天的活动和出行信息（图4-4）。调查员与样本实行一对一的帮助和沟通，协助其完成调查，保证调查进度的顺利进行和调查数据质量。一周调查完成后，调查员前往样本居住地或企业所在地回收设备并支付被调查者一定报酬。

图4-4　上地–清河调研使用的
GPS示意图

GPS是一种具有全方位、全天候、全时段、高精度的卫星导航系统，能为全球用户提供低成本、高精度的三维位置、速度和精确定时等导航信息。由于GPS虽然可以提供精确的时空信息，但是无法直接获取移动或活动的详细信息，如交通方式、活动类型等。为了克服传统活动日志调查在地理参照方面的问题，已有研究通过引入新技术修正时空行为数据采集方法，使用基于网络的调查技术将被调查者的活动定位到地图上，将交通方式、活动地点等背景信息清晰地呈现。因此，本次调查将综合移动定位技术和互联网的居民行为时空数据获取方法，开发网上调查平台，利用GPS设备获取的居民移动轨迹数据，利用基于互联网的调查平台获取居民活动与出行信息，将两者进行整合后得到居民的个体时空行为数据。

本研究中采用的网络平台是在WebGIS的基础上，实现被调查者轨迹的实时可视化。被调查者根据自己GPS设备对应的账号和密码进行网站登录，即可观察自己调查期限内任意一段时间的活动轨迹，并可根据轨迹对当时的活动和出行情况进行回忆，填写相应信息，还可以直接在网上完成个人社会经济属性调查问卷的填写（图4-5）。同时管理员还可以进行数据的管理与补充，以免信息的丢失与缺失（图4-6）。

图4-5 被调查者出行行为信息平台填写

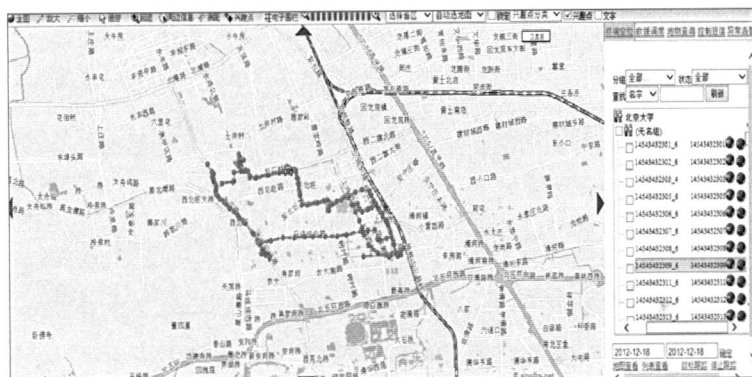

图4-6 网络平台管理界面

4.2.4 问卷设计

本研究中，调研问卷主要包括了两个部分，GPS轨迹跟踪和网上问卷调查，其中网上问卷主要用于了解出行者的个人与家庭社会经济属性信息，而GPS主要用于了解居民的日常出行行为信息。

1. 基础信息问卷设计

基础信息问卷由被调查者在调查前三天登录网站填写，根据问题顺序由易到难、由主到次的原则，按照个人基本信息、家庭成员基本信息、住房信息、车辆信息、惯常活动信息和ICT使用习惯信息的顺序安排。具体调查内容包括被调查者个人及家庭基本信息（如年龄、性别、职业、收入、家庭结构）、居住信息（如居住时间、社区类型、住房类型等，包括第二套住房信息）、车辆信息（如车辆属性、型号、车牌尾号、主要使用者、停车信息、排量等）、惯常活动与行为习惯（如活动地点、持续时间、主要交通方式及原因、同伴）、互联网与手机的使用习惯（如固定互联网的拥有情况、使用频率和使用地点，智能手机的拥有情况、使用频率和使用地点）、互联网活动特征（如工作与学习、电子邮件、查询购物信息、进行网上购物、网上银行、使用搜索引擎查询信息、网页资讯浏览、网上交流与即时通信、社交网站与使用BBS、网上娱乐和网络导航）等。

2. 活动-出行日志问卷设计

本次调查的活动-出行日志包括连续一周内每天24小时连续的活动和出行情况，活动信息包括每次活动的起始时间、终止时间、活动所在地的设施类型、活动类型、同伴、互联网使用、满意度评价、弹性；出行信息包括每次出行的起始时间、终止时间、交通方式、同伴、互联网使用、满意度评价、弹性、陈述适应性调查。

活动和出行起止时间由居民自己根据网站平台的提示，依靠回忆进行填写，时间精度可精确到分。借鉴国内外研究经验，本次调查对于活动类型进行了细致的分类，将居民的日常生活活动分为20种，既包括维持性活动如睡眠、用餐、个人护理等，生产性活动如工作、上学等，也包括消遣性活动如社交、娱乐休闲等。考虑到ICT在居民日常生活中的作用提高，在每一项活动设置上网时间以外，上网作为一项专门的活动类型也被提出。活动地点类型是指居民自己对于活动地点属性的判断，包括家、工作地、服务场所、商店、餐馆等9项，由于GPS跟踪数据只能给出地理坐标，因而该问题也为地理编码提供了依据（图4-7）。

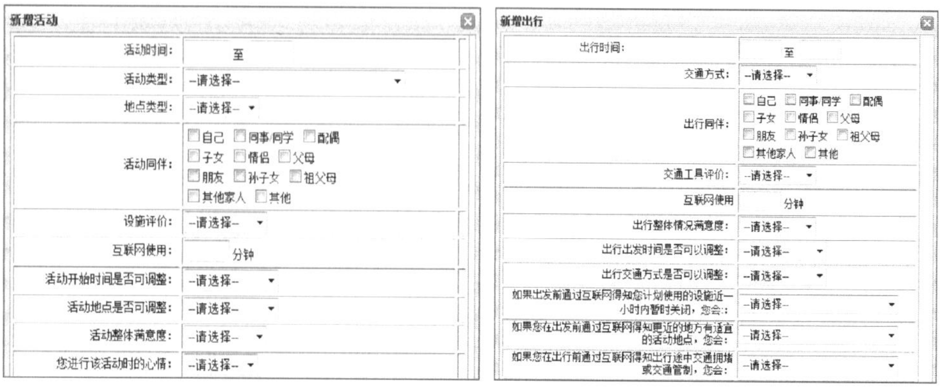

图4-7 活动信息填写问卷与出行信息填写问卷

4.2.5　调查实施

首先，通过历史资料的梳理，了解案例地区的发展历程；通过对政策资料与规划文本的解读，理解案例地区的空间格局和发展方向；通过统计资料的分析，研究案例地区的社会经济运行特征。这些统计资料的分析，对于确定案例地区范围、确定调查抽样方案具有重要的意义。结合中国城市发展的特点以及北京市的现实情况，通过统计资料的分析，本地调查确认调查案例地区为北京市上地-清河地区，包括清河和上地两个街道，该区域为北京市西北部的郊区区域，是北京市郊区化和快速城市化的前沿地区，具有居住和就业的多重职能，人口增长迅速、城市功能混合、交通状况复杂，选择该地区进行抽样调查对于完成研究目标具有良好的示范意义。

其次，运用城市规划学的区域综合调查方法，通过实地勘察、交通调查、居委会访谈、企业访谈等方式，了解调查地区的土地利用基本特征、商业设施分布、公共服务设施分布、交通设施分布、道路等级结构、交通运行状况、社区类型及其分布、各社区建设发展历程、各社区居住环境、各社区人口数、主要企业分布、地区就业人口等，形成以专题地图、研究报告为主的技术成果，以辅助调查抽样。

在区域综合调查的基础上，在案例地区选择典型样本实施预调查。预调查是避免调查设计中可能出现的问卷问题模糊、GPS定位问题、网站设计错误等错误出现的有效手段。本次调查采用了调查人员自查和案例地区样本预调查两种方式进行。通过调查人员自查，确认GPS的续航时间、定位精度、网站设计中的问题等。通过案例地区样本预调查识别问卷设计模糊、GPS和网站调查手段的有效性和可操作性等，完善实施方案中对于调查流程的设计。通过5~6人的预调查，修改已有的调查流程和调查方法设计，为正式调查作准备。调查实施方案阶段需要将调查任务进行分解，对调查的具体时间、地点、操作程序、步骤、执行方法作出详尽的规划，并就经费的使用、人员的安排等作出妥善的安排。以本研究为例，由于交通出行易受到气候、天气、大事件等的影响，为了尽量减少不同轮次调查之间的差异性，调查时间选择在秋季10~12月期间。由于北京上地-清河示范区的居住和就业功能的综合性，调查的对象根据研究目的确定为在上地地区居住的家庭和就业人口。

调查目标人群首先需要根据研究目的确定，其次还要考虑调查的过程和成本、调查地数据获取情况等多方面因素（Bonel et al., 2007）。根据案例地区作为就业与居住复合功能的郊区地域的特点，本次调查选择的样本人群包括在该地区居住的居住人口以及在该地区工作的就业人口（当地企业职工）。考虑到GPS在出行行为时空间信息方面的优势以及高成本的特点，本次调查的调查对象设定为有一定出行的以20~60岁的就业人群为主。另外，学者研究表明家庭内部分工和联合活动-移动行为会影响家庭成员的时间利用和活动空间（Schwanen，2007；张文佳、柴彦威，2009），因此，为了更好地理解转型对于城市居民家庭日常生活的影响，本次调查设定为以家庭为单位进行。最后，由于GPS设备和互联网的使用需要一定的知识水平和技能，从调查的可操作性上考虑，本次调查要求调查对象能够使用互联网，以独立完成网上问卷调查。

总体来看，调研的基本对象应该包括相应的条件，比如需要覆盖不同年龄段、不同职业的居民，年龄需要在20~60岁之间，每天需要一定的出行，夫妻都可以参加，同时要能够上网，需要有时间的保障，如一周之内不能外出，需要保障调研的连续性，调研的住户只能限定在相应的社区。以本研究为例，根据区域综合调查的结果，本次调查确定了该区域的人口、住房、交通特征，识别出了一些典型的代表性人群。根据该区域居住人口与就业人口比例，本次调查确认了1∶2的企业与社区抽样配额。

通过联系街道和地区企业协会的负责人，商讨抽样方法、时间安排、样本选取原则。根据社区、企业类型和数量，本次调查确认了以商品房、经济适用房、单位福利房、廉租房4类社区的社区抽样模式和以高新技术企业为主的企业抽样模式。根据社区人口总数和分析需要，本次调查按照0.5%~1%的比例在各社区进行家庭抽样。为保证样本的代表性和普遍性，本次调查采用了多级整群抽样的方法，首先在4类社区下确认相应的社区名单选取社区，在社区中采用随机抽样的方式，根据研究目的及调查方法要求，本研究只选取有固定职业、能使用互联网的居民作为调查样本。

从样本社会经济属性上看，女性受访者共378人、占53.3%，略多于男性受访者（331人、占46.7%）。受访居民的户籍以北京户籍为主，占70.7%（501人），非北京户籍占29.3%（208人）。第六次人口普查数据显示，上地街道与清河街道总体上，初中生学历人数占25.4%，高中生占21.7%，大专生占13.3%，本科生占20.7%，研究生占5.6%；受访者中学历以本科为最多（42%），大专生202人（28.5%），研究生及以上102人（14.4%）。从调查样本来看，已婚者占主导，共537人，占总样本数的

75.7%；未婚受访者大部分来源于企业样本，有169人，占23.8%。收入方面，受访者收入以每月2001～4000元人民币居多，月收入在万元以上的受访者共48人，占全部709名受访者的6.8%。全职就业是受访者就业情况的主体（共634人为全职就业，占总样本数的89.4%）。另有26位兼职就业人员、16位退休人员以及少数学生、无业、照料家庭的受访者。调查样本的社会经济属性统计信息如表4-1所示。

调查样本的社会经济属性
表4-1

变量	变量说明	样本个数（个）	样本占比（%）
性别	男性	331	46.7
	女性	378	53.3
年龄	18～29岁	110	15.5
	30～49岁	448	63.2
	50岁以上	151	21.3
户口	北京户口	501	70.7
	非北京户口	208	29.3
教育程度	高中及以下	107	15.1
	本科或大专	500	70.5
	研究生及以上	102	14.4
婚姻状况	已婚	537	75.7
	单身或其他	172	24.3
驾照	有	291	41.0
	无	418	59.0
就业状况	全职工作	633	89.3
	其他	76	10.7
收入水平	低收入（<2000元/月）	112	15.8
	中等收入（2000～6000元/月）	446	62.9
	高收入（>6000元/月）	151	21.3
总体		709	100.0

一周GPS活动日志调查

调查内容包括被调查者基本信息、一周GPS时空轨迹以及一周活动日志3部分。基本信息问卷包括被调查者个体及其家庭社会经济属性信息、被调查者的惯常活动信息等。其中被调查者及家庭基本信息包括个人及家庭社会经济属性（如性别、年龄、家庭结构、职业、收入等）、住房信息（如居住时间、社区类型、住房类型以及第二套住房信息等）、车辆信息（如车辆保有量信息、驾照信息等）。被调查者的惯常活动信息主要包括工作、休闲、购物3类主要活动的惯常情况（活动地点、时间与交通方式等）。活动日志的活动部分包括活动/出行的起止时间、设施类型、活动类型/交通方式、同伴、满意度评价等。此外，还要高时空精度的居民活动–出行过程中的GPS轨迹数据，时间精度达到半分钟定位一次，空间误差小于15米，高时空精度和长达一周的活动–出行数据是本次调查的重要特点。

4.2.6 居住社区建筑环境数据获取

城市公共卫生应对和"健康促进"与城市规划史上的几次重要变革都密切相关，霍华德（2002）的"田园城市"构想，Corbusier 提出的现代城市规划方案及 Wright 关于"广亩城市"的规划设想（张庭伟，2013）。城市规划的这些重大理论及思想的重要目标就是完善和优化建成环境的规划，努力促进和改善居民居住、生活、游憩及交通等方面的条件，努力打造一个有利于全体居民体力活动和公共健康水平的建成环境。随着大量人口居住在更大规模和更高密度的城市，城市生态环境质量和公共健康将面临严峻的挑战，而城市作为居民生活的核心区域，其重要的目标就是要保障居民的公共健康和可持续发展。

为了构建建成环境对居民健康活动行为理论关系，本书为刻画建筑环境，采用了ArcGIS和CAD手段，获取了大尺度的建筑环境特征，大尺度建成环境的基本信息需要和基于GPS出行行为信息进行精确的对接，这是本研究在数据可行性及准确性方面要着重解决的一种重要问题。

1. 建成环境数据的获取

以现场踏勘资料、高清遥感影像和电子地图作为建成环境空间信息数据源，利用 CAD 和 ArcGIS软件工具来提取各种空间特征的变量值是本书进行建成环境分析主要采取的数据搜集手段。

其中，现场进行踏勘调研主要是集中于2015年9月30日～2016年1月22日进行。调研的区域主要是在2012年调研的基础上，再次对北京市上地–清河地区其中16个住区进行补充调研。16个住区调研的主要内容包括了两个大的方面，首先是住区整体的组团建成环境特征，其次是抽取了各个组团中各个个体健康活动较高及较低的个体的建成环境特征。同时发放问卷采集了居民对建成环境要素影响居民健康活动的自评分①。建成环境的基本内容主要包括了道路、节点空间、路灯、座椅和体育器材。道路的基本调研又分为对道路的形式、道路的宽度、道路绿化、人行道、铺地情况、实地照片采集等方面的调研；节点空间主要分为对节点空间类别、位置、面积、周边绿化、雕塑、铺地情况及实地照片采集的调研；路灯主要分为路灯数量、照明度、间距及实地照片采集等；座椅主要为对座椅位置、座椅数量、座椅材质、座椅质量及实地照片采集等进行调研；体育器材的调研主要分为对器材的类别、位置、质量、数量、周边绿化及实地照片调研（表4-2）。

第二次调研对象与调研基本内容 表4-2

调研对象	调研内容	部分照片
道路	道路的形式、道路的宽度、道路绿化、人行道、铺地情况、实地照片采集	
节点空间	节点空间类别、位置、面积、周边绿化、雕塑、铺地情况及实地照片采集	
路灯	路灯数量、照明度、间距及实地照片采集	
座椅	座椅位置、座椅数量、座椅材质、座椅质量及实地照片采集	
体育器材	器材的类别、位置、质量、数量、周边绿化及实地照片	

① 该部分数据主要用于第7章，分析建成环境对居民健康活动影响的微观机制。

同时，根据现场的实地拍照，利用CAD软件进行建成环境的空间建模，然后再利用ArcGIS软件进行空间特征分析。

2. 建成环境辅助数据的获取

除了实地调研数据外，本研究仍将利用传统的数据获取方式，获得北京市城市道路网络数据、北京上地–清河地区社区人口数据、北京市POI数据、建立本研究的基础数据库。

北京城市道路网络数据来源于北京城市实验室网站，记录了北京市城市道路空间位置及基本属性，这些基本属性信息包括路名、道路宽度、道路长度、道路等级、道路方向、是否为单行线。北京市社区人口信息来源于北京各类政府统计报告及统计信息网站，主要包括《北京市2010年人口普查资料: 乡、镇、街道卷》。北京上地–清河地区社区人口数据包括北京上地–清河地区各个社区的行政边界及社区的人口信息。其中，社区行政边界数据来源于互联网抓取，记录了各个社区行政边界的空间位置。北京市POI数据来源于互联网抓取，记录了机场、汽车站、零售、宾馆、餐饮、医院、学校、体育设施、住宅小区、企业、河流、公园、高速公路、国道、公交站、停车场、服务区、收费站、轻轨、铁路、银行、商业大厦等设施的空间位置。

第 5 章

建成环境与居民健康活动的
理论关系构建

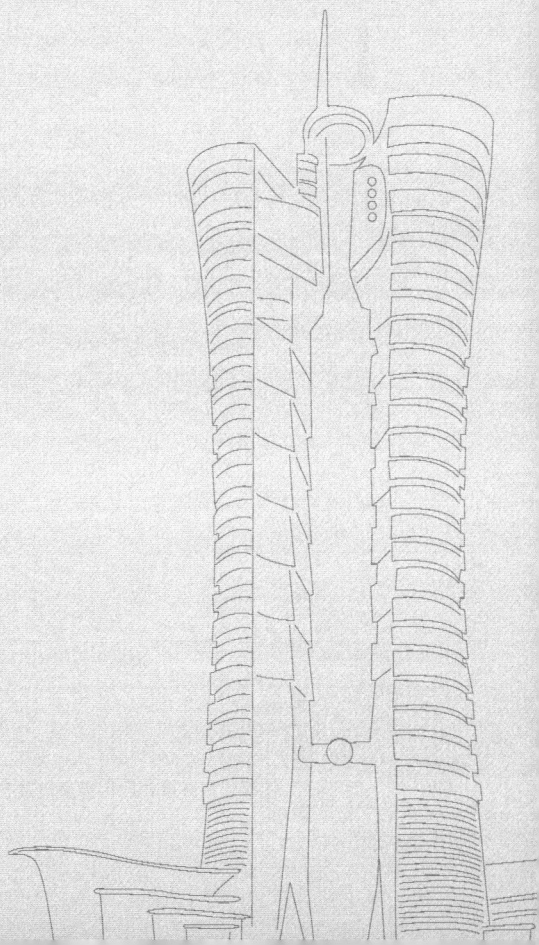

建成环境对居民健康活动行为产生影响，本章将建立多分类Logistic模型，构建建成环境与居民健康活动的理论关系。第一部分主要是建成环境与居民健康活动数据的描述性统计；第二部分分析建成环境与居民健康活动行为关系的理论内涵；第三部分为构建多分类Logistic模型；第四部分为建成环境对居民健康活动影响的定量分析；第五部分为小结。

5.1 研究样本的描述性统计分析

在GPS调研的总体样本中，活动信息包括上地-清河地区24个社区的每个居民每次活动的起始时间、终止时间、活动所在地的设施类型、活动类型、同伴、互联网使用、满意度评价、弹性。其中，活动类型包括了睡眠、家务、用餐、购物、工作或业务、上学或学习、遛弯散步、体育锻炼、接送家人/朋友等、社交活动、外出办事、娱乐休闲、联络活动、个人护理、亲子户外活动、上网、看病就医、外出旅游、其他等共19项，根据本书对建成环境与居民健康活动行为的定义及国外学者的相关研究（Booth et al, 2002；Cave et al, 2006），居民健康活动主要指在住区范围内进行日常休闲娱乐及相关的锻炼活动，本研究的健康活动类型基本包括了遛弯散步、体育锻炼、社交活动、娱乐休闲、联络活动、个人护理、亲子户外活动、其他等共9项，其他10项活动类型不在本书健康活动考虑的范围之内。根据以上活动类型，可以看出这些活动基本都是属于有益于身心健康的日常活动。表5-1是上地-清河地区排除非本书定义的健康活动的居民健康活动样本的个人、家庭及社会经济等信息。

上地-清河地区居民健康活动样本属性特征　　　　　表5-1

变量	变量说明	样本数（个）	百分比（%）
性别	男性	160	47.2
	女性	179	52.8
年龄	均龄（岁）	37.7	
教育水平	高中及以下	76	22.4
	本科或大专	213	62.8
	研究生以上	50	14.7

变量	变量说明	样本数（个）	百分比（%）
婚姻与否	已婚	307	90.6
	单身及其他	32	9.4
就业状况	是	322	95.0
	否	17	5.0
收入	小于2000元	56	16.5
	2000~6000元	196	57.8
	大于6000元	70	20.6
小孩	有	163	48.1
	无	176	51.9
父母	有	100	29.5
	无	239	70.5
自行摩托车	无	87	25.7
	一辆	109	32.2
	两辆以上	143	42.2
汽车	无	156	46.0
	一辆及以上	183	54.0
住房面积	平均面积（平方米）	76.9	
总计		339	100.0

5.2 建成环境与健康活动理论内涵与评价指标构建

建成环境与居民健康活动行为研究引起城市规划学，特别是城市设计及城市交通规划的广泛兴趣。建成环境与居民健康活动的理论、实践及应用研究旨在提高人们的日常生活、改善社会经济运行的效率及居民对生活环境的幸福感。在城市规划学及建筑学中，直接建立建成环境与居民健康活动行为的研究还相对较少，但是近年来由城市规划学者提出关于建成环境及健康活动的相关概念、理论及方法给这一领域研究提供了较好的研究基础。

5.2.1 建成环境与健康活动的理论内涵

城市规划学者从多个角度对建成环境进行相关的描述，例如建成环境的设计是对建成环境的基本要素的设计，土地利用是城市建成环境中各种建筑实体利用土地所形成的一种空间关系，交通系统则包括了实体的交通系统和虚拟交通，而实体交通更能影响人们日常的健康行为，其中实体交通涵盖了道路的设计、宽度、等级等要素。早期建立建成环境与居民健康活动之间的关系采用了较为简单的数学模型，这主要受到数据的可获得性的影响，学者对描述建成环境的刻画存在较大弹性。但是近些年，随着研究的深入，国外学者对建成环境的描述逐步达成一致的意见，建成环境可以大致分为以下几个方面（表5-2）：

建成环境的描述变量 表5-2

变量	变量定义	变量的计算
密度及强度	给定地区的活动密度	单位面积人的活动强度、到最近设施距离等
土地利用混合度	不同土地利用的近似度	差异指数、不同活动使用土地的比重、差异指数
街道连接度及可达性	不用道路及网络的方向、不同道路等级、不同道路的可获得性	每平方英里道路的交叉度、平均街道的宽度、道路的长度等
街道尺度	街道与三位空间之间的关系	建筑宽度与角度的比重、建筑物或构筑物到街道的距离
美学质量	一个地方的吸引力	康乐设施、郁闭度
地区结构特征	交通及活动设施的分布	健康设施、交通、跑步道等

在这几个变量当中，密度变量反映了一个地区的建成环境的总体强度情况，密度在很大程度上也反映了人口高度集中带来的建成环境的集中，容积率是最常用来描述一个地区建成环境密度的重要指标；其次，土地混合利用变量不仅体现了家庭、商店、办公、公园等土地的利用，同时反映了一个地区的一种结构及经济发展水平的特征，有个研究将不同的用地类型到居民居住地区的直线距离作为衡量土地混合利用的重要指标，还有研究将差异化（dissimilarity of land use mix）作为衡量建成环境土地利用程度的重要指标；而道路连接度是一个地区从一个点到另一个点的方便程度，道路连接度可以通过每平方英里道路的交叉性、平均街道宽度及道路的长度等变量来进行衡量；街道尺度指被一系列的建筑物或构筑物所包围起来的一个三维空间，通常可以通过建筑的高度或者街道的宽度进行衡量。最后，美学变量的衡量不可缺少，因为安全性、舒适性及愉悦性在很大程度上决定了居民行为选择，城市设计对建成环境美学评价具有不可忽视的影响。当然，对于每一个变量都可以

采取不同的尺度进行衡量，例如，Thomson（1977）采用交通和土地利用情况从大都市的尺度进行建成环境的衡量，Peckham（2007）从建筑的微观尺度来刻画建成环境对居民公共健康的影响。

本书基于这些已有的研究，为了能够更加全面客观地分析建成环境与居民健康活动之间的关系，除了考虑建成环境的因素外，还将要把个人家庭特征和社会经济特征纳入本书的分析中，分析建成环境与居民健康活动之间的相互作用关系。

5.2.2 建成环境与健康活动理论指标构建

1. 建成环境与健康活动指标的构建

基于已有的研究，在衡量建成环境方面，本书除了考虑健康活动地区的康乐设施、道路交通等级及绿地情况，还构建了"软"的建筑环境，一是将居民健康的活动同伴视为活动者出行的外部"软"的建成环境，二是将健康活动的活动时间弹性作为影响居民健康活动的"软环境"，因为居民其实在进行健康活动的时候会受到自己条件或环境的约束（Dahlgren，1991），所以也将其视为活动者健康活动的"软"的建成环境。自身房屋的大小一方面对健康活动评价有一个替代作用，房屋大则人们可能选择户外健康活动的时间将减少，但是房屋大的家庭相对收入较高，对户外健康活动的满意度可能提高，房屋大小也将作为建成环境的作用组成部分。根据Barton（2005）的研究，本书根据2012年上地-清河居民健康活动出行行为调研数据库加入"个人自身属性"和"家庭社会经济状况"两个大的因素作为研究建成环境与居民健康活动的控制变量，以求更加准确地建立建成环境与居民健康活动之间的关系。其中"个人自身属性"包括了居民的性别、年龄、婚姻、教育水平4个变量，"家庭社会经济状况"则包括了收入水平、是否有小孩（仅指是否需要照看）、是否有老人（仅指是否需要照看）、自行车摩托车数量、汽车数量5个变量。本书采用如下变量衡量建成环境和居民的健康活动（表5-3）：

建成环境与健康活动评价指标构建 表5-3

建成环境		数据描述	数据来源
"软"建成环境	健康活动同伴	与活动者一起的居民个体，为连续数据，单位为人	2012年上地-清河地区居民出行行为调研数据
	健康活动的时间弹性	表示活动者对健康活动的时间的宽裕程度，为分类数据，从1到5，共5个级别：1. 不可调整；2. 比较难调整；3. 一般；4. 比较容易调整；5. 可随意调整	2012年上地-清河地区居民出行行为调研数据

建成环境	数据描述	数据来源
健康活动的地点弹性	表示居民进行健康活动时室外活动地点、设施、可行性等综合的可选择性，为分类数据，共5个级别：1. 不可调整；2. 比较难调整；3. 一般；4. 比较容易调整；5. 可随意调整	2012年上地−清河地区居民出行行为调研数据
活动地点的康乐设施	该变量表示活动者健康活动地的体育场、健身房、老人康乐健身器材等综合因素，为连续变量，单位为个	北京市POI数据来源于互联网抓取数据
房屋大小	该变量为活动者自己的房屋大小，单位为平方米，连续变量	2012年上地−清河地区居民健康出行调研数据
交通等级	该变量表示活动者进行健康活动所处地点的不同等级的道路，本书中主要筛选了3个等级的道路设施，选择占主导的等级作为该活动点的道路等级：1. 小组团道路；2. 小区道路；3. 城市主干道	北京城市实验室网站，记录了北京市城市道路空间位置及基本属性
绿地率	该变量通过2012年北京市30米高精度遥感数据解译得到北京市上地清河地区的绿地率数据，该变量为连续变量，单位为百分比	北京大学中国智慧城市研究中心提供

健康活动评价指标	描述	数据来源
健康活动时长	表示居民室外健康活动的时间长度，单位是分钟，连续变量	2012年上地−清河地区居民出行行为调研数据
对健康活动的满意度	表示居民户外健康活动的满意度，为分类变量，共5个级别：1. 非常满意；2. 比较满意；3. 一般；4. 比较不满意；5. 非常不满意	2012年上地−清河地区居民出行行为调研数据

个人属性特征指标	描述	数据来源
性别	调研分：1. 男；2. 女	2012年上地−清河地区居民出行行为调研数据
年龄	主要为被调研者的年龄情况，为连续变量	2012年上地−清河地区居民出行行为调研数据
婚姻	表示被调查者的婚姻情况，为分类变量：1. 未婚；2. 已婚；3. 丧偶；4. 离婚	2012年上地−清河地区居民出行行为调研数据
教育程度	表示被调查者的教育水平，为分类变量：1. 未受教育；2. 小学；3. 初中；4. 中专；5. 高中；6. 大专；7. 本科；8. 研究生及以上	2012年上地−清河地区居民出行行为调研数据
收入水平	表示被调查者的收入水平，为分类变量：1. 无收入2.1 ~ 500元；3. 501 ~ 1000元；4. 1001 ~ 2000元；5. 2001 ~ 4000元；6. 4001 ~ 6000元；7. 6001 ~ 10000元；8. 10001 ~ 15000元；9. 15000元以上	2012年上地−清河地区居民出行行为调研数据
有无小孩老人	表示被调查者目前有无小孩或老人在家一起居住或是需要照看，变量为连续变量	2012年上地−清河地区居民出行行为调研数据
有无车辆	表示被调查者目前有无自行车、摩托车或是小汽车，变量为连续变量	2012年上地−清河地区居民出行行为调研数据

2. 部分指标构建说明

在此，需要对康乐设施、道路等级和绿地率3个变量进行补充说明。康乐设施数据主要是在2012年通过建立互联网抓取程序，对北京市的机场、汽车站、学校、体育设施、住宅小区、企业、河流、公园等设施进行抓取，包括了其空间位置信息，而本书选取落在上地-清河24个住区之内的康乐设施。道路等级变量来自北京城市实验室网站，记录了北京市城市道路空间位置及基本属性。绿地率是通过北京大学中国高速铁路研究课题组提供的2012年北京市高清分辨率遥感影像进行遥感解译后得到的分析结果。本研究居民健康活动者的出行行为调研数据库中记录了出行者的出行坐标系，为了真实地模拟健康者所处的健康活动范围，本研究利用ArcGIS软件中的Analysis Tools数据处理模块，采用buffer缓冲工具，对活动日志中所记录的健康活动的经纬度坐标进行500米的缓冲，然后形成居民健康活动的面图层，即居民健康活动的空间范围。

利用ArcGIS软件中的Clip切割工具，对康乐设施的空间点进行切割，计算落在每一个面图中所包含的康乐设施数量，其中康乐设施主要包括活动者健康活动地的体育场、健身房、老人康乐健身器材、公园跑道等设施，然后利用Access数据库将数据导出。康乐设施数据构建结果示意图如下（图5-1）：

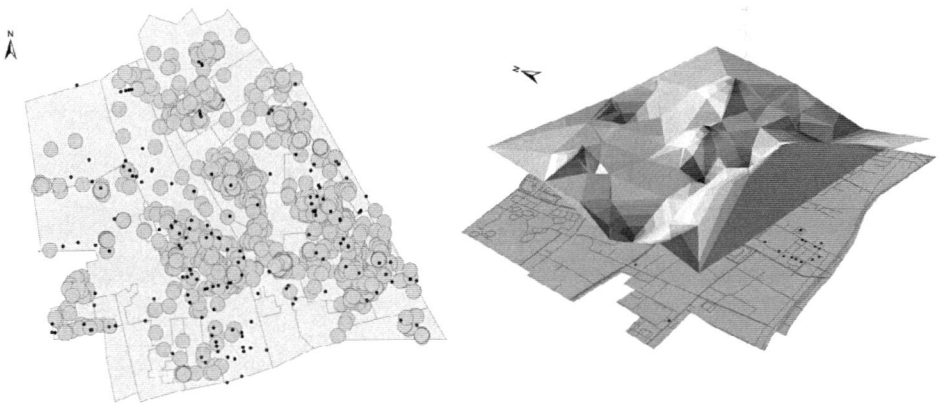

图5-1　上地-清河康乐设施点分布和3D图

利用ArcGIS软件中的Clip切割工具，对4种不同等级道路进行分别切割，计算落在每一个缓冲区中所包含道路长度，然后保留4种不同等级道路中最长的道路，并对变量进行处理，调整为分类变量（图5-2）。

图5-2 上地-清河交通

图例
── 小于8米
── 15米
── 30米
── 55米
▨ 活动地点缓冲

图5-3 上地-清河遥感解译示意图

　　利用北京大学中国高铁课题研究组的高分辨率遥感影像，利用Envi5.1遥感解译软件进行遥感解译，提取北京市上地清河地区的遥感影像①。然后在利用ArcGIS软件中的Extract by mask矢量切割栅格影像工具，提取落在每一个图层中的栅格影像信息，然后再利用Envi5.1遥感解译软件计算每一个图层中的绿地面积。最后对变量进行处理，调整为分类变量（图5-3）。

① 此步骤是在北京大学中国高铁研究组的帮助下完成的，对此深表感谢。

3. 上地-清河地区健康活动调研的全样本日志描述统计

根据2012年北京市上地-清河地区的居民出行行为调研数据，选取满足健康活动要求的有效样本共5760个。表5-4为建成环境及健康活动相关变量的全样本描述性统计分析：

上地-清河24个社区居民健康活动日志统计描述①   表5-4

变量	有效	缺失	均值	标准差
健康活动时长	5760	0	109.59	101.54
健康活动满意度	5760	0	2（比较满意）	0.74
性别	5760	0	–	0.50
年龄	5760	0	38	9.26
婚姻	5760	0	–	0.37
教育	5760	0	6	1.18
收入	5760	0	5	1.57
是否有小孩	5760	0	–	0.49
是否有父母	5760	0		
自行车摩托车合计	5760	0	1.52	1.25
是否有小汽车	5450	310	0.58	0.57
活动同伴	5760	0	1.47	0.78
活动时间弹性	5760	0	3	1.63
活动地点弹性	5760	0	2	1.43
健康活动时长	5760	0	109.59	101.54
健康活动满意度	5760	0	2（比较满意）	0.74
房子大小	5206	554	85.6	36.14
康乐设施	5760	0	3.4	2.20
道路等级	5760	0	2	1.56
绿地率	5760	0	19.10%	16.50

从表5-4中可以看出，上地-清河地区居民的日常健康活动出行时间相对较长，平均值达到了109.59分钟；而对健康活动的满意度总体也是比较满意的，总体满意度为比较满意；样本的平均年龄在38岁，较为年轻；平均教育水平为大专或大学水

---

① 日志样本不同于前一章中个体抽样的样本数，此表中有7106个日志数是前一章709个个体一周的出行日志记录。

平，收入在4000~6000元之间；平均拥有自行车摩托车1.52辆，汽车平均不足一辆；而上地–清河的居民住房平均面积为85.6平方米，总体居住面积较大；同伴平均人数为1人；健康活动的时间弹性和地点弹性为一般和比较难，说明居民可以自由使用的空间与时间相对不足；而康乐设施总体比较偏低，平均康乐设施仅为3.4个；道路等级以小区级道路等级为主，一定程度上说明上地–清河地区道路相对比较适合健康活动；而绿地率则明显偏低，且低于国家标准。

5.3 建成环境与健康活动理论模型构建

本书选取多分类Logistic模型来分析建成环境对健康活动的影响。Logistic模型属于概率性非线性回归，是分析因变量为定性变量的常用统计分析方法（张小山，2010）。该模型的一个重要优点是其不需要对数据的正态性、方差齐性以及自变量的类型作要求，并且具有系数可解释性等特征（陈希镇，1999）。目前在地理学、社会学、经济学等学科多采用二分类Logistic模型进行研究（Zavgren，1985；陈彦光，2009），而采用多分类Logistic模型进行研究的文献相对较少，建筑学与城市规划学科采用Logistic模型的两种不同形式的研究都比较少。本研究基于自身要研究的问题及数据变量的基本特征，通过多分类Logistic模型建立建成环境与健康活动的多变量关系。

5.3.1 多分类Logistic模型介绍

Logistic模型在因变量只有两个值的时候为二分类模型，当因变量为多个值的时候为多分类Logistic模型。其中大多数的研究都采用二分类模型。在一般多元线性回归模型中：

$$y_i = \alpha_0 + \alpha_1 x_1 + \alpha_2 x_2 + \alpha_2 x_2 \cdots \alpha_n x_n + \varepsilon_i, \quad i=1,2,\cdots,n \qquad (1)$$

其中，ε_i满足为$E(\varepsilon_i)=0$；y_i为0–1型随机变量，其概率分布为$P(y_i)=\pi_i^{y_i}(1-\pi_i)^{1-y_i}$，$y_i=0,1$. 显然，$E(y_i)=\pi_i=\alpha_0+\alpha_1 x_1+\alpha_2 x_2+\alpha_2 x_2 \cdots \alpha_n x_n$，所以当因变量为0–1型随机变量，因变量均值表示给定自变量时y=1的概率，又因为$0 \ll E(y_i) \ll 1$，所以因变量均值受到了限制。另外，误差项$\varepsilon_i=y_i-\alpha_0+\alpha_1 x_1+\alpha_2 x_2+\alpha_2 x_2 \ldots \alpha_n x_n$为具有异方差性的两点型离散分布。由于回归函数，$E(y_i)=\pi_i=(\alpha_0+\alpha_1 x_1+\alpha_2 x_2+\alpha_2 x_2 \cdots \alpha_n x_n)$表示在

自变量 $\alpha_1 x_1$，$\alpha_2 x_2$，$\alpha_2 x_2 \cdots \alpha_n x_n$ 条件下 y_i 等于1的比例，所以可以用 y_i 等于1的比例，所以可以用等于1的概率代替 y_i 本身作为因变量。于是得到 Logistic 回归方程：

$$\pi_i = \frac{e^{f(x_{i1}, x_{i2}, \cdots, x_{ip})}}{1 + e^{f(x_{i1}, x_{i2}, \cdots, x_{ip})}} = \frac{1}{1 + e^{-f(x_{i1}, x_{i2}, \cdots, x_{ip})}} \qquad (2)$$

而对于多分类 Logistic 模型，其中因变量 y 具有 k 个类别，其中 π_i 为 y 取第 j 个类别的概率。因变量 y 取值于每一个类别的概率与1组自变量 x_1，x_2，$x_2 \cdots x_n$ 有关，对于样本数据（$\alpha_1 x_1$，$\alpha_2 x_2$，$\alpha_2 x_2 \cdots \alpha_n x_n$），$i = 1, 2, 3 \cdots n$，多分类 Logistic 模型第 i 组样本的因变量 y_i 取 j 个类别的概率为：

$$\pi_{ij} = \frac{\exp(\beta_{0j} + \beta_{1j} x_{il} + \cdots + \beta_{pj} x_{ip})}{\exp(\beta_{0j} + \beta_1 x_{il} + \cdots \beta_{pj} x_{ip}) + \cdots + \exp(\beta_{0j} + \beta_1 x_{il} + \cdots + \beta_{pj} x_{ip})} \qquad (3)$$

$$i = 1, 2, \cdots, n; \ j = 1, 2, \cdots, k$$

上式中各个回归系数不是唯一确定的，每个回归系数同时加减1个常数后的数值保持不变，为此，把分母的第一项中的系数都可设为0，称为参照系数，其他类别回归系数值的大小都以系数设为0的类别的回归系数为参照，于是得到回归函数的表达式：

$$\pi_{ij} = \frac{\exp(\beta_{0j} + \beta_{1j} x_{il} + \cdots + \beta_{pj} x_{ip})}{1 + \exp(\beta_{0j} + \beta_1 x_{il} + \cdots + \beta_{pj} x_{ip}) + \cdots + \exp(\beta_{0j} + \beta_1 x_{il} + \cdots + \beta_{pj} x_{ip})}$$

$$i = 1, 2, \cdots, n; \ j = 1, 2, \cdots, k \qquad (4)$$

5.4 建成环境对健康活动的影响分析

5.4.1 解释变量分类与取值

根据多分类 Logistic 模型对数据提出的基本要求，本研究对研究的部分数据进行了转化，其中连续型数据转化为分类数据，如健康活动时长和健康活动满意度，转化后的因变量健康活动时长与健康活动满意度可以视为居民根据内部和外部环境在4个等级上进行选择，而且每次选择具有独立性，不影响下一次选择，健康活动的时长及满意度变量符合独立性的要求。同时，对部分分类数据进行了归并，例如健康活动满意度和地点弹性从原来的5类归并为4类。婚姻、小孩、老人等变量设为 0~1。解释变量为健康活动者的个体特征、家庭特征及活动特征3个大类，各个解释变量的分类取值如表5-5所示：

回归变量	变量含义	变量类型	变量描述
Duration	健康活动时长	分类变量	1. 0～30分钟；2. 30～60分钟；3. 60～120分钟；4. 120分钟以上
ActSWB	健康活动满意度	分类变量	1. 不满意；2. 中等；3. 较为满意；4. 很满意
Gender	性别	虚拟变量	男0；女1
Age	年龄	等级变量	1. 30以下；2. 30～35之间；3. 35～40之间；4. 40以上
Marriage	婚姻	虚拟变量	否0；是1
Edu	教育	等级变量	1. 初中以下；2. 中专高中；3. 大专本科；4. 研究生以上
Income	收入	等级变量	1. 1～4000元；2. 4001～6000元；3. 6000～10000元；4. 10000元以上
Child	是否有小孩	虚拟变量	否0；是1
Parent	是否有父母	虚拟变量	否0；是1
BiMot	自行-摩托合计	等级变量	0. 无；1. 一辆；2. 两辆；3. 三辆；4. 三辆以上
CarNum	是否有小汽车	虚拟变量	否0；是1
ActFellow	活动伙伴	等级变量	是否有同伴：0. 无；1. 一个；2. 两个；3. 三个；4. 四个以上
ActTimeFle	活动时间可调整型	等级变量	1. 不可调整　2. 一般　3. 可随意调整
ActPlaceFl	活动地点可调整型	等级变量	1. 不可调整　2. 一般　3. 可随意调整
HouseSize	自家房子大小	等级变量	1. 50平方以下；2. 50～80平方；3. 80～120平方；4. 120平方以上
Builrec	康乐设施	虚拟变量	否0；是1
Translev	道路宽度	等级变量	1. 道路宽度窄；2. 道路宽度中等；3. 道路宽度较宽
Gland	绿地率	等级变量	1. 低绿地率；2. 中低绿地率；3. 中绿地率；4. 高绿地率

5.4.2　回归结果分析

用统计分析软件SPSS的Multinational Logistic Regression模块进行多分类Logistic模型的计算。为了能够更加准确描述建成环境对居民健康活动的影响，本书首先将描述建成环境的变量带入模型回归，得到相关变量对居民健康活动的影响情况。然后再加入描述"个人自身属性"和"家庭社会经济状况"的变量，将其作为控制变量以分析居民建成环境对居民健康活动的影响。

5.4.2.1　建成环境对健康活动时间长度的影响分析

首先分析建成环境对健康活动时间长度的影响，分析结果如表5-6所示：

建成环境对健康活动时间长度的影响分析 表5-6

变量	变量说明	（1）			（2）		
		较低时间	中等时间	较长时间	较低时间	中等时间	较长时间
	截距	−6.575 (0.442)***	−24.56 (0.422)***	−1.831 (0.23)***	−4.667 (0.654)***	−23.445 (0.649)***	−1.578 (0.374)***
性别	男				−0.124 (0.184)	0 (0.187)	−0.16 (0.115)
	女						
年龄	30以下				−1.118 (0.317)***	−0.635 (0.321)**	−0.373 (0.202)**
	30~35之间				−0.358 (0.266)	0.222 (0.269)	0.185 (0.155)
	35~40之间				−0.367 (0.316)	−0.171 (0.319)	−0.464 (0.187)**
	40以上						
婚姻	否				0.964 (0.375)***	1.505 (0.376)***	0.501 (0.238)**
	是						
教育水平	初中以下				−0.502 (0.752)	−0.283 (0.747)	−0.418 (0.487)
	中专高中				1.239 (0.371)***	0.735 (0.381)**	−0.019 (0.219)
	大专本科				0.679 (0.308)***	0.035 (0.316)	−0.545 (0.189)***
	研究生以上						
收入水平	1~4000元				−1.65 (0.342)***	−0.424 (0.354)	0.433 (0.222)**
	4001~6000元				−0.698 (0.362)**	0.163 (0.373)	0.455 (0.244)**
	6001~10000元				−2.468 (0.387)***	−1.784 (0.399)***	0.062 (0.241)
	10001元以上						
小孩	否				−0.633 (0.223)***	−0.431 (0.228)**	0.033 (0.138)
	是						
老人	否				1.241 (0.224)***	0.499 (0.228)**	0.221 (0.147)
	是						

变量	变量说明	（1）			（2）		
		较低时间	中等时间	较长时间	较低时间	中等时间	较长时间
自行-摩托车	没有				−1.461 (0.306)***	−1.062 (0.31)***	−0.354 (0.191)**
	一辆				−2.552 (0.331)***	−1.84 (0.337)***	−0.672 (0.195)***
	两辆				−2.881 (0.332)*	−1.833 (0.334)*	−0.137 (0.194)
	三辆及以上						
汽车	否				0.136 (0.202)	0.069 (0.204)	−0.057 (0.125)
	有						
活动同伴	无	2.09 (0.552)***	2.281 (0.563)***	1.422 (0.301)***	1.942 (0.568)***	2.444 (0.582)***	1.387 (0.326)***
	一人	1.806 (0.225)***	1.292 (0.228)***	0.493 (0.139)***	2.072 (0.256)***	1.508 (0.254)***	0.47 (0.151)***
	二人	−0.018 (0.25)	0.364 (0.247)	−0.096 (0.149)	0.226 (0.284)	0.584 (0.274)**	−0.07 (0.159)
	三人及以上						
活动时间弹性	不可调整	0.741 (0.214)***	0.664 (0.219)***	0.308 (0.14)**	0.74 (0.235)***	0.532 (0.239)**	0.263 (0.149)*
	一般	−0.225 (0.218)	−0.121 (0.226)	−0.111 (0.143)	0.039 (0.244)	−0.134 (0.248)	−0.17 (0.151)
	可以调整						
活动地点弹性	不可调整	0.742 (0.227)***	0.274 (0.232)	−0.098 (0.141)	1.133 (0.258)***	0.501 (0.258)	−0.06 (0.151)
	一般	0.533 (0.267)***	0.089 (0.275)	0.094 (0.165)	0.79 (0.303)***	0.26 (0.306)	0.105 (0.172)
	可以调整						
住房面积	50平方米以下	−2.478 (0.318)***	−2.6 (0.348)***	−1.203 (0.225)***	−3.17 (0.367)***	−3.044 (0.394)***	−1.187 (0.246)***
	50~80平方米	−0.682 (0.257)***	−0.417 (0.265)	−0.672 (0.155)***	−1.104 (0.296)***	−0.632 (0.302)**	−0.463 (0.175)***
	80~120平方米	0.421 (0.266)	0.462 (0.274)*	−0.18 (0.157)	−0.284 (0.303)	0.114 (0.311)	−0.032 (0.171)
	120平方米以上						
康乐设施	否	−0.818 (0.197)***	−1.148 (0.204)***	−0.683 (0.136)***	−0.662 (0.232)***	−0.886 (0.241)***	−0.586 (0.15)***
	是						

变量	变量说明	（1）			（2）		
		较低时间	中等时间	较长时间	较低时间	中等时间	较长时间
交通等级	低（窄）	0.73 （0.216）***	0.433 （0.229）***	−0.135 （0.141）***	1.462 （0.26）***	1.001 （0.269）***	−0.021 （0.155）
	中（中等）	0.905 （0.225）***	1.048 （0.236）***	0.196 （0.148）	0.895 （0.269）***	1.008 （0.273）***	0.153 （0.163）
	高（宽）						
绿地率	低绿地率	7.068 （0.263）***	22.95 （0.251）***	−17.865 （2211.63）	8.385 （0.332）***	23.816 （0.292）***	−17.588 （2071.942）
	中绿地率	25.836 （0.296）***	44.819 （0.285）***	20.564 （0）	26.422 （0.345）***	45.295 （0.316）***	20.451 （0）
	中高绿地率	2.536 （0.323）***	22.512 （0）	3.691 （0.142）***	2.892 （0.342）***	22.82 （0）	3.887 （0.151）***
	高绿地率						
变量		卡方	df	显著水平	卡方	df	显著水平
Pearson		4414.611	3027	0	9019.709	6846	0
偏差		2883.455	3027	0.969	4262.209	6846	1

（注释：***表示显著性水平为0.01；**表示显著性水平为0.05；*表示显著性水平为0.1）

本节分析思路是对比不加控制变量与加入控制变量之后的建成环境对健康活动影响的系数的变化，来分析建成环境对居民健康活动时间长度与满意度的影响，同时还探讨"个人自身属性"与"家庭社会经济状况"对居民健康活动的影响。本书的控制因素为"个人自身属性"和"家庭社会经济状况"的变量。在非控制组的回归中，得到建成环境对居民健康活动时长的影响比较显著，卡方为4414.611，显著性水平较高；加入两个控制因素后，控制组的回归模型的显著性仍然较为显著，卡方为9019.709。

具体变量分析表明，非控制组的"同伴"变量对居民健康活动的时间长度影响显著，显著性水平较高，其中"同伴无人"与"同伴一人"变量对活动时长系数较高；控制组"同伴变量"对居民健康活动时长影响仍然较为显著，其中"无同伴"变量对健康活动时长的3个层次的影响系数分别为1.942、2.444和1.387，其中对中等活动时长的影响最大；"一个同伴"变量对健康活动时长的3个层次影响系数分别为2.072、1.508和0.47，其中对低等健康活动时长影响最大，相比非控制组，"一人同伴"变量对中等健康活动时长的影响增强；"两个同伴"变量对中等活动时长影响变为显著，其影响系数为0.584；总体来看，"没有同伴"和"一个同伴"变量对健康活动时间长短影响较大。

从活动时间弹性对居民健康活动影响来看，活动时间弹性的影响都体现在非控制组和控制组中"不可调整的活动时间弹性"变量对低中高活动时间的影响。其中，非控制组的影响系数分别为0.741、0.664和0.308，即"较为固定的活动时间弹性"变量对短时间活动时长影响较大；而控制组的影响系数分别为0.74、0.532和0.263，同样"较为固定的活动时间弹性"变量对短时间活动时长影响较大，而其他两个影响系数略微减少，减少幅度不大，说明居民的健康活动在一定程度上会受到个人和社会经济影响，使得出行时间弹性的影响减弱。

从活动地点弹性来看，活动地点弹性对居民健康活动的影响对于非控制组和控制组都表现为不可调整活动弹性和一般活动弹性对健康活动时长的影响。非控制组中，"不可调整活动地点弹性"变量对短时间健康活动影响，影响系数为0.742，而"一般活动地点弹性"变量对健康活动时长影响系数为0.533；控制组中，"不可调整活动地点弹性"变量对健康活动时长影响系数为1.133，而"一般活动地点弹性"变量对健康活动时长影响系数为0.79。对比非控制组和控制组发现，控制组中"不可调整"与"一般活动地点弹性"变量对健康活动时长影响得到了加强，反映了活动地点弹性对居民健康活动时长具有较大影响，即使考虑了居民个人和社会经济条件之后，居民健康活动仍然受到活动地点弹性的影响。

从住房面积来看，住房面积对健康活动时长影响较为复杂。非控制组中，各个层次的住房面积对居民健康活动时长都存在影响，而控制组中"80～120平方米的住房面积"变量对居民健康活动时长影响不显著。非控制组中，"50平方米以下的住房面积"变量对3个层次健康活动时长影响系数分别为−2.478、−2.6和−1.203，3个影响系数都为负，说明住房面积越小，居民更加不愿意进行健康活动；"50～80平方米的住房面积"变量对低健康活动时长与高健康活动时长的影响系数分别为−0.682和−0.672，同样影响系数为负，说明住房面积中等的居民也不愿意进行健康活动；"80～120平方米的住房面积"变量对居民健康活动时长影响系数为正，说明住房面积较大居民愿意进行健康活动。控制变量组中，"50平方米住房面积"变量对健康活动时长3个层次的影响系数分别为−3.17、−3.044和−1.187，且都为负，影响系数较非控制组中的系数变小，说明住房面积较小的居民更加不愿意进行各时长的健康活动，"50～80平方米住房面积"变量对低中高3个层次的健康活动影响系数分别为–1.104、–0.632和–0.463，影响系数都为负，较非控制组中等活动时长对受到"50～80平方米住房面积"变量影响显著，"80～120平方米住房面积"变量对居民健康活动影响不显著。分析表明，总体来看住房面积较小，居民不愿意进行各个时长的健康活动，住房面积较大的居民也不愿意进行各个阶段的健康活动。纵向对比来看，"50平方米以下的住房面积"变量比其他两个段的面积对居民健康活动影响系数大，较小的住房面积是影响居民健康活动时长的主要因素。

从康乐设施来看，康乐设施对健康活动影响在非控制组和控制组中都体现在无康乐设施对各等级健康活动的影响，且影响系数都为负；非控制组中，"无康乐设施"变量对3个层次的健康活动时长影响系数分别为–0.818、–1.148和–0.683，控制组中"无康乐设施"变量对3个层次的健康活动时长影响系数分比为–0.662、–0.886和–0.586，控制组中的系数较非控制组的系数变大，说明居民收到控制变量的影响下，"没有康乐设施"变量对居民健康活动时长影响略微减弱，总体上"无康乐设施"变量使得居民更加不愿意进行健康活动。

从交通等级来看，非控制组和控制组都表现为"较低等级交通"变量和"中等等级交通"变量对健康活动时长的影响。其中非控制组中，"较低等级道路"变量对3个不同层次健康活动时长影响系数分别为0.73、0.433和–0.135，其中"低等等级交通"变量对较长时间健康活动影响系数为负；"中等等级道路"变量对3个层次健康活动影响系数分别为0.905、1.048和0.196，影响系数都为正，说明"中等级道路"总体来说对健康活动时长影响较大。控制组中，"低等等级道路"变量对短时间和中等时间健康活动影响系数分别为1.462和1.001，"中等等级道路"变量对短时间和中等时间健康活动影响系数分别为0.895和1.008，而"低等等级道路"和"中等等级道路"变量对居民长时间健康活动影响不显著；纵向对比来看，"低等等级道路"对"中等等级道路"变量的影响系数小，说明"中等等级道路"更能够影响居民健康活动时间。

从绿地率来看，非控制组与控制组中，低中高3个层次绿地率对居民低中高3个层次的健康活动时长都存在影响；非控制组中，"低绿地率"变量对短时间和中等时间健康活动时间影响系数分别为7.068和22.95，"中等绿地率"变量对短时间和中等时间健康活动时长影响系数分别为25.836和44.819，"中高绿地率"变量对短时间和长时间健康活动时长影响系数分别为2.536和3.691；控制组中，"低绿地率"变量对短时间和中等时间健康活动时间影响系数分别为8.385和23.816，"中等绿地率"变量对短时间和中等时间健康活动时长影响系数分别为26.422和45.295，"中高绿地率"变量对短时间和长时间健康活动时长影响系数分别为2.892和3.887；控制组较非控制组，低中高3个层次绿地率对居民低中高3个层次的健康活动时长的影响系数都变大，绿地率对健康活动时长影响增强；纵向来看，"中等绿化率"变量对健康活动时长影响系数最大，说明"中等绿化率"对居民健康活动时长影响最强。

对比控制组和非控制组发现加入个人和社会经济特征的控制变量之后，建成环境变量对居民健康活动时长的影响系数发生变化，说明控制变量对居民健康活动同样存在影响，那么控制变量对居民健康活动时长影响系数表明：

性别对居民健康活动影响系数不显著。从年龄来看，30岁以下对3个层次居民健康活动影响系数分别为-1.118、-0.635和-0.373，然后"30～40岁年龄段"变量对长时间居民健康活动的影响系数为-0.464。两个影响系数都为负，说明居民该年龄段对健康活动时长较为敏感。从婚姻来看，"未婚情况"变量对居民健康活动影响较大，其中对短时间健康活动影响系数为0.964，对中等时间健康活动影响系数为1.505，对长时间健康活动影响系数为0.501，其中对中等时间健康活动影响系数最大，说明未婚居民更加倾向于中等时间健康活动。从教育水平来看，主要为"中专高中"和"大专本科"对居民健康活动的影响。其中，"中专高中"变量对短时间和中等时间健康活动影响系数分别为1.239和0.735，"大专本科"变量对短时间和长时间健康活动影响系数分别为0.679和-0.545，其中"中专高中"变量教育水平居民愿意进行短时间和长时间健康活动，"大专本科"居民也愿意进行短时间健康活动，但是对长时间健康活动影响系数为负，说明该教育水平居民不愿意进行长时间健康活动；纵向来看，"中专高中"变量对居民健康活动影响系数较大，"中专高中"更加愿意进行短时和中等时间的健康活动。

从收入来看，各收入等级对居民健康活动都存在影响，其中"收入4000元以下"变量主要对短时间健康活动和长时间健康活动有影响，影响系数分别为-1.65和0.433，"收入4000～6000元"变量主要是对短时间和长时间健康活动的影响，影响系数为-0.698和0.455，"收入6000～10000元"变量同样主要影响短时间和中等时间的健康活动，影响系数为-2.468和-1.784。对比发现，3个收入水平的变量对短时间健康活动影响系数都为负，说明居民不同收入的群体不愿意进行短时间的健康活动；纵向对比来看，"收入6000～10000元"变量对健康活动影响系数最大，且为负，说明收入较高的居民更不愿意进行健康活动。从是否有小孩变量来看，"无小孩"变量对短时间和中等时长的健康活动影响为负，影响系数分别为-0.633

和–0.431，说明无小孩会降低居民健康活动时间。从是否有老人变量来看，"无老人照看"变量对居民短时间和中等时间的健康活动影响为正，影响系数分别为1.241和0.499，说明居民无老人照看会提高居民健康活动时间。

自行–摩托车变量对居民健康活动影响系数都为负，其中"无自行–摩托车"变量对3个层次的健康活动时间影响系数分别为–1.461，–1.062和–0.354，"有一辆自行–摩托车"变量对3个层次的健康活动时间影响系数分别为–2.552、–1.84和–0.0672，"有两辆自行–摩托车"变量主要影响短时间和中等时间的健康活动时长，影响系数分别为–2.881和–1.883。影响系数表明，有无车辆都使得居民不愿意进行健康活动；纵向比较来看，车辆较多居民进行健康活动时长意愿减弱。汽车比例对居民健康活动时长影响不显著。

总体来看，建成环境变量对居民健康活动时间存在较大影响，且变量的不同类别对居民健康活动影响系数也存在较大差异。其中，活动同伴变量中，"没有同伴"和"一个同伴"变量对健康活动时间长短影响较大；活动时间弹性中，"不可调整的活动时间弹性"变量对居民健康活动影响系数最大；活动地点弹性中，"中等活动地点弹性"变量对居民健康活动最为明显；住房面积变量，"50平方米以下的住房面积"变量比其他两个段的面积对居民健康活动影响系数大；康乐设施变量，"无康乐设施"变量使得居民更加不愿意进行健康活动；道路等级变量中，"中等等级道路"变量更能够影响居民健康活动时间；绿地率变量中，"中等绿化率"变量对居民健康活动时长影响最强。其次，通过对比控制组与非控制组表明，加入描述"个人自身属性"和"家庭社会经济状况"的变量之后，建成环境对健康活动的影响有增有减，表明"个人自身属性"和"家庭社会经济状况"一方面存在对健康活动时间的扰动，同时本书将这两个控制因素考虑进来更加符合客观情况。

5.4.2.2　建成环境对健康活动满意度的影响分析

活动时长反映了居民健康活动的量，而活动满意度则是对居民健康活动的质量进行评价。建成环境对居民健康活动满意度影响分析如表5–7所示：

建成环境对健康活动满意度的影响分析　　　　　　　　　表5–7

变量	变量说明	（1）			（2）		
		满意度较低	满意度中等	满意度较高	满意度较低	满意度中等	满意度较高
	截距	3.314 （0.761）***	3.653 （0.757）***	2.479 （0.767）***	2.845 （1.311）***	4.875 （1.298）***	3.232 （1.314）***

变量	变量说明	(1)			(2)		
		满意度较低	满意度中等	满意度较高	满意度较低	满意度中等	满意度较高
性别	男				−0.411 （0.378）	−0.298 （0.375）	−0.334 （0.38）
	女						
年龄	30以下				0.863 （0.747）	0.363 （0.745）	0.767 （0.75）
	30～35之间				0.474 （0.512）	−0.179 （0.51）	−0.05 （0.515）
	35～40之间				−0.887 （0.534）**	−0.723 （0.527）**	−0.952 （0.536）**
	40以上						
婚姻	否				−0.486 （0.931）	−0.255 （0.929）	0.115 （0.932）
	是						
教育水平	初中以下				14.883 （0.407）**	14.742 （0.314）**	16.215 （0）
	中专高中				−0.26 （0.79）	−0.786 （0.783）	0.661 （0.791）
	大专本科				0.198 （0.638）	−0.64 （0.631）	0.088 （0.641）
	研究生以上						
收入水平	1～4000元				1.413 （0.617）**	1.245 （0.608）**	0.434 （0.616）
	4001～6000元				0.895 （0.643）	0.444 （0.633）	−0.033 （0.643）
	6001～10000元				−0.037 （0.667）	−0.222 （0.657）	−0.347 （0.665）
	10001元以上						
是否有小孩	否				0.682 （0.481）	0.083 （0.478）*	0.385 （0.482）
	是						
是否有老人	否				−0.269 （0.415）	−0.32 （0.412）*	0.032 （0.417）
	是						
摩托车	没有				−0.698 （0.74）	−1.099 （0.735）	−1.031 （0.739）
	一辆				−0.158 （0.768）	−0.48 （0.762）	−0.72 （0.767）

变量	变量说明	(1)			(2)		
		满意度较低	满意度中等	满意度较高	满意度较低	满意度中等	满意度较高
摩托车	两辆				−0.297 (0.74)	−0.039 (0.733)	−0.657 (0.739)
	三辆及以上						
汽车	否				0.313 (0.425)	−0.285 (0.423)	0.178 (0.427)
	有						
活动同伴	无	−0.178 (1.14)	0.502 (1.128)	0.512 (1.138)	−0.042 (1.251)	0.278 (1.239)	0.239 (1.25)
	一人	−0.294 (0.449)	0.017 (0.447)	0.425 (0.453)*	−0.507 (0.468)	−0.055 (0.465)	0.151 (0.473)
	二人	0.649 (0.588)	0.818 (0.587)	0.781 (0.594)	0.423 (0.601)	0.655 (0.599)	0.53 (0.607)
	三人及以上						
活动时间弹性	不可调整	0.16 (0.47)	−0.275 (0.468)	0.048 (0.475)	0.151 (0.487)*	−0.233 (0.484)	0.095 (0.491)
	一般	−0.141 (0.474)	0.29 (0.469)	0.632 (0.474)	−0.278 (0.506)	0.315 (0.501)	0.724 (0.507)
	可以调整						
活动地点弹性	不可调整	0.581 (0.448)	0.938 (0.446)**	0.21 (0.452)	0.534 (0.462)	0.772 (0.459)*	0.119 (0.465)
	一般	0.15 (0.58)	0.939 (0.575)*	1.073 (0.579)**	0.197 (0.598)	0.796 (0.592)	0.953 (0.597)*
	可以调整						
住房面积	50平方米以下	0.624 (0.819)	0.752 (0.815)	0.932 (0.823)	0.7 (0.872)	0.893 (0.868)	0.808 (0.876)
	50~80平方米	0.134 (0.468)	0.005 (0.465)	0.068 (0.473)	0.016 (0.55)	0.269 (0.547)	0.099 (0.555)
	80~120平方米	1.102 (0.605)**	1.083 (0.603)*	1.616 (0.609)***	1.366 (0.654)**	1.584 (0.651)**	1.788 (0.658)***
	120平方米以上						
康乐设施	否	−0.069 (0.442)	−0.248 (0.439)	0.052 (0.444)	−0.405 (0.488)	−0.565 (0.485)*	−0.254 (0.49)
	是						
道路等级	低（窄）	0.273 (0.502)	−0.349 (0.5)	−0.834 (0.504)	0.401 (0.581)	−0.435 (0.578)	−0.636 (0.583)
	中（中等）	−0.871 (0.495)	−0.524 (0.49)*	−0.723 (0.494)	−0.67 (0.575)	−0.644 (0.57)*	−0.662 (0.575)
	高（宽）						

变量	变量说明	（1）			（2）		
		满意度较低	满意度中等	满意度较高	满意度较低	满意度中等	满意度较高
绿地率	低绿地率	−0.62 （0.463）	−0.273 （0.46）	−0.454 （0.465）	−0.548 （0.483）*	−0.319 （0.478）*	−0.489 （0.484）*
	中绿地率	−0.308 （0.463）	−0.387 （0.462）	−0.051 （0.466）	−0.342 （0.492）	−0.47 （0.489）	−0.196 （0.494）
	中高绿地率	0.213 （0.592）	0.299 （0.59）	0.22 （0.596）	0.239 （0.599）	0.283 （0.596）	0.197 （0.603）
	高绿地率						
变量		卡方	df	显著水平	卡方	df	显著水平
Pearson		4728.579	3027	0	9751.996	6846	0
偏差		3944.065	3027	0	6618.679	6846	0.975

（注释：***表示显著性水平为0.01；**表示显著性水平为0.05；*表示显著性水平为0.1）

本节分析思路是对比不加控制变量与加入控制变量之后的建成环境对健康活动影响的系数的变化，来分析建成环境对居民健康活动时间长度与满意度的影响，同时还可以探讨"个人自然属性"和"社会经济状况"对居民健康活动的影响。本书的控制因素为"个人自然属性"和"社会经济状况"的变量。在非控制组的回归中，得到建成环境对居民健康活动时长的影响比较显著，卡方为4414.611，显著性水平较高；加入两个控制因素后，控制组的回归模型的显著性仍然较为显著，卡方为9019.709。

从活动同伴来看，主要表现为非控制组中"一个活动同伴"变量对居民健康活动满意度的影响，其影响系数为0.425，说明活动同伴为一人居民健康活动满意度较高，"活动同伴为0人"和"活动同伴为二人"变量对居民健康活动满意度的影响不显著。控制组中活动同伴对居民健康活动满意度的影响不显著；纵向来看，"无同伴"变量对健康活动满意度的影响最明显。

活动时间弹性分析表明，非控制组的"不可调整活动时间弹性"变量对3个活动满意度的影响都不显著，控制组中活动时间弹性对居民健康活动的满意度影响主要体现在"不可调整的活动时间弹性"变量对短时间活动的影响，其影响系数为0.151，即反映了活动时间越是固定，即出行时间弹性较低的情况下，对居民健康活动满意度的影响较为显著，这也反映控制变量对健康活动行为存在影响；纵向比较上，"不可调整活动时间弹性"变量对居民健康活动影响更大。

活动地点弹性分析表明，非控制组和控制组的活动地点弹性对居民健康行为的影响存在一致性。非控制组中，活动地点对居民健康活动的影响主要为"不可调整活动地点弹性"变量对中等活动满意度的影响，其影响系数为0.938及"一般活动地点弹性"变量对中等活动满意度和较高活动满意度的影响，影响系数分别为0.939和1.073；而控制组中，"不可调整活动地点弹性"变量对中等活动满意度的影响系数略微下降到0.772，而"一般活动地点弹性"变量对较高健康活动满意度的影响系数也略微下降到0.953，"一般活动地点弹性"变量对中等活动满意度的影响则不显著。活动地点弹性较低的情况下，居民健康活动的满意度较低。控制组的变量较非控制组的变量影响稍微减弱，部分由控制变量影响带来，同时也说明健康活动满意度受到健康活动地点的弹性影响；纵向上，"中等活动弹性"变量对居民健康活动满意度影响最强。

住房面积变量分析表明，非控制组和控制组中都表现为住房面积在"80～120平方米住房"变量对居民健康活动满意度的影响，其中非控制组中表现为"80～120平方米住房"变量对低中高3个层次的活动满意度的影响，其影响系数分别为1.102、1.083和1.616，而控制组对低中高3个层次的影响系数分别为1.366、1.584和1.788，控制组较非控制组的影响系数得到了增强。这说明，住房面积大小对居民的健康活动满意度影响较为显著，同时这种兼有社会经济特征和健康活动环境特征的变量对居民的健康活动起到了显著的影响。纵向上，"80～120平方米住房"变量较其他几个住房面积对居民健康活动满意度影响更大。

康乐设施对居民健康活动的影响主要体现在控制组"无康乐设施"变量对中等活动满意度的影响，其影响系数为负，数值为-0.565，这说明住区没有康乐设施时，居民对健康活动的满意度评价更低；非控制组中康乐设施对居民健康活动满意度影响不显著，这同样说明康乐设施对于居民健康活动满意度存在重要的影响，其中加入个人属性特征和社会经济特征之后，这一影响趋势变得更加强烈。

从道路等级来看，非控制组和控制组道路等级对居民健康活动影响体现在中等道路等级对中等活动满意度的影响，且影响系数为负，其中非控制组系数为-0.524，控制组的影响系数为-0.644，控制组较非控制组的系数值变小，说明"中等级道路"变量使得居民更不愿意进行健康活动，其中个人和社会经济特征使得居民更加倾向于选择更低等级的道路进行健康活动。从纵向对比来看，"中等道路等级"变量对居民健康活动影响系数最强。

从绿地率来看，主要体现在控制组"中低绿地率"变量对健康活动的影响，而且"低绿地率"变量对低中高健康活动满意度都存在影响，其中对低的健康活动满意度影响系数为–0.548，对中健康活动满意度影响系数为–0.319，对较高健康活动满意度影响系数为–0.489，3个系数都为负，说明无论健康活动时间长短，低绿地率居民健康活动都不满意；纵向对比来看，"低绿地率"变量对居民健康活动满意度的评价降低，更加不满意自身的健康活动。

以上对比控制组和非控制组发现，加入个人和社会经济特征的控制变量之后，建成环境变量对居民健康活动满意度的影响系数发生变化，说明控制变量对居民健康活动满意度同样存在影响，那么控制变量对居民健康活动满意度影响系数表明：

从"个人自然属性"和"社会经济状况"的变量对居民健康活动满意度的系数表明，性别对健康活动满意度影响不显著。从年龄来看，年龄对健康活动时长影响主要体现在"35～40岁年龄段"变量对居民健康活动低中高3个层次的活动满意度的影响，对3个层次的影响系数分别为–0.887、–0.527和–0.536，且影响系数都为负，说明该年龄段的居民不愿意进行健康活动。婚姻对居民健康活动满意度影响不显著。从教育水平来看，教育水平对居民的健康活动影响主要体现在"初中及以下教育程度"变量对低等活动满意度和中等满意度的影响上，其影响系数为14.883和14.742，说明教育水平较低的居民更加满意自己的健康活动。

从收入水平来看，收入水平对居民健康活动影响主要体现在"1～4000元收入"变量对低满意度和中等满意度的健康活动的影响，其影响系数分别为1.413和1.245，而其他收入段对居民健康活动满意度没有影响，这也说明居民日常健康活动在倾向于在低收入者中发生。从是否有小孩和老人比例来看，"无小孩照看"变量主要影响居民中等满意度的健康活动，影响系数为0.083，"无老人"变量主要对居民健康活动呈现负面影响，影响系数为–0.32。自行车-摩托车变量和汽车比例对居民健康活动满意度影响不显著。

总体上，通过非控制组与控制组的对比分析表明，建成环境对居民的健康活动的满意度都有影响。同伴变量中，"无同伴"变量对健康活动满意度的影响最明显；活动时间弹性变量中，"不可调整活动时间弹性"变量对居民健康活动影响更大；活动地点弹性中，"中等活动地点弹性"变量对居民健康活动满意度影响最强；住房面积变量，"80～120平方米"变量较其他几个住房面积对居民健康活动满意度影响更大；道路等级变量，"中等道路等级"变量对居民健康活动影响系数最强；绿地率变量，"低绿地率"变量对居民健康活动满意度的评价降低，更加不满意健康活动。同时，控制组由于加入了控制变量，使得描述建成环境的变量对居民健康活动满意度的影响较非控制组都有所减弱，这正好反映了"个人自然属性"和"社会经济状况"的变量对居民健康活动是存在内在关系的。

5.5 小结

本章通过梳理建成环境与健康活动理论，构建了建成环境对健康活动影响的指标体系，建立了多分类Logistic模型，通过分析控制组与非控制组中建成环境变量对居民健康活动的系数变化表明：

1）建成环境对居民健康活动产生了显著影响，建成环境的变量对健康活动时长和满意度的影响方向存在差异，而且建成环境总体对健康活动时长的影响大于对健康活动满意度的影响。

2）从建成环境对健康活动时长的影响分析来看：活动同伴变量中，"没有同伴"变量和"一个同伴"变量对健康活动时间长短影响较大；活动时间弹性中，"不可调整的活动时间弹性"变量对居民健康活动影响系数最大；活动地点弹性中，"中等活动地点"变量对居民健康活动最为明显；住房面积变量中，"50平方米以下的住房面积"变量比其他两个段的面积对居民健康活动影响系数大；康乐设施变量，"无康乐设施"变量使得居民更加不愿意进行健康活动；道路等级变量中，"中等等级道路"变量更能够影响居民健康活动时间；绿地率变量中，"中等绿化率"变量对居民健康活动时长影响最强。

3）从建成环境对健康活动满意度影响分析来看：活动同伴变量中，"无活动同伴"变量对健康活动满意度的影响最明显；活动时间弹性变量中，"不可调整活动时间弹性"变量对居民健康活动影响更大；活动地点弹性中，"中等活动地点弹性"变量对居民健康活动满意度影响最强；住房面积变量中，"80～120平方米"变量较其他几个住房面积对居民健康活动满意度影响更大；道路等级变量中，"中等道路等级"变量对居民健康活动影响系数最强；绿地率变量中，"低绿地率"变量对居民健康活动满意度的评价降低，更加不满意健康活动。

4）对比控制组和非控制组发现，控制组的变量较非控制组，建成环境对居民健康活动时长及满意度的影响系数都发生了变化，说明"个人自身属性"和"家庭社会经济状况"的控制变量对居民健康活动时长存在影响；其次，"低年龄"、"未婚个体"、"较高教育水平"、"中等收入"、"无小孩与无老人照看"、"拥有较少交通工具"等变量居民对健康活动的满意度的影响比对健康活动的时长影响小。

第 6 章

不同类型住区建成环境对
居民健康活动的影响

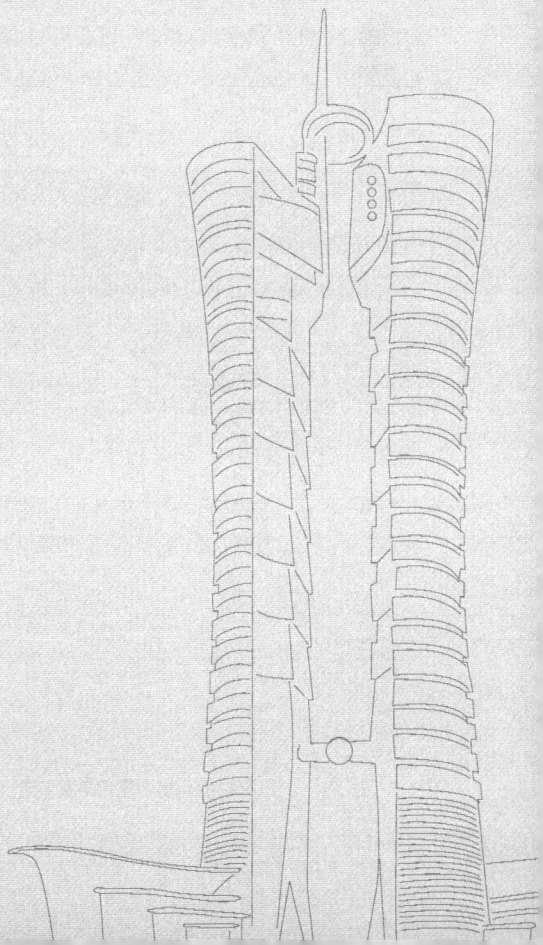

上一章分析表明，居民健康活动的时间和满意度受到了建成环境的影响，而且建成环境变量对居民健康活动影响存在较大的差异，例如，不同的道路等级对居民健康活动的时间长度和满意度的影响不同。以上都是将上地-清河的24个社区视为一个整体来回答建成环境对居民健康活动时间及满意度的影响，而本章则试图讨论建成环境变量对不同背景下修建的住区居民健康活动差异的影响，即不同住区居民健康活动差异受到建成环境的哪些变量影响较为显著。本章分析主要分为4个部分：第1部分划分不同类型的住区，对不同住区的居民健康活动差异进行描述性统计分析；第2部分利用5.3.1小节的多分类Logistic模型分析建成环境差异对不同住区居民健康活动差异的影响；第3部分对比不同类型住区建成环境变量的影响特征；第4部分为本章小结。

6.1 上地-清河三类不同住区的选取

6.1.1 住区的选取

改革开放以来，上地-清河地区发生了天翻地覆的变化，该地区覆盖了传统工业区、新兴产业开发区以及单位社区、政策性住房社区、商品房社区、城中村等多种建设年代和开发模式的居住区，是北京西北部大型综合性边缘组团、重要的郊区就业中心与住区。因此，为本研究提供了较好的研究对象。根据上地-清河地区居住社区的特点，为研究上地-清河地区居民健康出行活动与居民的居住环境之间的关系，选取以下3种不同类型的住区作为本书研究的：20世纪90年代前后修建的住区、21世纪新型住区及20世纪90年代之后政府修建的政策型住区。

20世纪90年代前后修建的住区主要选取了上地东里一居、上地东里二居、安宁北路、安宁东路、毛纺北和毛纺南6个住区，其中上地东里一居、二居是上地东里社区5个组团的重要组成部分，北接上地信息产业基地，东联北京地铁13号线，是20世纪90年代较早开发的住区。安宁北路是20世纪90年代之前修建的中国地震局地壳应力研究所、翔鲲水务有限公司、安宁佳园3个家属院的住区区；安宁东路组团位于西三旗桥西南角，东临八达岭高速公路，南临清河街道社区服务中心，西邻北京市陶瓷厂及国际知名企业北京东陶TOTO；毛纺厂南北组团则是当时北京毛纺厂为了安置本厂工人及家属所修建的住区。

21世纪新型住区主要是2000年之后修建社区，主要选取了上地西里、阳光、当代城市家园、海清园、力度家园和领秀硅谷6个住区。其中，上地西里是1998年之后陆续开始投入使用的新型住区，2000年开始成立上地西里社区居民委员会，组团大致位于上地东里社区以西，东连北京地铁13号线；阳光组团主要位于海淀区清河燕清体育文化公园附近，东面是海清园与力度家园，西边是学府树家园，为上地-清河居住区较为现代化的住区；当代城市家园住区位于中关村科技园区北部，东至安宁庄西路，西至京包铁路，北到北京恒物公司清河仓库，南到北京供电培训中心，是具有现代化管理设施的住区小区。海清园位于清河毛纺路区域北部，东依清河旅馆，西靠力度家园，南临清河利客隆店，北至天润燕语清园，是新老混合的住区；力度家园是上地-清河地区较为规模化运动型的住区，主要位于海淀区上地清河桥西300米，中关村上地与小营环岛交界处，紧临八达岭高速；领秀硅谷处于海淀区上地西二旗大街，组团内有儿童游乐场、停车场、健身场所等公共娱乐休闲配套设施，是2000年后修建的大型住区。

政策型住区主要包括20世纪90年代前后政府修建的安宁里、美和园，及2000年之后修建的铭科苑和智学苑4个住区。安宁里是政府为了配套上地-清河信息产业园区建设进行的政策型配套住区，组团为于京藏高速的西侧，南邻毛纺北，周边配套设施完善；美和园位于北五环外，紧邻上地城铁站东侧；铭科苑东距京昌高速公路西三旗环岛仅1公里，西与上地信息产业基地只一路之隔，属于较为老式的住区；智学苑位于领秀硅谷社区的南侧，地铁13号线以东，组团面积相对较小。政策型住区具有住房配套设施不齐全，住房楼盘相对较为陈旧，且建筑环境比21世纪新型社区组团差，由于政府"两限房"的规定，房价比周边普通商品房价格低10%~15%。

6.1.2 住区的统计描述

20世纪90年代前后修建住区主要存在房屋面积总体较小，但组团的围合空间较好的特点，相对来说康乐设施布置的较为完善。但是，建筑物和构筑物都存在比较陈旧、绿化率较低的特点。21世纪新型住区建筑物和构筑物都比较新，道路等级较高，绿化率较好，但是存在康乐设施配套不完善等特点。政策型住区存在新旧组团并存的局面，道路以低等级道路为主，绿化率不足。以下对3个不同类型租住组团的抽样个体的描述性统计分析（表6-1）：

变量	变量说明	20世纪90年代住区		21世纪住区		政策型住区	
		样本数	百分比	样本数	百分比	样本数	百分比
性别	男性	123	49.6	70	46.1	36	47.4
	女性	125	50.4	82	53.9	40	52.6
年龄	均龄（岁）	35.2		38.5		39.12	
教育水平	高中及以下	36	14.5	31	20.4	22	28.9
	本科或大专	197	79.4	93	61.2	43	56.6
	研究生以上	15	6.0	27	17.8	10	13.2
婚姻与否	已婚	212	85.5	124	81.6	69	90.8
	单身及其他	36	14.5	28	18.4	7	9.2
就业状况	是	244	98.4	145	95.4	69	90.8
	否	4	1.6	7	4.6	7	9.2
收入	小于2000元	68	27.4	76	50.0	53	69.7
	2000~6000元	156	62.9	29	19.1	15	19.7
	大于6000元	24	9.7	47	30.9	8	10.5
小孩	有	123	49.6	72	47.4	38	50.0
	无	125	50.4	80	52.6	38	50.0
父母	有	83	33.5	49	32.2	25	32.9
	无	165	66.5	103	67.8	51	67.1
自行-摩托	无	64	25.8	47	30.9	19	25.0
	一辆	68	27.4	52	34.2	18	23.7
	两辆以上	116	46.8	63	41.4	39	51.3
汽车	无	119	48.0	61	40.1	41	53.9
	一辆及以上	129	52.0	91	59.9	35	46.1
房子大小	单位	248	74.55	152	97.24	76	77.47
康乐设施		248	3.5	152	2.3	76	2.1
道路等级		248	1	152	2	76	1
绿地率		248	19%	152	21.5%	76	14.1%
总计		248	100	152	100	76	100

　　从表6-1中可以看出，在选取的样本当中，20世纪90年代住区总共248个抽样样本，21世纪新型住区共152个抽样样本，政策型住区共有76个抽样样本，三者之间的男女比例基本持平；平均年龄政策型的稍大，而90年代的反而较少，这主要由于90年代多居住一些年轻的租客。教育水平上，90年代的更加集中在本科或大专

水平，占比达到了79.4%，而21世纪与政策型组团比重稍小，但是都超过了50%。婚姻上，3个住区的抽样样本中基本都属于已婚状态，比重分别为85.5%、81.6%和90.8%。就业上，3个类型的组团都应该为100%，因为调研设计时只选择了就业的居民，但是由于记录有缺漏，所以表中都不足100%。收入上，90年代小区集中在2000～6000元的中段，21世纪集中在两段，政策型组团基本集中在中偏小的2000元。有无小孩照看上，3个类型组团基本平分，各占一半。有无父母照看，3个类型组团占比都在67%左右；3个类型组团自行-摩托两辆以上的比重较大，都超过了40%。住房面积上，21世纪组团平均住房面积最大，达到了97.24平方米，而90年代最小，仅为74.55平方米，政策型平均面积为77.47平方米。

为了分析3个不同类型住区健康活动的差异特征，表6-2列出了3个住区的居民一周的活动日志的描述统计：

三类住区活动日志样本描述性统计　　　　　　　　表6-2

变量/类型	20世纪90年代住区		21世纪住区		政策型住区	
	有效	均值	有效	均值	有效	均值
健康活动时长	1902	57.5	2661	45	1197	42.6
健康活动满意度	1902	1.56	2661	1.78	1197	2.06
性别	1902	1.51	2661	1.56	1197	1.51
年龄	1902	35.74	2661	38.91	1197	39.57
婚姻	1902	0.87	2661	0.93	1197	0.89
教育	1902	6.22	2661	6.39	1197	5.87
收入	1902	4.94	2661	5.54	1197	4.9
是否有小孩	1428	0.61	2019	0.56	948	0.58
是否有父母	467	1	969	1	422	1
自电摩合计	1902	1.35	2661	1.51	1197	1.79
是否有小汽车	1799	0.54	2504	0.65	1147	0.47
活动同伴	1902	1.49	2661	1.45	1197	1.47
活动时间弹性	1902	3.01	2661	2.83	1197	2.45
活动地点弹性	1902	1.97	2661	1.85	1197	1.65
房子大小	1696	74.55	2391	97.24	1119	77.47
康乐设施	1902	3.5	2661	2.3	1197	2.1
道路等级	1902	1	2661	2	1197	1
绿地率	1902	19%	2661	21.5	1197	14.1

从表中分析描述健康活动的变量表明，3个住区中20世纪90年代的居民每次健康活动的时间长度最长，达到了57.5分钟；政策型住区的居住出行时间最低，为42.6分钟；21世纪组团居民健康活动时间居于中间，平均每次健康活动时间仅为45分钟。从满意度来看，政策型住区满意度最高，接近于"2"，中等满意度；而90年代住区满意度最低，接近于"2"，较为满意；21世纪新型住区居民健康活动平均满意度居于中间。

从表6-2中分析建成环境特征的变量表明，住房面积上，21世纪组团平均住房面积最大，达到了97.24平方米；而90年代最小，仅为74.55平方米；政策型住房平均面积为77.47平方米。康乐设施90年代最多，平均个数为3.5个；21世纪与政策型住区为2.3和2.1个。道路等级来看，90年代与政策型住区道路平均等级为"1"，即低等级的组团级道路；21世纪平均等级为"2"，为中等级的小区级道路。绿地率方面，21世纪住区绿地率最高，达到21.5%；90年代为19%；而政策型为14.1%，相对都比较偏低。从居民活动日志的描述性统计分析中可以发现，居民的健康活动在不同的社区之间存在较大的差异，而这种差异一方面伴随着个人和社会经济特征的差异，但同时受到居民活动空间所处的建成环境的影响。那么建成环境如何对不同类型住区的居民健康活动产生影响，下一小节将进行回归分析。

6.2 三类住区建成环境与健康活动的回归分析

6.2.1 20世纪90年代住区回归分析结果

20世纪90年代前后的住区主要选取了上地东里一居、上地东里二居、安宁北路、安宁东路、毛纺北和毛纺南6个住区。基于前文5.3.1的多分类Logistic模型，利用SPSS软件的多分类Logistic模型模块计算上地-清河地区20世纪90年代住区建成环境与健康活动之间数量关系。为了能够更加准确描述建成环境对居民健康活动的影响，本书同样根据前文5.4.2小节的分析思路，先将描述建成环境的变量带入模型回归，得到相关变量对居民健康活动的影响情况。然后再加入描述"个人自身属性"和"家庭社会经济状况"的变量，将其作为控制变量以分析居民建成环境对居民健康活动的影响。

1. 建成环境对健康活动时间长度的影响分析

根据公式，计算90年代建成环境与健康活动时间长度的关系，计算的结果如下表6-3所示：

变量	变量说明	(1)			(2)		
		较低时间	中等时间	较长时间	较低时间	中等时间	较长时间
	截距	−7.973 (1.388)***	−26.878 (1.449)***	−3.475 (1.126)***	−11.612 (2.302)***	−28.05 (455.827)	−4.225 (1.901)***
性别	男				0.547 (0.392)	0.829 (0.411)**	0.101 (0.276)
	女						
年龄	30以下				−0.526 (0.734)	−1.238 (0.752)*	−0.124 (0.488)
	30~35之间				−0.85 (0.66)	−0.801 (0.681)	−0.129 (0.451)
	35~40之间				0.947 (0.615)	0.302 (0.659)	−0.317 (0.459)
	40以上						
婚姻	否				1.028 (0.868)	2.317 (0.9)**	−0.262 (0.727)
	是						
教育水平	初中以下				−11.577 (9344.877)	−9.829 (0)	−0.865 (4.963)
	中专高中				0.879 (0.983)	2.32 (1.065)**	−0.715 (0.715)
	大专本科				1.468 (0.952)	1.964 (1.015)**	−0.906 (0.665)
	研究生以上						
收入水平	1~4000元				0.585 (1.132)	0.169 (1.202)	2.083 (1.065)***
	4001~6000元				0.321 (1.142)	−0.043 (1.198)	1.225 (1.084)
	6001~10000元				−2.165 (1.645)	−1.888 (1.708)	0.317 (1.197)
	10001元以上						
是否有小孩	否				−1.982 (0.539)***	−1.465 (0.555)***	−0.849 (0.364)***
	是						
是否有老人	否				3.31 (0.497)***	2.384 (0.514)***	−0.485 (0.397)
	是						
自行-摩托车	没有				−1.031 (0.866)	−0.836 (0.887)	−1.865 (0.628)***

变量	变量说明	（1）			（2）		
		较低时间	中等时间	较长时间	较低时间	中等时间	较长时间
自行-摩托车	一辆				−0.475 （0.791）	−0.875 （0.809）	−0.906 （0.553）*
	两辆				−0.741 （0.795）	−0.647 （0.807）	−0.899 （0.561）*
	三辆及以上						
汽车	否				2.671 （0.486）***	2.873 （0.497）***	1.433 （0.361）***
	有						
活动同伴	无	25.178 （1.182）***	26.195 （1.233）***	20.638 （0）	20.218 （1562.151）	20.977 （1562.151）	14.633 （1562.151）
	一人	1.79 （0.428）***	1.191 （0.453）***	0.036 （0.313）	2.728 （0.568）***	1.869 （0.588）***	−0.319 （0.373）
	二人	0.055 （0.437）	−0.125 （0.462）	−0.332 （0.322）	1.065 （0.602）	0.81 （0.627）	−0.32 （0.366）
	三人及以上						
活动时间弹性	不可调整	0.821 （0.379）***	0.504 （0.411）	0.025 （0.33）	1.386 （0.495）***	0.912 （0.52）*	0.432 （0.393）
	一般	−0.107 （0.396）	−0.14 （0.42）	0.54 （0.309）	−0.02 （0.489）	−0.094 （0.511）	0.655 （0.362）***
	可以调整						
活动地点弹性	不可调整	1.096 （0.411）***	0.301 （0.428）	−0.152 （0.316）	1.593 （0.512）***	0.575 （0.525）	−0.431 （0.377）
	一般	−0.4 （0.544）	−0.711 （0.56）	−0.253 （0.437）	0.558 （0.719）	−0.583 （0.729）	−0.638 （0.516）
	可以调整						
住房面积	50平方米以下	−1.448 （1.128）	−2.044 （1.171）*	−1.306 （1.001）	−2.267 （1.397）**	−1.919 （1.462）	−1.377 （1.325）
	50~80平方米	1.094 （1.091）	0.84 （1.13）	−0.249 （0.964）	0.609 （1.328）	2.208 （1.387）	0.426 （1.326）
	80~120平方米	1.79 （1.18）	1.343 （1.221）	1.5 （0.987）	0.677 （1.512）	2.262 （1.571）	2.265 （1.347）*
	120平方米以上						
康乐设施	否	0.507 （0.439）	1.126 （0.494）*	1.132 （0.41）***	−0.619 （0.566）	−0.22 （0.623）	0.235 （0.501）
	是						
交通等级	低（窄）	0.821 （0.4）***	−0.016 （0.425）	−0.7 （0.338）**	0.647 （0.603）	0.579 （0.63）	−0.084 （0.455）

变量	变量说明	（1）			（2）		
		较低时间	中等时间	较长时间	较低时间	中等时间	较长时间
交通等级	中（中等）	0.907 （0.379）**	0.413 （0.401）	0.148 （0.317）	0.833 （0.552）	0.779 （0.566）	0.707 （0.432）*
	高（宽）						
绿地率	低绿地率	6.833 （0.455）***	25.779 （0.546）***	−17.697 （5913.981）	7.804 （0.665）***	22.666 （455.821）	−13.045 （739.662）
	中绿地率	26.484 （0.482）***	47.63 （0.622）***	22.51 （0）	23.878 （493.387）	41.113 （671.717）	19.365 （493.387）
	中高绿地率	3.339 （0.499）***	23.564 （0）***	5.991 （0.352）***	3.77 （0.691）***	19.733 （455.821）	7.239 （0.497）***
	高绿地率						
		卡方	df	显著水平	卡方	df	显著水平
Pearson		1196.934	1236	0.783	4460.756	2637	0
偏差		845.028	1236	1	1169.837	2637	1

（注释：***表示显著性水平为0.01；**表示显著性水平为0.05；*表示显著性水平为0.1）

从活动同伴来看，非控制组中，活动同伴对居民健康活动影响主要是"无活动同伴"对短时间和中等时间健康活动的影响，影响系数分别为15.178和26.195，及"活动同伴为一人"对短时间及中等时间健康活动的影响，影响系数分别为1.79和1.191；而控制组中，主要为"活动同伴为一人"对短时间和中等时间居民健康活动的影响，其影响系数为2.728和1.869，其影响系数较非控制组有所增加，说明活动同伴为一人使得居民增加了健康活动的意愿得到了加强；纵向上，"无活动同伴"变量及"活动同伴为两人"变量对健康活动影响不显著，"活动同伴为一人"变量对居民健康活动影响最大。

从活动时间弹性来看，非控制组中"不可调整活动时间弹性"变量对短时间健康活动影响系数为0.821；控制组中"不可调整活动时间弹性"变量对短时间和中等时间活动时长的影响，影响系数为1.386和0.812，"中等活动时间弹性"变量对长时间健康活动的影响，影响系数为0.655。纵向对比来看，"不可调整活动弹性"变量对短时间健康活动影响系数最大，说明"固定的时间"变量进行健康活动可以增加居民短时间的健康活动时长。

从活动地点弹性来看，90年代住区的居民活动地点弹性对居民健康环境的影响主要体现非控制组和控制组在"不可调整的活动地点弹性"对短时间健康活动的影响，其影响系数分别为1.096和1.593；纵向比较，"其他活动地点弹性"变量对居民健康活动影响都不显著，说明"不可调整活动地点弹性"变量对90年代居民的影响主要为对短时间健康活动的影响。

从住房面积来看，住房面积对居民健康活动的影响主要为"50平方米以下住房"变量和"80~120平方米住房面积"变量对健康活动时长的影响，其中"50平方米以下的住房"变量对非控制组和控制组的影响系数分别为-2.044和-2.267，而"80~120平方米的住房"变量对健康活动时长影响主要是对控制组长时间健康活动的影响上，影响系数为2.265。其中"50平方米住房"变量与"80~120平方米住房"变量对居民健康活动的影响方向相反，但两者影响系数绝对值相差不大，说明居民住房越大，居民愿意增加健康活动时长，住房面积越小，居民不愿意进行健康活动。

从康乐设施来看，康乐设施对居民健康活动的影响为非控制组中"无康乐设施"对中等和长时间健康活动的影响，其影响系数分别为1.126和1.132。控制组中"康乐实施"对居民健康活动影响系数不显著。说明，考虑个人和社会经济特征，"康乐设施"对于居民健康活动存在愿意。

从交通等级来看，非控制组"中低等级交通"变量对居民健康活动的影响体现在对短时间和长时间健康活动的影响，影响系数分别为0.821和-0.7，"中等级交通"变量主要为对短时间健康活动的影响，影响系数为0.907。控制组中，"中等级道路"变量对居民长时间健康活动影响显著，影响系数为0.707。考虑个人和社会经济控制变量，90年代"中等级道路"变量对居民健康活动影响更为强烈，而"低等级道路"变量对居民影响为负，说明90年代住区道路等级较低，不利于居民进行健康活动。

绿地率来看，非控制组中3个等级的绿地率对3个层次的健康出行时间都有影响，其中"低绿地率"变量对短时间和中等时间的影响系数分别为6.833和25.779，"中等绿地率"变量对短时间和中等时间的影响系数分别为26.484和47.63，"中高绿地率"变量对短时间、中等时间和长时间的影响系数分别为3.339、23.564和5.991。控制组中，"低绿地率"对短时间健康活动时间影响系数为7.804，"中高绿地率"变量对短时间和长时间居民健康活动影响系数分别为3.77和7.239。控制组较非控制组中"低绿地率"变量和"中等绿地率"变量对健康活动时长影响有所减弱，而"中高绿地率"变量对长时间健康活动影响得到增强；纵向比较，"中高绿地率"变量对居民健康活动影响系数最大，且为正，说明90年代较大的绿地率会增加居民健康出行时长。

对比控制组和非控制组的影响系数，发现加入个人和社会经济特征的控制变量之后，建成环境变量对居民健康活动时长的影响系数发生变化，说明控制变量对居民健康活动同样存在影响，那么控制变量对居民健康活动时长影响系数表明：

从性别来看，性别中男性对中等健康活动时长的影响较为显著，影响系数达到了0.829。从年龄来看，"30岁以下的年龄段"变量对居民健康活动影响体现在对中等活动时长的影响上，影响系数为-1.238，其余年龄段对健康活动时长影响不显著。从婚姻来看，婚姻对健康活动影响主要体现在"未婚"对中等活动时长的影响，影响系数为2.317。说明"未婚"变量对居民健康活动时长影响存在积极作用。从教育水平来看，"中专高中"变量对居民健康活动影响中等健康活动时长上，影响系数为2.32，而"大专本科"变量对居民健康活动时长的影响同样体现在对中等健康活动时长的影响上，影响系数为1.964。从收入水平来看，"收入1～4000元"变量对居民长时间健康活动的影响系数为2.083，而其余收入水平的影响不显著。90年代住区，低收入对于健康活动更加敏感，更加愿意进行健康活动。从是否有小孩变量来看，"无小孩"变量对居民3个层次的健康活动时长影响系数都为负，系数分别为-1.982、-1.465和-0.849，其中对短时间健康活动影响系数绝对值最大，说明"无小孩"变量的居民越加不愿意进行健康活动。从是否有老人比例来看，"无老人"变量对居民健康活动体现在对短时间和中等时间的健康活动影响上，其对短时间居民健康活动影响系数为3.31，对中等时间居民健康活动影响系数为2.384，总体对短时间健康活动影响较大，说明中等时间居民健康活动受到"无老人"变量影响最强。

从自行-摩托车变量来看，"无自行-摩托车"变量对长时间居民健康活动影响系数为-1.865，"一辆自行-摩托车"对居民健康活动时间影响系数为-0.906，"两辆自行-摩托车"变量对长时间居民健康活动影响系数为-0.899，自行-摩托车变量对居民健康活动的影响主要体现在对长时间居民健康活动的影响上，纵向对比来看，"无自行-摩托车"变量对居民健康活动影响绝对值系数最大，影响系数达到-1.865，但总体来说"有无自行-摩托车"变量对居民健康活动影响系数都为负，说明居民都不愿意进行长时间健康活动。从汽车变量来看，"无汽车"变量对居民低中3个层次的健康活动时长影响为正，3个系数分别为2.671，2.873和1.433，其中对中等健康活动时间影响最强，说明90年代住区的居民无汽车反而愿意增加健康活动出行。

总体来看，建成环境变量对居民健康活动时间存在较大影响，且变量的不同类别对居民健康活动影响系数也存在较大差异。其中，活动同伴变量中，"无活动同伴"及"活动同伴为两人"变量对健康活动影响不显著，"活动同伴为一人"变量对居民健康活动影响最为最大；活动时间弹性中，"不可调整活动弹性"变量对短时间健康活动影响系数最大，说明固定的时间进行健康活动可以增加居民短时间的健康活动时长；活动地点弹性中，"其他活动地点弹性"变量对居民健康活动影响都不显著，说明"不可调整的活动地点弹性"变量对90年代居民的影响主要为对短时间健康活动的影响；住房面积变量，"50平方米住房"与"80~120平方米住房"变量对居民健康活动的影响方向相反，但两者影响系数绝对值相差不大，说明居民住房越大，居民愿意增加健康活动时长，住房面积越小，居民不愿意进行健康活动；康乐设施变量，"无康乐设施"变量对居民健康活动时长的影响不显著；道路等级变量中，90年代"中等级道路"变量对居民健康活动影响为正，而"低等级道路"变量对居民影响为负，说明90年代住区道路等级较低不利于居民进行健康活动；绿地率变量中，"中高绿地率"变量对中等时间的居民健康活动影响系数最大，且为正，说明90年代较大的绿地率会增加居民健康出行时长。

其次，通过对比控制组与非控制组表明，加入描述"个人自然属性"和"社会经济状况"的变量之后，建成环境对健康活动的影响有增有减，实际上"个人自身属性"和"家庭社会经济状况"中，"收入"、"教育水平"、"有无小孩老人"及"有无车辆"作为控制变量对居民健康活动影响不可忽视。

2. 建成环境对健康活动满意度的影响分析

健康活动满意度反映了健康活动的质量，对20世纪90年代建成环境与健康活动满意度进行分析，分析结果如下表6-4所示：

建成环境对健康活动满意度的影响分析　　　　　　　表6-4

变量	变量说明	（1）			（2）		
		较低满意度	中等满意度	较高满意度	较低满意度	中等满意度	较高满意度
	截距	0.087 （1.789）	2.55 （1.746）	2.75 （1.789）	−10.484 （5.4）**	−3.729 （5.363）	−2.96 （5.408）
性别	男				−0.13 （0.626）	−0.317 （0.622）	−0.625 （0.636）
	女						

变量	变量说明	（1）			（2）		
		较低满意度	中等满意度	较高满意度	较低满意度	中等满意度	较高满意度
年龄	30以下				0.152 （1.341）	−0.104 （1.335）	0.382 （1.351）
	30～35之间				1.668 （1.133）	0.657 （1.126）	0.746 （1.145）
	35～40之间				−0.715 （0.878）	−1.267 （0.87）	−1.827 （0.903）**
	40以上						
婚姻	否				2.05 （4.353）	1.85 （4.35）	2.147 （4.361）
	是						
教育水平	初中以下				−0.956 （0）	13.252 （11207.883）	19.209 （11207.882）
	中专高中				−0.73 （1.805）	−0.304 （1.791）	−0.976 （1.823）
	大专本科				0.119 （1.643）	0.494 （1.63）	−0.172 （1.659）
	研究生以上						
收入水平	1～4000元				3.523 （1.373）***	2.027 （1.311）*	2.516 （1.375）**
	4001～6000元				1.978 （1.459）	0.832 （1.405）	1.611 （1.47）
	6001～10000元				1.899 （1.962）	−0.506 （1.918）	0.44 （1.981）
	10001元以上						
小孩	否				1.847 （1.031）	1.114 （1.027）	0.278 （1.043）
	是						
老人	否				−0.875 （0.663）	−0.694 （0.656）	−0.228 （0.675）
	是						
摩托车	没有				0.876 （1.479）	−0.013 （1.47）	0.654 （1.495）
	一辆				0.832 （1.522）	0.039 （1.514）	−0.247 （1.539）
	两辆				0.81 （1.439）	0.693 （1.429）	0.234 （1.455）
	三辆及以上						

变量	变量说明	（1）			（2）		
		较低满意度	中等满意度	较高满意度	较低满意度	中等满意度	较高满意度
汽车	否				1.342 （0.807）*	0.353 （0.804）	0.325 （0.822）
	有						
活动 同伴	无	15.913 （0.826）***	18.011 （0.604）***	17.303 （0）	2.724 （10.232）	4.225 （10.218）	2.968 （10.239）
	一人	−0.035 （0.621）	0.418 （0.617）	0.632 （0.645）	−0.689 （0.686）	−0.019 （0.678）	0.371 （0.706）
	二人	1.515 （0.861）*	1.424 （0.858）*	1.583 （0.881）*	0.946 （0.902）	1.147 （0.897）	1.387 （0.922）
	三人及以上						
活动时 间弹性	不可调整	0.177 （0.646）	−0.486 （0.642）	0.081 （0.665）	−0.065 （0.717）	−0.461 （0.711）	−0.042 （0.732）
	一般	0.514 （0.774）	0.56 （0.768）	0.916 （0.784）	0.824 （0.854）	0.97 （0.845）	1.291 （0.861）
	可以调整						
活动地 点弹性	不可调整	0.429 （0.678）	0.47 （0.673）	−0.457 （0.69）	0.316 （0.771）	0.176 （0.763）	−0.79 （0.779）
	一般	0.355 （1.185）	0.693 （1.178）	0.261 （1.193）	0.455 （1.266）	0.68 （1.254）	0.308 （1.272）
	可以调整						
住房 面积	50平方米以下	2.087 （1.377）	0.942 （1.33）	−0.797 （1.365）	7.595 （4.594）	5.596 （4.578）	3.786 （4.599）
	50~80平方米	2.093 （1.216）	0.672 （1.164）	−0.563 （1.189）	7.478 （4.548）*	5.405 （4.532）	3.595 （4.549）
	80~120平方米	2.575 （1.611）*	1.581 （1.566）	0.763 （1.587）	8.528 （4.882）*	7.068 （4.864）	5.726 （4.882）
	120平方米以上						
康乐 设施	否	0.676 （0.841）	0.254 （0.83）	0.002 （0.853）	0.44 （1.257）	−0.145 （1.244）	−0.102 （1.268）
	是						
交通 等级	低（窄）	0.497 （0.812）	−0.079 （0.808）	−0.408 （0.828）	1.902 （1.117）*	0.604 （1.107）	0.116 （1.13）
	中（中等）	−0.312 （0.778）	−0.121 （0.772）	0.068 （0.788）	0.866 （1.045）	0.346 （1.036）	0.599 （1.056）
	高（宽）						
绿地率	低绿地率	−0.062 （0.799）	−0.296 （0.794）	−0.416 （0.814）	0.556 （0.919）	0.094 （0.911）	−0.173 （0.935）

变量	变量说明	（1）			（2）		
		较低满意度	中等满意度	较高满意度	较低满意度	中等满意度	较高满意度
绿地率	中绿地率	−0.524 （0.671）	−0.775 （0.668）	−0.291 （0.681）	−0.056 （0.765）	−0.625 （0.758）	−0.346 （0.775）*
	中高绿地率	−0.091 （0.786）	−0.142 （0.782）	−0.735 （0.814）	0.048 （0.839）	−0.044 （0.833）	−0.846 （0.867）
	高绿地率						
类别		卡方	df	显著水平	卡方	df	显著水平
Pearson		1650.913	1236	0	2897.623	2637	0
偏差		1377.567	1236	0.003	2192.033	2637	1

（注释：***表示显著性水平为0.01；**表示显著性水平为0.05；*表示显著性水平为0.1）

　　20世纪90年代建成环境对居民健康活动满意度的影响，从活动同伴来看，非控制组中"无活动同伴"对健康活动的低等和中等满意度影响系数分别为15.913和18.011，活动同伴为"两人对健康活动"变量对低等和中等满意度影响系数分别为1.515和1.414；而控制组中活动同伴对居民健康活动满意度的影响系数不显著。说明在受到个人和社会经济特征的影响之后，居民的健康活动满意度不受活动同伴影响。从活动时间弹性来看，活动时间弹性对居民健康活动满意度的影响不显著。从活动地点弹性来看，活动地点对居民健康活动满意度的影响不显著。

　　从住房面积来看，控制组中住房面积为"50～80平方米住房"变量对低等健康活动满意度影响显著，影响系数为7.478，而"80～120平方米住房"变量对居民低健康活动满意度影响显著，影响系数为8.528；而非控制组中"80～120平方米住房"变量住房对低满意度显著，影响系数为2.575，其他住房面积的影响不显著。纵向比较，"80～120平方米住房"变量对较低满意度的健康活动影响系数最大。从康乐设施来看，康乐设施对居民满意度的影响不显著。从交通等级变量来看，非控制组的各等级交通对居民健康活动满意度影响不显著；控制组中，"低等级交通"变量对低健康活动满意度的影响显著，影响系数为1.902，表明90年代较窄的道路等级使得居民健康活动满意度评价较低。从绿地率来看，非控制组中绿地率对健康活动影响不显著；控制组中"中等绿地率"变量对较高居民健康活动满意度影响较为显著，且影响系数为−0.346，说明"中等绿地率"变量对居民健康活动满意度影响为负，说明"中低绿地率"变量不利于居民满意度的提升。

对比非控制组和控制组发现，无论是控制组和非控制组，90年代住区建成环境对居民健康活动满意度影响都不如对健康活动时长的影响强烈。分析个人和社会经济特征表明：

性别对健康活动满意度影响不显著。从年龄变量来看，"35～40年龄段"变量对居民较高健康活动满意度的影响为负，影响系数为-1.827，说明该年龄段的健康活动更加倾向于不满意。婚姻和教育水平对居民健康活动的影响不显著。从收入水平来看，"1～4000元收入水平"变量对低中高3个层次的满意度的影响较为显著，影响系数分别为3.523、2.027和2.516，3个系数相差不大；说明90年代住区总体上低收入的居民满意度较高。是否有小孩照看和是否有老人照看对居民健康活动满意度影响不显著。自行-摩托车变量对居民健康活动影响同样不显著。从有无汽车变量来看，"无汽车"变量对居民较低健康活动满意度的影响显著，影响系数为1.342。有无汽车对居民满意度的影响不大。

总体来看，建成环境变量对居民健康活动满意度的影响不如对健康活动时长的影响明显，且变量的不同类别对居民健康活动影响系数也存在较大差异。活动同伴中，非控制组中无活动同伴满意度最低，说明活动同伴能够带来较大满意度，控制组中活动同伴对满意度影响不显著；活动时间和地点弹性对健康活动的满意度影响不显著；"80～120平方米住房"变量对较低满意度的健康活动影响系数最大；康乐设施对居民满意度的影响不显著；90年代"低等等级道路"变量使得居民健康活动满意度评价较低，说明提升交通等级是有意义的；绿地率，"中等绿地率"变量对居民健康活动满意度影响为负，说明中低绿地率不利于居民满意度的提升。

其次，通过对比控制组与非控制组表明，加入描述"个人自然属性"和"社会经济状况"的变量之后，建成环境对居民满意度改变不大，且个人和社会经济属性对居民健康活动影响不显著。

6.2.2 21世纪住区回归分析结果

21世纪新型住区主要是2000年之后修建住区，主要选取了上地西里、阳光、当代城市家园、海清园、力度家园和领秀硅谷6个住区。同样，采用前文5.3.1的多分类Logistic模型，利用SPSS软件的多分类Logistic模型模块计算上地-清河地区20世纪住区建成环境与健康活动之间数量关系。

1. 建成环境与健康活动时间的影响分析

首先计算21世纪建成环境与居民健康活动时间长度的影响，计算的结构如表6-5所示：

建成环境与健康活动时间的影响分析　　　　表6-5

变量	变量说明	（1）			（2）		
		较低时间	中等时间	较长时间	较低时间	中等时间	较长时间
	截距	−6.358 （0.645）***	−22.926 （910.968）	−1.981 （0.29）***	−4.606 （1.055）***	−22.244 （840.485）	−1.281 （0.51）**
性别	男				−0.581 （0.321）*	−0.352 （0.31）	−0.19 （0.17）
	女						
年龄	30以下				−1.065 （0.605）*	−0.158 （0.614）	−1.165 （0.347）***
	30~35之间				−0.601 （0.499）	0.393 （0.462）	−0.313 （0.252）
	35~40之间				−2.719 （0.594）***	−1.347 （0.565）**	−0.687 （0.284）**
	40以上						
婚姻	否				0.035 （0.644）	−0.719 （0.644）	0.114 （0.339）
	是						
教育水平	初中以下				1.196 （1.605）	−0.139 （1.561）	−1.225 （0.866）
	中专高中				2.779 （0.718）**	0.78 （0.688）	−0.976 （0.361）***
	大专本科				2.126 （0.502）***	0.384 （0.461）	−0.874 （0.247）***
	研究生以上						
收入水平	1~4000元				−2.961 （0.575）***	−0.252 （0.559）	0.599 （0.278）**
	4001~6000元				−2.224 （0.558）***	0.175 （0.546）	0.977 （0.307）***
	6001~10000元				−2.554 （0.556）	−1.01 （0.54）**	0.359 （0.264）
	10001元以上						
是否有小孩	否				−2.585 （0.474）***	−1.675 （0.468）***	−0.022 （0.23）
	是						

变量	变量说明	（1）			（2）		
		较低时间	中等时间	较长时间	较低时间	中等时间	较长时间
是否有老人	否				0.685 （0.494）	−0.551 （0.509）	0.83 （0.241）***
	是						
摩托车	没有				−1.109 （0.585）*	0.324 （0.569）	−0.546 （0.299）**
	一辆				−2.421 （0.588）***	−0.777 （0.573）	−1.269 （0.298）***
	两辆				−1.815 （0.593）***	0.239 （0.541）	−0.182 （0.287）
	三辆及以上						
汽车	否				−1.648 （0.426）***	−1.592 （0.405）***	−0.114 （0.194）
	有						
活动同伴	无	−14.049 （0）	−15.484 （0）	0.2 （1.665）	−13.055 （0）	−16.321 （0）	0.183 （1.795）
	一人	1.632 （0.361）***	1.587 （0.34）***	0.85 （0.193）***	3.017 （0.469）***	2.704 （0.435）***	0.928 （0.222）***
	二人	0.066 （0.403）	1.03 （0.353）***	0.591 （0.199）***	0.479 （0.495）	1.261 （0.426）***	0.564 （0.22）**
	三人及以上						
活动时间弹性	不可调整	1.214 （0.308）***	1.114 （0.302）***	0.904 （0.187）***	1.366 （0.382）***	1.253 （0.373）***	0.851 （0.211）***
	一般	0.161 （0.349）	−0.004 （0.352）	0.155 （0.227）	0.479 （0.427）	0.184 （0.414）	0.275 （0.245）
	可以调整						
活动地点弹性	不可调整	−0.238 （0.353）	−0.118 （0.345）	−0.481 （0.206）**	−0.493 （0.466）	−0.268 （0.453）	−0.392 （0.238）*
	一般	0.146 （0.396）	−0.25 （0.389）	−0.439 （0.224）**	0.143 （0.492）	−0.368 （0.47）	−0.526 （0.248）**
	可以调整						
住房面积	50平方米以下	−2.023 （0.605）***	−2.466 （0.716）***	−1.314 （0.463）***	−2.028 （0.825）**	−0.58 （0.921）	−0.118 （0.533）
	50~80平方米	−0.767 （0.364）**	−0.027 （0.362）	−0.161 （0.212）	0.043 （0.6）	0.997 （0.604）*	0.469 （0.27）*
	80~120平方米	0.412 （0.341）	0.557 （0.33）*	−0.074 （0.196）	0.725 （0.501）	1.252 （0.479）***	0.103 （0.233）
	120平方米以上						

变量	变量说明	（1）			（2）		
		较低时间	中等时间	较长时间	较低时间	中等时间	较长时间
康乐设施	否	−1.214 （0.277）***	−1.29 （0.271）***	−0.514 （0.164）***	−0.612 （0.396）	−0.849 （0.392）***	−0.884 （0.211）***
	是						
交通等级	低（窄）	0.19 （0.33）	0.477 （0.343）	0.333 （0.2）*	0.837 （0.467）	0.023 （0.472）	0.203 （0.244）
	中（中等）	0.697 （0.384）	0.535 （0.383）	−0.016 （0.235）	−0.193 （0.53）*	−0.342 （0.545）	−0.332 （0.275）
	高（宽）						
绿地率	低绿地率	7.162 （0.415）***	19.5 （910.968）	−16.293 （1155.346）	9.366 （0.6）***	20.277 （840.485）	−16.139 （1088.282）
	中绿地率	24.067 （1231.467）	40.225 （1531.787）	16.198 （1231.467）	25.538 （1112.324）	41.186 （1394.159）	15.779 （1112.324）
	中高绿地率	2.191 （0.539）***	20.958 （910.968）	2.864 （0.192）***	3.053 （0.6）***	21.348 （840.485）	3.103 （0.211）***
	高绿地率						
类别		卡方	df	显著水平	卡方	df	显著水平
Pearson		3017.112	1701	0	4228.302	2958	0
偏差		1631.829	1701	0.883	1879.351	2958	1

（注释：***表示显著性水平为0.01；**表示显著性水平为0.05；*表示显著性水平为0.1）

21世纪住区中，非控制组中，活动同伴变量对居民健康活动的影响主要为"同伴为一人"变量对低中高3个层次的健康活动时间的影响，其影响系数分别为1.632、1.587和0.85。"活动同伴为两人"变量对居民健康活动的影响主要为对中等和长时间居民健康活动的影响，影响系数为1.03和0.591。控制组中，"一人同伴"变量对低中高3个层次的健康活动时间的影响系数分别为3.017、2.704和0.928，"活动同伴为两人"变量对中等和较长时间的健康活动影响系数为1.261和0.564。控制组变量系数较非控制组的变量系数变大，说明考虑个人和社会经济特征的影响后，居民健康活动受到活动同伴的影响仍然较显著；纵向比较来看，"活动同伴为一人"变量对短时间的健康出行影响最强，说明健康活动一人陪伴下居民的短时间健康活动更强。

从活动时间弹性来看，非控制组和控制组都表现为"不可调整活动时间弹性"变量对低中高3个层次变量的影响；非控制组中，"不可调整的活动时间弹性"变量对低中高活动时长的影响系数分别为1.214、1.114和0.904；而控制组中，"不可调整的活动时间弹性"变量对低中高活动时长的影响系数分别为1.366、1.253和0.851，其中"不可调整活动时间弹性"变量对短时间健康活动影响最强。

从活动地点弹性来看，非控制组和控制组都表现为"不可调整活动地点弹性"和"一般活动时间弹性"对较高的活动地点弹性的影响；非控制组中，"不可调整的活动地点弹性"变量对较高活动时长的影响系数为–0.481，"一般活动地点弹性"变量对较高活动时长影响系数为–0.439；控制组中，"不可调整的活动地点弹性"变量对较高活动时长的影响系数为–0.392，"一般活动地点弹性"变量对较高时间健康活动影响系数为–0.526。非控制组与控制组中，"活动地点弹性"变量对健康活动影响系数都为负，居民不愿意进行长时间的健康活动；纵向比较来看，"一般活动地点弹性"变量对较长时间健康活动影响最强，说明一般的地点弹性居民趋向于不进行长时间健康活动。

从住房面积来看，非控制组中，"50平方米以下住房"变量对低中高3个健康活动时长的影响系数分别为–2.023、–2.466和–1.314，而"50～80平方米住房"变量对短时间健康活动时长影响系数为–0.767，"80～120平方米住房"变量对居民中等健康活动时长的影响系数为0.557；控制组中，"50平方米以下住房"变量对短时间健康活动时长的影响系数为–2.028，而"50～80平方米住房"变量对短时间和中等时间健康活动时长影响系数为0.997和0.469，"80～120平方米住房"变量对居民中等健康活动时长的影响系数为1.252；控制组与非控制组对比来看，控制组建成环境对健康活动时长影响系数比非控制组绝对值大，其中"50平方米以下住房"变量影响系数为负，说明住房面积较小居民不愿意进行健康活动，住房面积大其影响系数为正，说明住房面积大的居民更加愿意进行健康活动；纵向比较来看，"50平方米以下住房"变量对短时间健康活动时长的影响最强，其次"80～120平方米住房"变量对中等健康活动时长的影响次之。

康乐设施中，非控制组中，"无康乐设施"变量对低中高3个层次的居民健康活动时长的影响系数分别为–1.214、–1.29和–0.514；控制组中，"无康乐设施"变量对中等和较长时间居民健康活动时长的影响系数分别为–0.612、–0.849和–0.884；总体上，"无康乐设施"变量对居民健康活动时长影响系数为负，说无康乐设施使得居民不愿意进行健康活动，其中康乐设施对较长时间居民健康活动时长的影响最强，即最不愿意进行较长时间的健康活动。

从道路等级来看，非控制组中，"低等级道路"变量对居民较长时间健康活动影响系数为0.333；控制组中，"低等级道路"变量对健康活动时长影响不显著，而"中等道路"变量对居民短时间健康活动影响系数为负，说明中等道路等级促使居民不愿意进行健康活动。从绿地率来看，非控制组中，"低绿地率"对短时间健康活动影响系数为7.162，"中高绿地率"变量对短时间和长时间影响系数分别为2.191和2.864；控制组中，"低绿地率"变量对居民短时间健康活动影响系数为9.366，"中高绿地率"变量对短时间和较长时间健康活动时长影响系数分别为3.053和3.103；控制组与非控制组对比来看，控制组的影响系数增强了，其中"低绿地率"变量对短时间活动时长影响系数最强，"中高绿地率"变量对长时间健康活动影响次之，说明较高的绿地率能够带来健康活动时长的增加。

对比非控制组和控制组发现，21世纪住区建成环境对居民健康活动时长的影响控制组系数更大、影响更强，说明个人和社会经济特征增强了建成环境对健康活动时长的影响。个人和社会经济特征对健康活动分析表明：

从性别来看，男性对短时间健康活动时长影响系数为负，系数为-0.581，说明男性更加不愿意进行健康活动。从年龄来看，年龄对居民健康活动的影响主要体现在"30岁以下年龄段"变量对短时间和较长时间健康活动的影响，影响系数分别为-1.065和-1.165；"35～40之间年龄段"变量对低中高3个层次的健康影响系数分别为-2.719、-1.347和-0.687；其中，年龄对居民健康活动的影响系数都为负，说明各年龄段居民都不愿意进行健康活动；纵向来看，"35～40年龄段"变量居民不愿意进行短时间健康活动最为强烈。婚姻对健康活动时长的影响不显著。从教育水平来看，"中专高中"变量对短时间和较长时间影响系数分别为2.779和-0.976，"大专本科"变量对短时间和较长时间的影响系数分别为2.216和-0.874；分析发现，"中专高中"变量和"大专本科"变量对短时间健康活动影响为正，对较长时间健康活动影响系数为负，且前者系数大于后者系数的绝对值，说明短时间活动更受偏好。从收入来看，"1～4000元收入水平"变量对短时间和较长时间的健康活动影响系数分别为-2.961和0.599，"4000～6000元收入水平"变量对短时间和较长时间的健康活动影响系数分别为-2.224和0.977，"6000～10000收入水平"变量对中等时间的健康活动影响系数为-1.01；总体上各个收入段对短时间和中等时间的影响系数为负，对较长时间的影响系数正，其中"1～4000元收入水平"变量对短时间健康活动影响系数绝对值最大，说明收入低的居民不愿意进行短时间健康活动。

"无小孩"变量对短时间和中等时间的健康活动时长影响系数分别为-2.585和-1.675，系数为负说明无小孩居民不愿意进行健康活动。"无老人"变量对长时间健康活动时长影响系数为0.83，说明无老人会增加居民健康活动时长。自行-摩托变量中，"没有自行-摩托"变量对短时间和较长时间健康活动影响系数分别为-1.109和-0.546，"一辆自行-摩托"变量对短时间和较长时间健康活动影响系数分别为-2.421和-2.269，"两辆自行-摩托"变量对短时间健康活动影响系数分别为-1.815；总体有自行车对健康活动时长影响系数为负，其中两辆车对短时间健康活动影响系数绝对值最大，说明有自行-摩托更不愿进行健康活动。从汽车变量来看，"无汽车"变量主要影响短时间和长时间居民健康活动，影响系数分别为-1.648和-0.114，说明无汽车居民使得居民不愿意进行健康活动。

总体来看，建成环境变量对居民健康活动时间存在较大影响，且变量的不同类别对居民健康活动影响系数影响也不同。活动同伴中，"活动同伴为一人"变量对短时间的健康出行影响最强，说明健康活动一人陪伴下居民的短时间健康活动更强；活动时间弹性，"不可调整活动时间弹性"变量对短时间健康活动影响最强；活动地点弹性，"一般活动地点弹性"变量对较长时间健康活动影响最强，说明一般的地点弹性居民趋向于不进行长时间健康活动；住房面积，"50平方米以下住房"变量对短时间健康活动时长的影响最强，其次"80~120平方米的住房"变量对中等健康活动时长的影响次之；康乐设施，"无康乐设施"变量使得居民不愿意进行健康活动，其中康乐设施对较长时间居民健康活动时长的影响最强，即最不愿意进行较长时间的健康活动；道路等级，"中等等级道路"变量对居民短时间健康活动影响系数为负，说明中等道路等级促使居民不愿意进行健康活动；绿地率，"中低绿地率"变量对短时间活动时长影响系数最强，中高绿地率对长时间健康活动影响次之，说明较高的绿地率能够带来健康活动时长的增加。

其次，通过对比控制组与非控制组表明，加入描述"个人自身属性"和"家庭社会经济状况"的变量之后，建成环境对居民健康活动时长有一定加强，说明个人和社会经济属性对居民健康活动影响显著。

2. 建成环境与健康活动满意度的影响分析

对建成环境与居民健康活动满意度计算反映了居民健康活动的质量水平，计算结果如下表6-6所示：

建成环境与健康活动满意度的影响分析　　　　表6-6

变量	变量说明	（1）			（2）		
		较低满意度	中等满意度	较高满意度	较低满意度	中等满意度	较高满意度
	截距	3.628 (0.99)***	3.534 (0.986)***	2.064 (1.001)**	5.898 (1.691)***	6.984 (1.672)***	4.732 (1.691)***
性别	男				-1.068 (0.46)**	-0.945 (0.454)**	-0.696 (0.464)*
	女						
年龄	30以下				0.847 (1.047)	-0.313 (1.042)	-0.335 (1.051)
	30～35之间				-0.61 (0.727)	-1 (0.722)	-0.421 (0.736)
	35～40之间				-1.281 (0.841)	-0.85 (0.827)	-0.8 (0.845)
	40以上						
婚姻	否				0.497 (1.176)	0.351 (1.18)	0.83 (1.177)
	是						
教育水平	初中以下				2.065 (4.789)	2.521 (4.733)	0.733 (4.811)
	中专高中				0.231 (0.975)	-0.61 (0.96)	1.296 (0.979)
	大专本科				0.452 (0.671)	-0.837 (0.66)	-0.116 (0.678)
	研究生以上						
收入水平	1～4000元				0.429 (0.84)	0.454 (0.834)	0.623 (0.846)
	4001～6000元				0.417 (0.748)	0.014 (0.734)	-0.05 (0.756)
	6001～10000元				-1.236 (0.744)	-0.55 (0.732)	-0.114 (0.742)
	10001元以上						
是否有小孩	否				-1.098 (0.574)**	-1.372 (0.566)**	-1.088 (0.575)**
	是						
是否有老人	否				-0.31 (0.617)	-0.269 (0.612)	-0.36 (0.622)
	是						
自行-摩托车	没有				-0.729 (1.083)	-1.509 (1.075)	-2.255 (1.078)

变量	变量说明	（1）			（2）		
		较低满意度	中等满意度	较高满意度	较低满意度	中等满意度	较高满意度
自行-摩托车	一辆				−1.137（1.09）	−1.511（1.081）	−2.172（1.084）**
	两辆				−1.511（1.059）	−1.011（1.049）	−1.816（1.058）**
	三辆及以上						
汽车	否				0.758（0.655）	0.321（0.648）	1.068（0.655）
	有						
活动同伴	无	−44.385（0）	−44.765（0）	−42.082（0）	−46.451（0）	−44.457（0）	−42.449（0）
	一人	0.115（0.63）	0.342（0.627）	0.829（0.639）	−0.276（0.611）（0.652）	0.181（0.603）	0.14（0.62）
	二人	−0.138（0.695）	0.439（0.691）	0.551（0.705）	−0.32（0.633）	0.281（0.624）	0.189（0.642）
	三人及以上						
活动时间弹性	不可调整	−0.085（0.644）	−0.177（0.64）	−0.385（0.648）	−0.114（0.613）	−0.248（0.607）	−0.515（0.617）
	一般	−0.636（0.69）	−0.435（0.679）	0.461（0.68）	−0.515（0.633）	−0.236（0.62）	0.576（0.624）
	可以调整						
活动地点弹性	不可调整	1.16（0.63）*	1.585（0.627）**	1.099（0.634）*	1.401（0.595）***	1.333（0.587）**	1.156（0.599）*
	一般	0.453（0.707）	1.527（0.701）**	1.613（0.705）**	0.69（0.67）	1.304（0.661）**	1.759（0.671）***
	可以调整						
住房面积	50平方米以下	0.637（2.506）	0.912（2.499）	2.719（2.496）	0.514（2.345）	1.736（2.33）	2.844（2.331）
	50~80平方米	−0.057（0.639）	−0.072（0.636）	0.544（0.647）	−0.602（0.835）	0.233（0.831）	0.47（0.846）
	80~120平方米	1.132（0.666）*	0.991（0.665）	1.86（0.676）**	0.715（0.766）	1.005（0.764）	1.388（0.782）**
	120平方米以上						
康乐设施	否	−0.675（0.497）	−1.034（0.493）**	0.188（0.499）	−1.325（0.573）**	−1.321（0.567）**	−0.012（0.578）
	是						

变量	变量说明	（1）			（2）		
		较低满意度	中等满意度	较高满意度	较低满意度	中等满意度	较高满意度
道路等级	低（窄）	0.116 （0.734）	−0.366 （0.731）	−1.371 （0.734）*	0.379 （0.771）	−0.158 （0.767）	−1.023 （0.777）
	中（中等）	−2.265 （0.708）***	−1.438 （0.698）**	−2.443 （0.704）***	−2.285 （0.807）***	−1.985 （0.796）**	−3.049 （0.808）***
	高（宽）						
绿地率	低绿地率	−1.4 （0.58）**	−0.858 （0.573）**	−0.685 （0.579）	−1.419 （0.535）**	−1.105 （0.523）**	−0.763 （0.535）
	中绿地率	−0.083 （0.658）	−0.298 （0.657）	−0.03 （0.664）	−0.338 （0.603）	−0.512 （0.599）	−0.227 （0.61）
	中高绿地率	0.734 （0.841）	0.661 （0.838）	0.709 （0.845）	0.638 （0.671）	0.531 （0.664）	0.664 （0.676）
	高绿地率						
类别		卡方	df	显著水平	卡方	df	显著水平
Pearson		6.02E+16	1701	0	2.74E+16	2958	0
偏差		2213.604	1701	0	2619.416	2958	1

（注释：***表示显著性水平为0.01；**表示显著性水平为0.05；*表示显著性水平为0.1）

　　从21世纪建成环境对居民健康活动的影响来看，活动同伴和活动时间弹性对居民健康活动满意度的影响不显著。从活动地点来看，非控制组中，"不可调整的活动地点"变量对低中高健康活动满意度影响系数分别为1.16、1.585和1.099，"一般活动地点弹性"对较低和中等健康活动满意度的影响系数分别为1.527和1.613；控制组中，"不可调整的活动地点弹性"变量对居民低中高3个层次的健康活动满意度影响系数分别为1.401、1.333和1.156，"一般活动地点弹性"变量对中等和较高健康活动满意度影响系数分别为1.304和1.759。控制组与非控制组对比来看，控制组的影响系数变大，纵向对比来看，"一般的活动地点弹性"变量对居民较高满意度的健康活动影响最强，说明该健康活动地点可选择性越强，居民健康活动满意度越高。

　　从住房面积来看，非控制组中，"80～120平方米住房"变量对较低和较高满意度影响系数分别为1.132和1.86；控制组中，"80～120平方米住房"变量对较高满意度的影响系数为1.388；总体说明居民住房面积越大，健康活动满意度越大。从康乐设施来看，非控制组变量中"无康乐设施"变量对中等健康活动满意度影响系数为−1.034；控制组中，"无康乐设施"变量对较低满意度的健康活动影响系数为–1.325，对中等健康活动满意度影响系数为–1.321；总体来看，21世纪住区中，"无康乐设施"变量对居民健康活动满意度影响较大且为负，即"无康乐设施"居民对健康活动趋向于不满意。

从道路等级变量来看，非控制组中，"较低等级道路"变量对较高满意度的健康活动影响为负，系数为–1.371，"中等等级道路"变量对低中高的健康活动满意度影响系数分别为–2.265、–1.443和–2.443；控制组中，"中等道路"变量对居民低中高3个层次的健康活动满意度影响系数分别为–2.285、–1.985和–3.049；对比非控制组和控制组，"中等道路"变量对居民健康活动满意度影响系数变小，即道路等级越高，居民对健康活动满意度更加不满意。

从绿地率来看，非控制组中"低绿地率"变量对居民地级和中级健康活动满意度影响系数分别为–1.4、–0.858和–0.685；控制组中，"低绿地率"变量对较低和中等健康活动满意度的影响系数分别为–1.419和–1.105；对比控制组与非控制组，控制组的系数同样变小，说明较低绿地率使得居民健康活动满意度降低。

对比非控制组和控制组发现，21世纪住区建成环境对居民健康活动满意度的影响控制组系数更大，影响更强，说明个人和社会经济特征增强了建成环境对健康活动时长的影响。个人和社会经济特征对健康活动分析表明：

性别上，"男性"变量对低中高3个层次的居民健康活动满意度影响系数分别为–1.068、–0.945和–0.696，影响系数为负，说明男性居民对健康活动满意度低。年龄、婚姻、教育水平和收入水平对居民健康活动满意度影响不显著。从是否有小孩变量来看，"无小孩"变量对低中高3个层次满意度影响系数都为负，分别为–1.098、–1.372和–1.088，说明无小孩的居民健康活动更加不满意。是否有老人照看变量对健康活动满意度影响不显著。从自行–摩托车变量来看，自行–摩托车变量对居民健康活动影响主要为对较高满意度的影响，"一辆自行–摩托车"变量对较高满意度影响系数为–2.172，"两辆自行–摩托车"变量对较高满意度影响系数为–1.816，影响系数都为负，其中"一辆自行–摩托车"变量对较高满意度影响系数最强，说明居民拥有自行–摩托对健康活动满意度更低。汽车变量对居民健康活动满意度影响不显著。

总体来看，建成环境变量对居民健康活动满意度存在较大影响，且变量的不同类别对居民健康活动影响系数影响也不同。活动同伴和活动时间弹性对居民健康活动满意度的影响不显著；活动地点，"一般的活动地点弹性"变量对居民较高满意度的健康活动影响最强，说明该健康活动地点可选择性越强，居民健康活动满意度越高；住房面积，总体说明居民住房面积越大，健康活动满意度越大；康乐设施，"无康乐设施"变量对居民健康活动满意度影响较大且为负，即无康乐设施居民对健康活动趋向于不满意；道路等级，"中等道路"变量对居民健康活动满意度影响系数变小，即道路等级越高，居民健康活动满意度越低；绿地率，"较低绿地率"变量使得居民健康活动满意度降低。

其次，通过对比控制组与非控制组表明，个人和社会经济属性对居民健康活动影响相对较弱。

6.2.3 政策型住区回归分析结果

政策型住区主要包括20世纪90年代前后政府修建的安宁里、美和园，及2000年之后修建的铭科苑和智学苑4个住区。同样，采用前文5.3.1的多分类Logistic模型，利用SPSS软件的多分类Logistic模型模块计算上地-清河地区政策型住区建成环境与健康活动之间数量关系。

1. 建成环境与居民健康活动的影响分析

根据公式计算政策型住区建成环境对居民健康活动的影响，分析结果如下表6-7所示：

政策型住区的建成环境与居民健康活动的影响分析　　　　表6-7

变量	变量说明	（1）			（2）		
		较低时间	中等时间	较长时间	较低时间	中等时间	较长时间
	截距	（16927.717）（0.999）	（14731.173）（0.997）	（1.267）（0.336）	−44.518（7058.801）	−13.943（9037.205）	2.035（3.2）
性别	男				3.972（806.767）	−6.368（1747.681）	−0.774（0.68）
	女						
年龄	30以下				−3.023（3244.27）	18.059（4236.134）	0.847（1.581）
	30～35之间				−0.063（3051.497）	11.722（3444.027）	0.653（1.632）
	35～40之间				1.357（3121.292）	6.201（4001.85）	−0.235（1.818）
	40以上						

变量	变量说明	(1)			(2)		
		较低时间	中等时间	较长时间	较低时间	中等时间	较长时间
婚姻	否				0.674（5321.962）	−19.316（4500.521）	−1.528（1.467）
	是						
教育水平	初中以下				−5.661（4347.515）	−1.057（6805.791）	−6.949（3.477）**
	中专高中				2.102（1988.046）	5.261（2225.94）	−2.685（1.724）*
	大专本科				4.992（2242.718）	−1.965（2941.934）	−6.497（2.508）**
	研究生以上						
收入水平	1~4000元				−3.608（5246.02）	−29.05（7143.029）	7.906（3.338）**
	4001~6000元				−2.855（4913.468）	−20.572（7312.139）	7.473（3.042）**
	6001~10000元				−16.681（5235.657）	−42.146（7068.19）	2.407（2.978）
	10001元以上						
是否有小孩	否				1.12（2353.702）	10.324（2903.988）	2.778（1.474）**
	是						
是否有老人	否				−4.849（1984.645）	−15.774（1890.561）	0.42（1.047）
	是						
自行-摩托车	没有				5.624（2827.742）	−5.425（3880.262）	−5.622（1.82）***
	一辆				2.663（3196.422）	−0.625（2808.783）	−4.168（1.591）***
	两辆				3.576（2804.782）	−0.527（2981.452）	−5.137（1.502）***
	三辆及以上						
汽车	否				2.455（2032.427）	10.683（2327.769）	−1.107（0.896）
	有						
活动同伴	无	（8858.215）（0.998）	（684.587）（0.985）	（0.651）（0.457）	−0.373（3225.907）	10.908（325.14）	0.025（1.299）
	一人	（2309.34）（0.999）	（12131.435）（0.998）	（0.472）（0.022）	1.776（1790.687）	18.456（1972.959）	−1.014（0.808）

变量	变量说明	（1）			（2）		
		较低时间	中等时间	较长时间	较低时间	中等时间	较长时间
活动同伴	二人	（3192.035）（0.999）	（13222.383）（0.999）	（0.736）（0.005）	−9.272（1898.224）	2.461（3039.092）	−2.399（1.072）
	三人及以上						
活动时间弹性	不可调整	（12584.355）（0.998）	（1956.326）（0.981）	（1.208）（0）	−1.052（3934.003）	−8.85（4285.082）	−6.633（1.748）***
	一般	（12503.832）（0.998）	（2123.188）（1）	（1.079）（0）	−3.645（4343.44）	−9.672（3113.353）	−5.845（1.48）***
	可以调整						
活动地点弹性	不可调整	（1452.243）（0.982）	（5261.101）（0.999）	（0.394）（0.733）	18.464（1418.182）	12.134（2382.419）	0.292（0.529）
	一般	（1654.314）（0.985）	（5415.084）（0.998）	（0.428）（0.075）	21.168（899.763）	−10.975（2407.449）	0.713（0.557）
	可以调整						
住房面积	50平方米以下	（2597.344）（1）	（1603.561）（0.996）	（0.551）（0.34）	−6.701（2043.539）	−17.295（2294.784）	1.433（0.941）
	50~80平方米	（3067.122）（1）	（1603.562）（0.996）	（0.666）（0.607）	−1.813（1882.37）	−5.699（2415.251）	−0.607（0.949）
	80~120平方米	（2165.454）（1）	（1554.536）（0.998）	（0.48）（0.773）	−1.964（1571.562）	5.76（2393.957）	−0.502（0.752）
	120平方米以上						
康乐设施	否	（11199.574）（1）	（12758.583）（0.998）	（0.759）（0.001）	2.745（3015.643）	−7.138（4681.73）	0.605（1.77）
	是						
交通等级	低（窄）	（1979.329）（0.988）	（12164.15）（0.999）	（0.904）（0.002）	3.401（2307.895）	8.763（2088.339）	−3.256（1.554）**
	中（中等）	（1989.134）（1）	（13064.031）（0.999）	（0.492）（0）	1.918（2584.466）	4.227（2714.454）	2.8（1.259）**
	高（宽）						
绿地率	低绿地率	（2056.936）（0.974）	（4367.541）（0.997）	（1295.869）（0.994）	51.514（1102.525）	22.524（2252.439）	−5.849（562.062）
	中绿地率	（5360.002）（0.997）	（3247.939）（0.969）		34.777（5347.935）	98.126（1212.75）	32.401（0）
	中高绿地率	（3001.485）（0.999）	（4270.484）（0.999）	（0.778）（0）	4.387（1624.739）	3.191（2064.519）	10.211（1.961）***
	高绿地率						
类别		卡方	df	显著水平	卡方	df	显著水平
Pearson		343.043	735	1	309.922	1050	1
偏差		128.337	735	1	118.119	1050	1

（注释：***表示显著性水平为0.01；**表示显著性水平为0.05；*表示显著性水平为0.1）

从政策型住区中，活动同伴对健康活动时长的影响不显著；活动时间弹性中，不可调整和一般时间弹性对较长时间健康活动的影响，影响系数都为负，分别为–6.633和–5.845。活动地点对居民健康活动时长的影响不显著。住房面积对居民健康活动时长的影响不显著。康乐设施对居民健康活动时长的影响不显著。从交通等级来看，"低等级道路"变量对居民健康活动时长影响系数为负，系数值为–3.256，中等道路对居民健康活动影响系数为正，系数值为2.8，分析表明，道路等级越低，居民更加不愿意进行长时间活动，而道路等级中等居民健康活动时间反而增强。从绿地率来看，主要是控制组中，"中高绿地率"变量对较长时间健康活动的影响，影响系数为10.211，说明道路绿地率越高，居民健康活动时长更长。

对比发现，政策型住区的建成环境对居民健康活动影响没有20世纪90年代和21世纪两个类型租住组团的影响显著。从个人和社会经济特征的变量分析来看，性别、年龄、婚姻对健康活动时间没有影响。教育水平对居民健康活动的影响主要体现在对居民长时间的健康活动的影响，且影响系数为负，系数值分别为–6.949、–2.685和–6.497，说明，"中专高中"变量、"大专本科"变量和"研究生以上"变量不愿意进行长时间的健康活动。从收入来看，收入"1～4000"、"4000～6000元之间"变量对居民长时间健康活动影响显著为正，说明该收入段居民更加愿意进行健康活动。"有小孩"对居民长时间健康活动影响为正，系数值为2.778，说明有小孩居民愿意进行长时间健康活动。有无老人照看对健康活动时间没有影响，而"无车、一辆和两辆自行–摩托车"变量对较长时间健康活动影响显著为负，影响系数分别为–5.622、–4.168和–5.137，说明居民拥有自行–摩托而不愿意进行健康活动的意愿和无车而不愿意进行健康活动的意愿都比较强烈。汽车变量对健康活动影响不显著。

总体上，政策型住区的建成环境对居民健康活动影响没有20世纪90年代和21世纪两个类型租住组团的影响显著。其中，活动时间弹性中，"不可调整活动时间弹性"变量和"一般活动时间弹性"变量对较长时间健康活动的影响最强；交通等级，道路等级越低，居民更加不愿意进行长时间活动，而道路等级中等居民健康活动时间反而增强；绿地率，道路绿地率越高，居民健康活动时长更长。其次，通过对比控制组与非控制组表明，个人和社会经济属性对居民健康活动影响相对较弱。

2. 建成环境与健康活动满意度的分析结果

对政策型住区建成环境影响居民健康活动满意度的分析如下表6-8所示：

建成环境与健康活动满意度的分析结果　　表6-8

变量	变量说明	建筑环境			总体分析		
		较低满意度	中等满意度	较高满意度	较低满意度	中等满意度	较高满意度
	截距	29.988（635.232）	31.313（635.232）	31.713（635.232）	12.562（815.762）	14.93（815.761）	16.438（815.76）
性别	男				2.821（474.862）	2.813（474.862）	2.67（474.862）
	女						
年龄	30以下				11.659（807.552）	9.796（807.552）	10.778（807.552）
	30~35之间				4.575（686.229）	4.029（686.229）	4.134（686.229）
	35~40之间				−11.808（801.343）	−12.023（801.343）	−11.999（801.343）
	40以上						
婚姻	否				−4.756（950.617）	−3.281（950.617）	−4.227（950.617）
	是						
教育水平	初中以下				−4.733（1497.771）	−5.266（1497.771）	−5.443（1497.771）
	中专高中				−11.256（1345.211）	−11.73（1345.211）	−11.575（1345.211）
	大专本科				−14.487（790.043）	−15.464（790.043）	−15.63（790.043）
	研究生以上						
收入水平	1~4000元				2.547（892.179）	3.304（892.179）	1.057（892.178）
	4001~6000元				0.688（627.663）	1.856（627.663）	0.285（627.661）
	6001~10000元				−11.404（1.563）***	−10.703（1.408）***	−14.153（0）
	10001元以上						
是否有小孩	否				4.482（530.387）	4.41（530.387）	5.146（530.387）
	是						
是否有老人	否				4.272（609.169）	4.095（609.169）	4.376（609.169）
	是						
摩托车	没有				10.763（879.81）	11.295（879.81）	10.506（879.81）

变量	变量说明	建筑环境			总体分析		
		较低满意度	中等满意度	较高满意度	较低满意度	中等满意度	较高满意度
摩托车	一辆				7.437（793.637）	6.657（793.637）	6.775（793.637）
	两辆				12.94（587.172）	12.96（587.172）	13.11（587.172）
	三辆及以上						
汽车	否				−4.372（483.933）	−5.488（483.933）	−4.999（483.933）
	有						
活动同伴	无	1.416（829.332）	0.978（829.332）	1.521（829.332）	−2.712（942.283）	−3.695（942.283）	−3.788（942.283）
	一人	−12.765（377.521）	−12.639（377.521）	−12.446（377.521）	−2.977（516.688）	−2.45（516.688）	−2.403（516.688）
	二人	−0.594（643.603）	−0.641（643.603）	−0.754（643.603）	8.466（608.233）	8.842（608.233）	8.616（608.233）
	三人及以上						
活动时间弹性	不可调整	−2.316（481.599）	−4.792（481.599）	−4.925（481.598）	11.35（498.546）	9.048（498.546）	9.128（498.545）
	一般	−3.698（0.77）***	−4.721（0.516）***	−4.907（0）	12.168（0.929）***	11.947（0.684）***	11.287（0）
	可以调整						
活动地点弹性	不可调整	1.134（2.007）	1.863（1.995）	1.54（2.001）	8.376（132.462）	9.671（132.462）	9.232（132.462）
	一般	11.98（196.148）	12.573（196.148）	12.634（196.148）	20.455（226.059）	21.512（226.059）	21.319（226.059）
	可以调整						
首套房面积	50平方米以下	11.503（319.278）	11.695（319.277）	11.35（319.278）	−5.308（486.936）	−4.773（486.936）	−5.025（486.936）
	50~80平方米	−1.718（2.037）	−1.495（2.014）	−1.215（2.027）	−11.769（282.544）	−11.334（282.544）	−10.783（282.544）
	80~120平方米	8.014（287.381）	8.33（287.381）	8.643（287.381）	−9.089（520.432）	−8.454（520.432）	−8.08（520.432）
	120平方米以上						
康乐设施	否	−11.056（507.982）	−10.659（507.982）	−11.698（507.982）	−1.298（0.77）**	0.624（0.592）	0.531（0）
	是						
交通等级	低（窄）	9.056（286.012）	7.863（286.012）	8.527（286.012）	−7.63（606.159）	−8.278（606.159）	−7.616（606.159）

变量	变量说明	建筑环境			总体分析		
		较低满意度	中等满意度	较高满意度	较低满意度	中等满意度	较高满意度
交通等级	中（中等）	−1.407 （1.935）	−1.875 （1.915）	−1.198 （1.926）	−11.853 （559.896）	−13.227 （559.896）	−12.076 （559.896）
	高（宽）						
绿地率	低绿地率	−1.619 （2.08）	−0.846 （2.071）	−2.526 （2.08）	−2.82 （388.003）	−2.072 （388.003）	−3.76 （388.003）
	中绿地率	8.534 （266.654）	10.116 （266.654）	10.179 （266.654）	9.119 （234.077）	10.642 （234.077）	10.929 （234.077）
	中高绿地率	6.405 （254.316）	7.525 （254.316）	7.468 （254.316）	−3.675 （508.967）	−2.448 （508.967）	−2.593 （508.967）
	高绿地率						
类别		卡方	df	显著水平	卡方	df	显著水平
Pearson		774.403	735	0.152	1109.43	1050	0.099
偏差		755.494	735	0.292	893.957	1050	1

（注释：***表示显著性水平为0.01；**表示显著性水平为0.05；*表示显著性水平为0.1）

活动同伴对居民健康活动的影响不显著。活动时间弹性对健康活动的影响，非控制组中体现在"一般活动时间弹性"变量对居民低等满意度和中等满意度的健康活动的影响，其影响系数分别为−3.698和−4.721；控制组中，"一般活动时间弹性"变量对居民低等满意度和中满意度的健康活动的影响，其影响系数分别为12.168和11.947。对比非控制组和控制组，控制组的影响系数为正，而非控制组的影响系数为负，说明个人和社会经济特征对居民健康活动的影响较强；纵向上，控制组中"一般活动时间弹性"变量对居民健康活动满意度影响系数最强。活动地点弹性对居民的健康活动满意度影响不显著。住房面积对居民的健康活动影响不显著。康乐设施的影响主要体现在"无康乐设施"变量对居民较低满意度的健康活动的影响为负，影响系数为−1.298，说明无康乐设施使得居民的健康活动不满意。交通等级对居民健康活动满意度的影响不显著。而绿地率对健康活动满意度的影响也不显著。

总体分析表明，居民的健康活动满意度受到建成环境影响主要集中在康乐设施和自身活动时间的可选择性上。个人和社会经济特征的变量中，"性别"、"年龄"、"婚姻"和"教育水平"对居民的健康活动满意度影响不显著，而收入的影响体现在6000～10000元的高收入居民对较低满意度和中等满意度的健康活动较为敏感，影响系数显著且为负，系数值分别为−11.404和−10.703，说明该收入结构的居民对健康活动趋向于不满意。"是否有小孩"、"老人照看"、"自行-摩托和汽车"等变量对居民健康活动满意度的影响都不显著。综述，政策型住区的建成环境对居民健康活动的满意度影响比对健康活动时长的影响要弱，个人和社会经济特征对居民健康活动满意度的影响也不如对健康活动时长的影响。

6.3 三类住区建成环境对健康活动的比较分析

6.3.1 三类住区建成环境对健康活动时间的比较分析

前文分析，20世纪90年代居民的平均健康活动时间长度最长，政策型住区健康活动时间次之，而21世纪最短。从三类住区建成环境对健康活动时间的比较分析来看：

20世纪90年代的住区主要为"活动同伴为一人"变量对短时间和中等时间居民健康活动的影响，其影响系数为2.728和1.869，其影响系数较非控制组有所增加，说明活动同伴为一人使得居民健康活动的意愿得到了加强；纵向上，"无活动同伴"及活动同伴为两人对健康活动影响不显著，"活动同伴为一人"变量对居民健康活动影响最大。21世纪住区，"活动同伴为一人"变量对低中高3个层次的健康活动时间的影响系数分别为3.017、2.704和0.928，"活动同伴为两人"变量对中等和较长时间的健康活动影响系数为1.261和0.564。居民健康活动受到活动同伴的影响仍然较显著；纵向比较来看，"活动同伴为一人"变量对短时间的健康出行影响最强，说明健康活动一人陪伴下居民的短时间健康活动更强。政策型住区中，活动同伴对健康活动时长的影响不显著；从前文6.1.1描述性统计分析来看，3个住区的平均同伴基本相等，比较影响系数可以发现，21世纪住区活动同伴为多人对短时间的健康出行影响最强，20世纪90年代住区"活动同伴为一人"变量对居民健康活动时长影响最强，政策型同伴对健康活动时长的影响不显著。

90年代住区，"不可调整活动时间弹性"变量对短时间和中等时间活动时长的影响系数为1.386和0.812，"中等活动时间弹性"变量对长时间健康活动的影响系数为0.655。纵向对比来看，"不可调整活动弹性"变量对短时间健康活动影响系数最大，说明固定的时间进行健康活动可以增加居民短时间的健康活动时长。21世纪住区，"不可调整活动时间弹性"变量对低中高3个层次变量的影响系数分别为1.366、1.253和0.851，其中"不可调整活动时间弹性"变量对短时间健康活动影响最强。

政策型住区，"不可调整活动时间弹性"变量和"一般活动时间弹性"变量对较长时间健康活动影响系数都为负，分别为–6.633和–5.845。从前文6.1.1描述性统计分析来看，政策型住区的平均活动时间弹性最弱，回归分析结果表明，90年代住区和21世纪住区两个社区与政策型社区的活动时间弹性对居民健康活动的影响方向相反，无活动时间弹性有利于促进90年代住区和21世纪住区的健康活动时间，却不利于政策型社区健康活动时间的提升。

90年代住区，"不可调整的活动地点弹性"变量对短时间健康活动的影响系数分别为1.096和1.593。21世纪住区，"不可调整的活动地点弹性"变量对较高活动时长的影响系数为–0.392，"一般活动地点弹性"变量对较高时间健康活动的影响系数为–0.526，"一般活动地点弹性"变量对较长时间健康活动影响最强，说明一般的地点弹性居民趋向于不进行长时间健康活动。政策型住区，活动地点对居民健康活动时长的影响不显著。从前文6.1.1描述性统计分析来看，3个类型活动地点弹性平均相差不大，回归分析表明，90年代与21世纪住区的活动地点弹性对居民健康活动的时长影响方向相反，说明提高活动时间弹性有利于促进90年代居民健康活动时间的提高，而降低活动地点弹性则有利于21世纪健康活动时长的提高。政策型住区，活动地点对居民健康活动时长的影响不显著。

90年代住区，"50平方米以下的住房"变量对非控制组和控制组的影响系数分别为–2.044和–2.267，而"80～120平方米的住房"变量对健康活动时长影响主要是对控制组长时间健康活动的影响上，影响系数为2.265。其中"50平方米住房"变量与"80～120平方米住房"变量对居民健康活动的影响方向相反。21世纪住区，"50平方米以下的住房"变量对短时间健康活动时长的影响系数为–2.028，而"50～80平方米"变量对短时间和中等时间健康活动时长影响系数为0.997和0.469，"80～120平方米的住房"变量对居民中等健康活动时长的影响系数为1.252。政策型住区，住房面积对居民健康活动时长的影响不显著。从前文6.1.1描述性统计分析来看，21世纪居民的住房面积均值最高，回归分析表明，90年代和21世纪住区的住房面积对健康活动时长期影响方向存在很大一致性，但90年代住房面积对健康活动时长的影响强度在较低住房面积和高住房面积都比21世纪的影响强度大，90年代住房面积较少的居民更加趋向于不进行健康活动，而住房面积较大的更加趋向于进行健康活动，即对健康活动时长影响的"两极分化"变量比较严重，21世纪则相对温和，政策型影响不显著。

90年代住区，康乐设施对居民健康活动影响系数不显著。21世纪住区，无康乐设施对中等和较长时间居民健康活动时长的影响系数分别为–0.612、–0.849和–0.884。康乐设施对居民健康活动时长的影响不显著。从前文6.1.1描述性统计分析来看，政策型的平均康乐设施最多，回归分析表明，21世纪"无康乐设施"变量对居民健康活动影响为负，为此增加康乐设施将提高21世纪居民的健康活动时间。

90年代住区，"中等级道路"变量对居民长时间健康活动影响显著，影响系数为0.707。21世纪住区，"低等道路"变量对居民较长时间健康活动影响系数为0.333，"中等等级道路"变量对居民短时间健康活动影响系数为负。政策型住区，"低等级道路交通"变量对居民健康活动时长影响系数为负，系数值为–3.256，"中等级道路"变量对居民健康活动影响系数为正，系数值为2.8。从前文6.1.1描述性统计分析来看，21世纪住区平均道路等级为"2"，而90年代和政策型为"1"，21世纪回归表明道路等级较低，对活动时间长度影响为负，而90年代和政策型中等级道路对健康活动时长影响为正，反映了21世纪住区居民更加偏好低等级道路，而90年代和政策型住区居民更加偏好较宽的道路。

90年代住区，"中高绿地率"变量对短时间和长时间居民健康活动影响系数分别为3.77和7.239。21世纪住区，"低绿地率"变量对居民短时间健康活动影响系数为9.366，"中高绿地率"对短时间和较长时间健康活动时长影响系数分别为3.053和3.103。政策型住区，"中高绿地率"变量对较长时间健康活动的影响系数为10.211，说明道路绿地率越高，居民健康活动时长越长。从前文6.1.1描述性统计分析来看，21世纪住区的绿地率最高，回归分析表明，21世纪居民低绿地率对居民短时间健康活动影响最强，说明居民更加偏好低绿地率；90年代和政策型住区高绿地率对居民长时间健康活动影响为正，说明居民更加偏好高绿地率住区，所以提高这两个住区绿地率是有意义的。

总体分析表明，建成环境对3个住区的居民健康活动存在较大影响，而各个变量的影响方向和程度都存在差异。

6.3.2 三类住区建成环境对健康活动满意度的比较分析

活动同伴对3个类型住区健康活动满意度影响都不显著。90年代住区和21世纪新型住区活动时间弹性对居民健康活动满意度的影响不显著。政策型住区活动时间弹性对健康活动的影响体现在"一般活动时间弹性"变量对居民低满意度和中满意度的健康活动的影响，说明一定的活动时间弹性对于政策型居民的健康活动满意度有影响。

90年代住区和政策型住区活动地点弹性对居民健康活动满意度的影响不显著。21世纪新型住区活动地点弹性对居民健康活动影响主要体现在"不可调整的活动地点"变量对居民健康活动影响为负，居民对健康活动不满意，而中等活动地点弹性的居民对健康活动较为满意。说明，增加居民健康活动地点的可选择性有利于提高21世纪居民的活动满意度。

90年代住区住房面积中，控制组中住房面积为"50~80平方米住房"变量对低等健康活动满意度影响显著，影响系数为7.478，而"80~120平方米住房"变量对居民低健康活动满意度影响显著，影响系数为8.528。21世纪住区，"80~120平方米住房"变量对较高满意度的影响系数为1.388。政策型住区住房面积对居民的健康活动影响不显著。总体来说，住房面积越大，满意度越高。对比发现，90年代面积为"80~120平方米住房"变量对健康活动满意度的影响系数远大于21世纪住区"80~120平方米住房"变量对较高满意度的影响系数1.388，说明90年代住房面积的增加将比21世纪住区带来更大幅度的健康活动满意度的提升。

90年代康乐设施对居民健康活动的满意度影响不显著。21世纪住区，"无康乐设施"对较低满意度的健康活动影响系数为–1.325。政策型住区，"无康乐设施"对居民较低满意度的健康活动的影响为负，影响系数为–1.298。对比表明，21世纪和政策型社区"无康乐设施"变量对居民健康活动满意度影响都为负，说明两个住区增加康乐实施将增加居民满意度。

90年代住区，"低等级道路"变量对较低的健康活动满意度的影响显著，影响系数为1.902。21世纪住区，"中等道路"变量对居民中等和较高的健康活动满意度影响系数分别为–2.285、–1.985和–3.049。政策型住区，道路等级对居民健康活动满意度的影响不显著。对比分析表明，90年代住区"较低等级道路"变量导致较低的健康活动满意度，21世纪"中等等级道路"变量对居民中等和较高的健康活动满意度影响为负，说明90年代居民更加偏好较高等级的道路，而21世纪居民更加偏好较低等级的道路。

90年代住区，"中等绿地率"变量对较高居民健康活动满意度的影响较为显著，且影响系数为–0.346。21世纪住区，"低绿地率"变量对较低和中等健康活动满意度的影响系数分别为–1.419和–1.105。政策型住区，绿地率对健康活动满意度的影响也不显著。对比分析表明，90年代居民更加偏好较高的绿地率，而21世纪住区居民对较低和中等的绿地率偏好较强。

从建成环境对居民健康活动总体分析表明，建成环境对居民满意度的影响没有对健康活动时间的影响强烈。其中重要原因由控制变量的个人和社会经济条件对居民健康活动起到了影响。例如3个住区的收入水平变量和教育变量都对居民的健康活动满意度起到重要影响，同时家里拥有小孩和老人对3个住区的影响同样存在一致性，90年代和21世纪无小孩的居民健康活动较低，满意度较低，政策型住区"有小孩"变量对居民长时间健康活动影响为正，说明有小孩居民愿意进行长时间健康活动。3个类型组团对自行-摩托变量和小汽车变量的敏感方向也是一致的，90年代和21世纪是"无车辆"变量对满意度影响系数为正，政策型社区是"拥有车辆"变量对满意度的影响为负。

6.4　小结

居民健康活动的时间和满意度受到了建成环境的影响，而且建成环境变量对居民健康活动影响存在较大的差异，例如，不同的道路等级对居民健康活动的时间长度和满意度的影响不同。本章首先划分不同类型的住区，其次对不同住区的居民健康活动差异进行描述性统计分析，再利用5.3.1小节的多分类Logistic模型分析建成环境差异对不同住区居民健康活动差异的影响，最后对比不同类型住区建成环境变量的影响特征。首先，本书分析建成环境对居民健康活动时长和满意度的影响得到如下结论：

6.4.1　建成环境对不同住区居民健康活动时长影响

1）21世纪住区活动同伴为多人对短时间的健康出行影响最强，20世纪90年代住区"活动同伴为一人"变量对居民健康活动时长影响最强，政策型同伴对健康活动时长的影响不显著。

2）20世纪90年代住区和21世纪住区两个社区与政策型社区的活动时间弹性对居民健康活动的影响方向相反，无活动时间弹性有利于促进90年代住区和21世纪住区的健康活动时间，却不利于政策型社区健康活动时间的提升。

3）提高活动时间弹性有利于促进90年代居民健康活动时间的提高，而降低活动地点弹性则有利于21世纪健康活动时长的提高。

4）90年代和21世纪住区的住房面积对健康活动时长的影响方向存在很大的一致性，但90年代住房面积对健康活动时长的影响强度在较低住房面积和高住房面积都比21世纪的影响强度大，90年代住房面积较少的居民更加趋向于不进行健康活动，而住房面积较大的更加趋向于进行健康活动，即对健康活动时长影响的"两级分化"比较严重，21世纪则相对温和，政策型的影响不显著。

5）21世纪"无康乐设施"变量对居民健康活动影响为负，为此增加康乐设施将提高21世纪居民的健康活动时间。

6）90年代和政策型"中等等级道路"变量对健康活动时长影响为正，反映了21世纪住区居民更加偏好低等级道路，而90年代和政策型住区居民更加偏好较宽的道路。

7）21世纪居民"低绿地率"变量对居民短时间健康活动影响最强，说明居民更加偏好低绿地率；90年代和政策型住区"高绿地率"变量对居民长时间健康活动影响为正，说明居民更加偏好高绿地率住区，所以，提高这两个住区绿地率是有意义的。

6.4.2 建成环境对不同住区健康活动满意度的影响

1）活动同伴变量对3个类型住区健康活动满意度影响都不显著。

2）"一定的活动时间弹性"变量对于政策型居民的健康活动满意度有影响。

3）活动地点弹性对居民健康活动影响主要体现在"不可调整的活动地点"变量对21世纪住区居民健康活动的影响，增加居民健康活动地点的可选择性有利于提高21世纪居民的活动满意度。

4）90年代面积为"80～120平方米住房"变量对健康活动满意度的影响系数远大于21世纪住区"80～120平方米住房"变量对较高满意度的影响系数1.388，说明90年代住房面积的增加将比21世纪住区带来更大幅度的健康活动满意度的提升。

5）21世纪和政策型社区"无康乐设施"变量对居民健康活动满意度影响都为负，说明两个住区增加康乐设施将增加居民满意度。

6）90年代住区居民较低等级道路导致较低的健康活动满意度，21世纪"中等等级道路"变量对居民中等和较高的健康活动满意度影响为负，说明90年代居民更加偏好较高等级的道路，而21世纪居民更加偏好较低等级的道路。增加90年代道路等级将带来的居民健康活动满意度的较大提升。

7）90年代居民更加偏好较高的绿地率，而21世纪住区居民对较低和中等的绿地率偏好较强。增加90年代绿地率带来的居民健康活动满意度提升将大于增加21世纪绿地率的提升。

总体分析表明，建成环境对3个住区的居民健康活动时长和满意度存在较大影响，而各个变量的影响方向和程度存在较大差异。建成环境对居民健康活动总体分析表明，建成环境对居民满意度的影响比对健康活动时间的影响弱，其中重要原因是控制变量的个人和社会经济条件对居民健康活动满意度起到了重要影响。

第 7 章

住区建成环境要素对居民健康
活动行为的影响机制

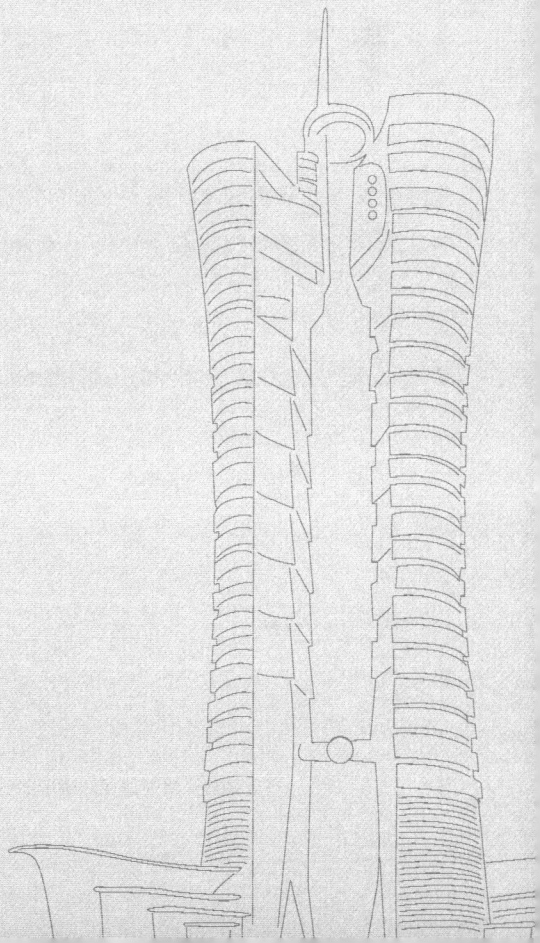

上一章构建计量模型分析建成环境与居民健康活动关系，表明建成环境对居民健康活动存在显著影响。而已有研究表明，建成环境对居民健康活动的影响一方面反映了人与建筑环境之间或人与物质环境之间复杂的动态和多维的相互作用关系（邹辉，1992），同时又反映了不同的空间问题，这些环境既包括大尺度的城市环境又包括小尺度的建筑空间（雷春浓，1997）。例如，城市居住区超高层建筑通过对自然风速、噪声、阳光的影响，会对人们对周边环境安全感的认知、人们的生活行为方式产生影响，从而进一步影响居民对日常生活幸福度的评价（林玉莲、胡正凡，2000）。从大尺度来讲，包括气流环境、温度环境、舒适度环境（PMV）、采光环境、噪声环境、污染环境等内容的建筑环境与城市下垫面的城市水泥道路、建筑群顶下垫面的感热、潜热输送及其能量、水分循环特征等产生相互作用，这种相互作用实则包含了小尺度环境空间所居住的人与大尺度城市的相互作用（刘京，2006）。

本章将结合建筑心理学和建筑设计学的基本理论思想，探讨建成环境对居民健康活动影响的微观机制是怎样，即哪些具体的建成环境要素对居民健康活动起到了影响，哪些要素又对居民健康活动的影响起到了主要的作用，这些要素的改变又是如何影响居民健康活动的评价，从城市居住小区的道路、节点空间、路灯、座椅和体育器材等城市设计的角度入手，深入分析建成环境对居民健康活动影响的空间特征及建成环境特征对居民的健康活动影响的微观差异，在前文研究的基础上进一步深化，回答以上提出的建成环境对健康活动影响的机制问题。本章安排如下，7.1节将分析居民健康活动时间长度及满意度的空间差异特征，7.2节将从建筑设计学的角度分析基于个体的建成环境与健康活动关系的机制，7.3节是基于个体的建成环境与健康活动关系的案例分析，7.4节为本章的小结部分。

7.1 居民健康活动行为的空间特征分析

7.1.1 模型与方法选择

为了分析居民健康活动的空间特征关系，本书将利用ArcGIS空间分析方法对居民的健康活动时间长度及满意度进行空间密度分析。本书主要选择点密度分析方法，其工作原理为每个点/线上方均覆盖着一个平滑曲面。在点/线所在位置处表面值最高，随着与点的距离的增大，表面值逐渐减小，在与点/线的距离等于搜索半径的位置处表面值为零。仅允许使用圆形邻域。曲面与下方的平面所围成的空间的体积等于此点的 Population 字段值，如果将此字段值指定为 NONE，则体积为 1。每个输出栅格像元的密度均为叠加在栅格像元中心的所有核表面的值之和。在ArcGIS中，点密度分析主要采用Kernel Density分析工具进行点的密度分析。

7.1.2 活动时长空间密度分析

利用ArcGIS软件对上地–清河居民健康出行的时间进行空间插值，得到上地–清河地区居民空间健康出行活动的空间密度图（图7–1）。

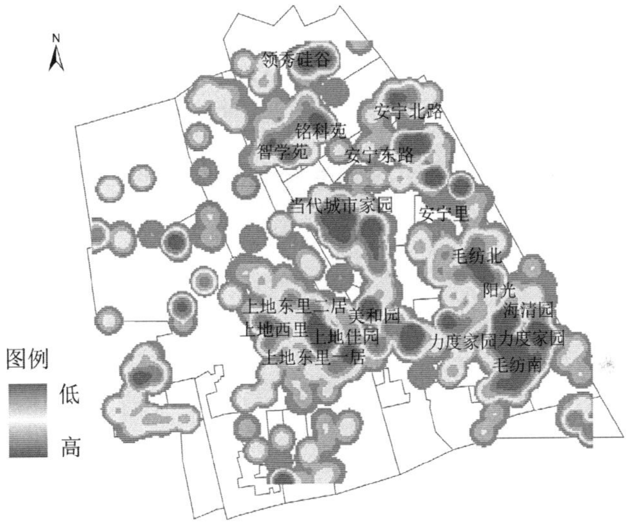

图7–1 活动时长空间密度分析

图7–1表示居民健康活动时间长度的空间分布，其中数值越大表示居民健康活动时间越长。可以看出，居民健康活动时长较长的点主要分布在力度家园、毛纺南、安宁里东和安宁里北。根据前文住区划分，力度家园属于21世纪新型居住住区，安宁里东、安宁里北和毛纺南属于20世纪90年代的单位型商品房住区。居民健康活动时间长度中等的居民主要分布在上地东里一居、上地东里二居、上地西里、安宁里、智学苑。上地东里一居和上地东里二居属于20世纪90年代商品房居住小区，上地西里属于21世纪新型住区，智学苑属于政策型住区。居民健康活动时间较低的居住主要分布在美和园、海清园、阳光、铭科苑和领秀硅谷。铭科苑、美和园属于政策型居住小区，阳光、海清园和领秀硅谷属于21世纪新型住区。

总体来看，20世纪90年代的单位型住区居民健康活动的活动时间长度最长，21世纪新型住区的居民健康活动时间长度居于其次，相对来说，政策型住区的居民健康活动时间长度较低。从第6章分析的结论来看，这3类住区居民健康活动时间长度在空间上的差异主要受到建成环境差异的影响较为显著。

7.1.3 活动满意度空间分析

利用ArcGIS软件对上地清河居民健康出行的时间进行空间插值，得到上地–清河地区居民空间健康出行活动的空间密度图（图7-2）。

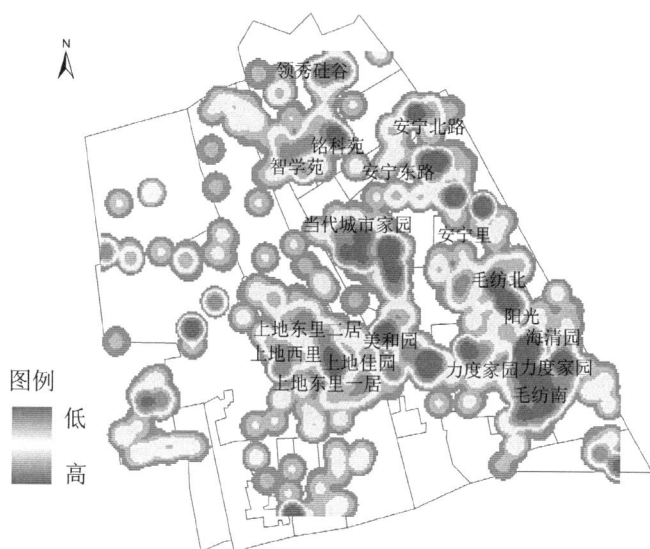

图7-2 活动满意度空间密度分析

图7-2表示居民健康活动满意度的空间分布，其中数值越小表示居民健康活动满意度越高。可以看出，居民健康活动满意度较高的点主要分布毛纺南、力度家园、毛纺北、智学苑和领秀硅谷。根据前文住区划分，力度家园和领秀硅谷属于21世纪新型住区，毛纺北和毛纺南属于20世纪90年代的单位型商品房居住小区，智学苑属于政策型居住小区。居民健康活动满意度中等的居民主要分布在海清园、阳光、安宁里、安宁里北、铭科苑、美和园和当代城市家园。其中，当代城市家园、海清园和阳光居住小区属于21世纪新型住区，安宁里和安宁里北居住小区属于90年代住区，美和园和铭科苑居住小区属于政策型住区。居民健康活动满意度较低的居民主要分布在上地东里一居、上地东里二居、上地西里、安宁里东。其中，上地东

里一居、上地东里二居和安宁里东三个居住小区属于20世纪90年代的住区，上地西里属于21世纪新型住区。

总体来看，20世纪90年代单位型住区的居民健康活动和21世纪新型住区的居民健康活动的满意度水平较高，政策型住区居民健康活动满意度处于中等水平，而90年代商品房类型的住区居民健康活动满意度水平较低。同样从第6章分析的结论来看，这3类住区居民健康活动满意度水平在空间上的差异主要受到建成环境差异和居民个体家庭特征情况的双层影响较为显著。

7.2 建成环境要素对居民健康活动影响的机制分析

在第5章和第6章，我们构建了建成环境与居民健康活动的理论关系，得出绿地率、道路等级、康乐设施等大尺度建成环境对健康活动有影响且存在空间差异，在7.1小节中分析了居民健康活动的这种空间差异。那么建成环境对居民健康活动影响的微观机制是怎样，即哪些具体的建成环境要素对居民健康活动起到了影响，这些建成环境的影响反映了空间什么特征，哪些要素又对居民健康活动的影响起到了主要的作用，这些要素的改变又是如何影响居民健康活动的评价，本节将在前文研究的基础上进一步深化，回答以上提出的建成环境对健康活动影响的机制问题。

7.2.1 研究思路与数据

为了回答建成环境要素对居民健康活动影响的微观机制，本书首次从城市规划学的角度构建一套衡量居民健康环境的具体指标，这套指标要在第5章和第6章大尺度建成环境的基础上具体细化，能够从交通、康乐设施、绿地、停车、容积率、节点空间等角度全方面地衡量建成环境。其次，需要获得小区居民对建成环境影响居民健康活动的评分，需要进行问卷设计调研，采集小区不同居民对建成环境影响居民健康活动的评分数据。再次，需要构建模型分析建成环境影响居民健康活动的微观机制。

为了对这一问题进行解释，本书采用2015年9月30日~2015年11月22日对北京市上地-清河地区的16个社区进行第一手问卷调研数据，数据调研对象为正在进行健康活动[1]的社区居民,采用了面对面的调研形式,以确保调研问卷的可靠性及回收率。为了确保对上地–清河地区16个居住区的调研具有代表性,根据居住区面积及人口情况,采取差异化的调研策略,其中,海清园人口较少且面积较小,共发放问卷20份,上地东里一居和上地东里二居合并,共发放问卷60份,其余居住区平均数量在30份左右,调研问卷共发放480份,最后得到480份,样本回收率为100%。

问卷共设20个问题,问题主要测度影响居民日常健康活动的社区建成环境要素情况,测度内容主要包括了居住区的主要道路情况、小区停车情况、康乐器材、广场空间、照明设施和座椅情况等方面,数据形式都采用尺度数据结构(Scale measure),数据范围为0~5。例如,"您认为本小区道路的人行道是否有利于您的健康活动?(给分范围为0~5分;有较好路边人行道利于健康活动,倾向于5分;没有则趋于0分)"。

7.2.2 建成环境指标构建及分析模型

1. 建成环境指标构建

本研究对建成环境的刻画主要从6个大项20个小项来进行,6个大的方面主要涉及居住区的道路格局、停车、器材、广场、路灯和座椅。其中,主要道路情况下面有5个具体变量,分别为主要道路边人行道(X1)、主要道路维护情况(X2)、主要道路清洁度(X3)、主要道路混行情况(X4)和主要道路路边绿化情况(X5);停车情况下面有两个具体变量,分别为占道停车(X6)、地下停车(X7);健身器材下面有3个具体变量,分别为健身器材平均数量(X8)、健身器材类型(X9)、健身器材质量(X10);广场下面有5个具体变量,分别为广场阳光(X11)、广场铺装(X12)、广场活动类型(X13)、广场面积(X14)、广场平均数量(X15)、广场绿地(X16)、广场雕塑(X17);路灯的具体变量为路灯平均数量(X18)一个变量;座椅下面有两个具体变量,分别为座椅平均数量(X19)、座椅材质(X20)。下表7–1是对具体变量及评分说明:

---

[1] 本书对居民健康活动的定义一方面借鉴 Rao & Prasan(2007)的身体活动观,另一方面本书认为健康活动还包括了居民在社区进行的社交活动、联络活动、娱乐休闲、亲子户外活动等。在进行问卷发放过程中,调查人员还会为被调查者进行相关概念进行解释。

类型	具体变量	分值	评分说明（较好利于健康活动，不好则不利于健康活动）
主要道路	主要道路路边人行道（X1）	0~5分	有较好路边人行道，倾向于5分，没有则趋于0分
	主要道路维护情况（X2）	0~5分	道路维护好，倾向于5分，不好则趋于0分
	主要道路清洁度（X3）	0~5分	道路清洁度好，倾向于5分，不好则趋于0分
	主要道路混行情况（X4）	0~5分	人车混行少，倾向于5分，多则趋于0分
	主要道路路边绿化情况（X5）	0~5分	绿化好，倾向于5分，多则趋于0分
停车	占道停车（X6）	0~5分	占道较少，倾向于5分，占道严重则趋于0分
	地下停车（X7）	0~5分	地下停车多，倾向于5分，地下停车少则趋于0分
器材	健身器材平均数量（X8）	0~5分	健身器材数量多，倾向于5分，少则趋于0分
	健身器材类型（X9）	0~5分	健身器材类型多，倾向于5分，少则趋于0分
	健身器材质量（X10）	0~5分	健身器材质量好，倾向于5分，不好则趋于0分
广场	广场阳光（X11）	0~5分	广场阳光充足，倾向于5分，不好则趋于0分
	广场铺装（X12）	0~5分	广场铺地类型多，倾向于5分，少则趋于0分
	广场活动类型（X13）	0~5分	广场成活动类型多，倾向于5分，少则趋于0分
	广场面积（X14）	0~5分	广场面积大，倾向于5分，较小则趋于0分
	广场平均数量（X15）	0~5分	广场数量充足，倾向于5分，少则趋于0分
	广场绿地（X16）	0~5分	广场绿地好，倾向于5分，少则趋于0分
	广场雕塑（X17）	0~5分	广场雕塑多，倾向于5分，少则趋于0分
照明	路灯平均数量（X18）	0~5分	路灯数量多，倾向于5分，少则趋于0分
座椅	座椅平均数量（X19）	0~5分	路灯座椅多，倾向于5分，少则趋于0分
	座椅材质（X20）	0~5分	路灯材质好，倾向于5分，不好则趋于0分

　　在对20个变量进行描述统计分析中，居民对影响居民健康活动的小区主要道路的评价都比较高，其中主要道路路边人行道（X1）、主要道路维护情况（X2）、主要道路清洁度（X3）、主要道路路边绿化情况（X5）等4个关于道路指标都超过了3分；其次对健身器材和广场的评价也较高，对健身器材类型（X9）、广场铺装（X12）、广场活动类型（X13）、座椅平均数量（X19）、座椅材质（X20）等指标评价分数也都超过了3分；再次，对健身器材的整体评价相对较低，健身器材平均数量（X8）、健身器材类型（X9）、健身器材质量（X10）平均得分都低于2；其余指标得分介于1~3分之间（表7-2）。

变量	描述统计量			变量	描述统计量		
	均值	标准差	分析N		均值	标准差	分析N
X1	3.02	2.066	480	X11	3.5	1.042	480
X2	3.33	1.097	480	X12	3.36	1.1	480
X3	3.48	1.042	480	X13	3.64	1.495	480
X4	0.83	1.267	480	X14	2.43	1.129	480
X5	4.29	1.215	480	X15	2.48	1.33	480
X6	1.24	1.805	480	X16	2.79	1.2	480
X7	2.67	2.205	480	X17	1.79	1.97	480
X8	2.76	1.543	480	X18	2.67	1.097	480
X9	3.19	1.596	480	X19	3.29	1.274	480
X10	2.64	1.511	480	X20	3.17	1.413	480

2. 因子分析模型

为了分析具体建成环境指标对健康活动的影响，本书采用因子分析方法。因子分析可以看成是主成分分析的一种推广。它的基本目的是用少数几个因子F_1、$F_2 \cdots F_m$去描述许多变量之间的关系。被描述的变量X_1、$X_2 \cdots X_n$是可以观测的随机变量，即显在变量。而这些因子是不可观测的潜在变量。因子分析是基于信息损失最小化而提出的一种非常有效的方法。它把众多的指标综合成几个为数较少的指标，这些指标即因子指标。因子分析法的基本模型如下：

$$X_i = \partial_{i1}F_1 + \partial_{i2}F_2 + \cdots + \partial_{im}F_m + \varepsilon_i \ (m \ll n)，即 X = AF + \varepsilon \tag{5}$$

该公式中，X_i（$i=1,2,3,\cdots,n$）有n个原始部落，F_1、$F_2 \cdots F_m$为公共因子，A为因子载荷矩阵，ε_i为不能被m个公共因子包含的特殊因子。

在因子分析的计算过程中，选择变量进行标准化处理，如果原始变量之间具有较强的相关性，则会有共享因子，记原始数据为X_{ij}。然后在此基础上建立原始变量的相关系数矩阵R，其中建立相关系数矩阵的公式为：

$$R_{ij} = \frac{\sum_{\partial=1}^{n} \left(X_{\partial i} - \overline{X_i} \right) \left(X_{\partial j} - \overline{X_j} \right)}{\sqrt{\sum_{\partial=1}^{n} \left(X_{\partial i} - \overline{X_i} \right)^2} \times \sqrt{\sum_{\partial=1}^{n} \left(X_{\partial i} - \overline{X_j} \right)^2}} \tag{6}$$

在计算得到相关系数矩阵R之后，需要求解R的特征根及相应的单位特征向量，提取公共因子。根据方差大于1（或特征值大于1）提取贡献较大的因子，因子的累计方差贡献率大于80%为符合要求。根据R的特征根及单位特征向量建立因子荷载矩阵A，并对A实施方差最大正交旋转。最后，再计算因子得分，计算公式：

$$F_j = \beta_{j1}X_1 + \beta_{j2}X_2 + ... + \beta_{jn}X_n \quad (j=1,2,\cdots,m)\tag{7}$$

然后对分析对象进行综合评价，综合评价函数：

$$F_j = \partial_1 F_1 + \partial_2 F_2 + ... + \partial_m F_m \quad (j=1,2,\cdots,m)\tag{8}$$

7.2.3 影响居民健康活动的主因子提取

利用SPSS17.0数学统计分析软件，将数据加载到因子分析模块，得到以下统计分析结果。首先得到相关指标之间的KMO检验和Bartlett分析结果（表7-3）。从表中分析可知，Bartlett值为654.60，且P小于0.0001，即结果表明相关矩阵不是一个单位矩阵，故考虑进行因子分析。表中取样足够度的Kaiser-Meyer-Olkin度量是用于比较观测相关系数值与偏相关系数值的一个指标，其值越是接近于1，表明对这些变量进行因子分析的效果更好。今KMO值为0.592，KMO值相对较大，说明因子分析的结果接受程度较高，结果合理。

KMO和Bartlett的检验　　　　表7-3

检验值		数值
取足够样本Kaiser-Meyer-Olkin（KMO）值		0.592
Bartlett 的球形度检验	近似卡方	654.606
	df	190
	Sig.	0

然后通过主因子标准分析可以得到全部的解释总方差。从表7-4中可以看出，特征值大于1的前6个主因子所解释的方差达到了80.106%，说明这6个主因子可以代表20个评价指标的全部信息。

解释的总方差　　　　表7-4

成分	初始特征值			提取平方和载入		
	合计	方差的百分比（%）	累积（%）	合计	方差的百分比（%）	累积（%）
1	6.277	31.385	31.385	6.277	31.385	31.385
2	3.693	18.464	49.849	3.693	18.464	49.849
3	2.014	10.07	59.919	2.014	10.07	59.919
4	1.493	7.464	67.383	1.493	7.464	67.383

成分	初始特征值			提取平方和载入		
	合计	方差的百分比（%）	累积（%）	合计	方差的百分比（%）	累积（%）
5	1.352	6.76	74.142	1.352	6.760	74.142
6	1.193	5.963	80.106	1.193	5.963	80.106
7	0.827	4.137	84.242			
8	0.715	3.574	87.817			
9	0.533	2.667	90.483			
10	0.403	2.016	92.499			
11	0.355	1.774	94.273			
12	0.282	1.412	95.685			
13	0.258	1.291	96.976			
14	0.205	1.023	98			
15	0.108	0.54	98.539			
16	0.101	0.506	99.046			
17	0.079	0.393	99.438			
18	0.045	0.225	99.663			
19	0.038	0.189	99.853			
20	0.029	0.147	100			

通过对因子荷载矩阵做的正交旋转可以得到因子旋转后荷载矩阵和因子得分系数矩阵，计算结构见表7-5。

主成分矩阵　　　　　　　　　　　　　表7-5

变量（Variables）	F1	F2	F3	F4	F5	F6
主要道路路边人行道（X1）	0.712	0.202	−0.289	0.093	0.077	−0.129
主要道路维护情况（X2）	0.656	0.515	−0.352	−0.119	0.152	−0.104
主要道路清洁度（X3）	0.553	0.571	−0.256	0.115	0.397	−0.166
主要道路混行情况（X4）	0.414	0.215	0.284	−0.085	−0.686	0.253
主要道路路边绿化情况（X5）	0.562	−0.042	−0.342	−0.248	0.163	−0.071
占道停车（X6）	0.397	0.658	−0.039	−0.406	−0.165	0.214
地下停车（X7）	0.312	0.538	0.504	−0.274	0.126	−0.065
健身器材平均数量（X8）	0.604	−0.578	−0.131	0.089	0.276	0.182
健身器材类型（X9）	0.727	−0.567	−0.024	−0.023	0.024	0.156
健身器材质量（X10）	0.599	−0.584	0.379	0.017	0.171	−0.071

变量（Variables）	F1	F2	F3	F4	F5	F6
广场阳光（X11）	0.648	0.191	0.372	-0.033	0.107	-0.436
广场铺装（X12）	0.761	0.083	0.312	-0.331	-0.045	-0.064
广场活动类型（X13）	0.736	-0.577	0.089	0.106	0.043	0.141
广场面积（X14）	0.67	-0.027	-0.068	0.41	-0.118	0.257
广场平均数量（X15）	0.141	0.288	0.708	0.451	0.067	-0.261
广场绿地（X16）	0.565	0.504	-0.11	-0.065	-0.076	0.405
广场雕塑（X17）	0.452	-0.02	-0.168	0.332	-0.618	-0.412
路灯平均数量（X18）	-0.097	0.414	0.456	0.368	0.283	0.52
座椅平均数量（X19）	-0.007	0.575	-0.354	0.149	0.009	0.009
座椅材质（X20）	0.706	-0.277	-0.054	0.612	-0.129	0.057

结合表7-4和表7-5，可以看到：1）主因子F1在主要道路路边人行道（X1）、主要道路维护情况（X2）、健身器材类型（X9）、健身器材平均数量（X8）、广场铺装（X12）、广场阳光（X11）、广场面积（X14）、广场活动类型（X13）、座椅材质（X20）等方面具有较大的载荷，荷载系数都超过0.600，且方差总贡献率为31.385%，本书称之为健康活动空间整体协调因子；2）主因子F2在占道停车（X6）、健身器材平均数量（X8）、健身器材类型（X9）和健身器材质量（X10）、广场活动类型（X13）等几个关于健身器材及广场空间方面的因子荷载系数都较高，系数绝对值超过了0.550，且对总方差贡献率为18.464%，本书将该主因子称之健康活动设施多样性因子；3）主因子F3在广场平均数量（X15）的荷载系数高达0.708，且对总方差贡献率为10.07%，本书称之为健康活动空间可达性因子；4）主因子F4在座椅材质（X20）的荷载系数高达0.612，且对总方差贡献率为7.464%，本书称之健康活动空间舒适性因子；5）主因子F5在主要道路混行情况（X4）的荷载系数高达-0.686，且对总方差贡献率为6.76%，本书称之为健康活动安全性因子；6）主因子F6在广场阳光（X11）和路灯平均数量（X18）的荷载系数高达分别为-0.436和0.52，且对总方差贡献率为5.963%，本书称之为空间通透性因子。由表7-5可以看出，主因子F1、F2、F3、F4、F5、F6的总方差达到80.106%，基本能够解释建成环境对居民健康活动的影响机制。

以上分析得到建成环境影响居民健康活动的6个主要因子，将评价指标（X1、X2...X20）经过均值为0，标准差为1的标准化处理之后的数值带入上面主因子得分表达式，计算得到15个社区各个主因子的得分。主因子得分表达式为：

$$Y_n = \partial_1 X_1 + \partial_2 X_2 + \partial_3 X_3 + ... + \partial_{20} X_{20}, \quad n = 1,2,3...15. \tag{9}$$

将评价指标（X_1、X_2…X_9）经过均值为0，标准差为1的标准化处理之后的数值带入上面主因子得分表达式，计算得到15个社区各个主因子的得分。

7.2.4 各社区居民健康活动环境综合评价

根据每个主因子的总方差贡献率，本书得到各个社区建成环境要素影响健康活动综合评价指数公式，其表达式为：

$$V = \sum W_i F_i = 0.31385 F_1 + 0.18464 F_2 + 0.1007 F_3 + 0.07464 F_4 + 0.0676 F_5 + 0.05963 F_6 \tag{10}$$

式中，W_i 为各个主因子的方差贡献率，F 为主因子。将15个社区主因子的得分带入公式（10）计算得到各个社区建成环境要素影响居民健康活动的综合评价指数（表7-6）。

主因子得分及综合评价指数　　　　　　表7-6

变量	F1	F2	F3	F4	F5	F6	综合评价指数
当代城市家园	10.618	4.020	1.004	−0.977	−3.076	1.468	3.983
领秀硅谷	9.840	1.984	−0.557	−2.623	1.891	1.408	3.415
安宁里	4.800	−1.962	1.693	−0.061	2.587	1.015	1.546
智学苑	6.130	−2.880	2.074	−0.181	−0.121	−2.201	1.448
安宁里东	−1.370	8.946	−1.674	−1.569	1.269	−0.469	0.994
毛纺北	2.239	1.136	−0.240	−0.185	1.869	−0.427	0.975
上地东里	5.727	−3.032	−3.948	1.556	−0.241	−0.813	0.891
上地西里	5.727	−3.032	−3.948	1.556	−0.241	−0.813	0.891
美和园	0.713	−1.537	−0.362	1.832	1.945	0.898	0.225
力度家园	−0.309	0.626	1.327	−1.154	1.949	−0.831	0.148
铭科苑	−1.690	−4.598	−0.633	−0.676	1.267	0.925	−1.353
安宁里北	−6.537	3.599	−0.983	0.716	−0.776	−2.314	−1.623
阳光	−4.737	−1.066	−0.650	−0.066	−0.256	0.764	−1.726
毛纺南	−2.455	−6.283	1.887	−0.960	0.710	−0.989	−1.823
海清园	−11.960	5.024	3.547	2.412	0.579	−0.191	−2.261

从表7-6中可以看出，第一主因子（健康活动空间整体协调因子）得分较高的主要为当代城市家园、领秀硅谷和智学苑，得分值都超过了6。第二主因子（健

康活动设施多样性因子）得分较高的社区主要为安宁东，得分值8.946。第三主因子（健康活动空间可达性因子）得分较大的社区为海清园，得分值为3.547。第四主因子（健康活动空间舒适性因子）得分较高的社区仍然是海清园，得分值分别为2.412。第五主因子（健康活动安全性因子）得分较高的社区分安宁里，得分值为2.587。第六主因子（空间通透性因子）得分较高的主要为当代城市家园和领秀硅谷，得分值分别为1.408和1.468。

从表7-6综合评价指数一栏可以看出，各个社区建成环境要素影响健康活动的差异较大，其中，建成环境要素影响健康活动综合评价指数最大的社区为当代城市家园，综合评价指数为3.983，建成环境要素影响健康活动综合评价指数其次为安宁里，综合评价指数为3.415，由于当代城市家园和领秀硅谷综合评价指数得分远超过其他的社区，本书划分这两个社区为健康活动较优型居住区；建成环境要素影响健康活动综合评价指数位于第3和第4的为智学苑和安宁里，综合评价指数为1.546和1.448，本书划分这两个社区为健康活动良好型居住区；建成环境要素影响健康活动综合评价指数位于第5到第8的社区分别为安宁东、毛纺北、上地东里、上地西里，综合评价指数分别为0.994、0.975、0.891、0.891，本书划分这4个社区为健康活动一般型居住区；建成环境要素影响健康活动综合评价指数位于第9和第10的社区为美和园和力度家园，综合评价指数为0.225、0.148，本书划分这两个社区为健康活动较差型居住区；建成环境要素影响健康活动综合评价指数位于第11至第15的社区分别为铭科苑、安宁北、阳光、毛纺南和海清园，综合评价指数分别为-1.353、-1.623、-1.726、-1.823和-2.261，综合评价指数分数都为负数，本书划分这5个社区为不适宜健康活动型居住区。总体上，当代城市家园和领秀硅谷等21世纪新型居住区的健康活动环境要素综合评价最好，安宁东、毛纺北等1990年前后修建居住区的健康活动环境要素综合评价相对一般，铭科苑、安宁里等政策型居住区的健康活动环境要素综合评价相对较差。

7.2.5 小结

居民的健康活动受到所在建成环境要素的影响。为了评估居住区建成环境对居民健康活动的影响，本书从城市规划学的角度构建衡量居民健康活动环境的指标体系，构建因子分析模型提取影响居民健康活动的建成环境因子主因子，然后根据各主因子的总方差贡献率，对居民健康活动的16个居住区进行综合评价。根据以上分析，得到：

1）健康活动空间整体协调、健康活动设施多样性、健康活动空间可达性、健康活动空间舒适性、健康活动安全性、空间通透性因子等方式是影响居民健康活动的主因子。这6个因子的总方差贡献率达到80.106%，基本可以解释建成环境要素对居民健康活动影响机制。

2）各个主因子所反映的微观环境要素差异较大，其中，主因子F1荷载较大的建成环境要素主要为主要道路路边人行道、主要道路维护情况、健身器材类型、健身器材平均数量、广场铺装、广场阳光、广场面积、广场活动类型、座椅材质；主因子F2荷载较大的建成环境要素为占道停车、健身器材平均数量、健身器材类型和健身器材质量、广场活动类型；主因子F3荷载较大的建成环境要素主要为广场平均数量；主因子F4荷载较大的建成环境要素为主要道路混行情况；主因子F6荷载较大的建成环境要素主要为广场阳光和路灯平均数量。

3）总体上，当代城市家园和领秀硅谷等21世纪新型居住区的健康活动环境要素综合评价最好，安宁东、毛纺北等1990年前后修建居住区的健康活动环境要素综合评价相对一般，铭科苑、安宁里等政策型居住区的健康活动环境要素综合评价相对较差。

研究表明，健康活动空间整体协调性、健康活动设施多样性、健康活动空间可达性、健康活动空间舒适性、健康活动安全性和空间通透性等6个主因子对居民健康活动的影响较为明显。Alfonzo（2005）从社会生态学角度提出，建成环境要素影响居民健康活动主要体现在对居民健康活动适宜性、可达性、安全性、舒适性和愉悦性等5个方面，本书从城市设计学角度分析发现，健康活动的建成环境整体舒适性、可达性、安全性等环境要素的确对居民的健康活动行为产生较大的影响，同时建成环境整体的协调性、空间通透性对健康活动行为的影响不容忽视，所以本研究是对已有研究结论的论证及相互补充。

第 8 章

各社区建成环境要素的
案例实证分析

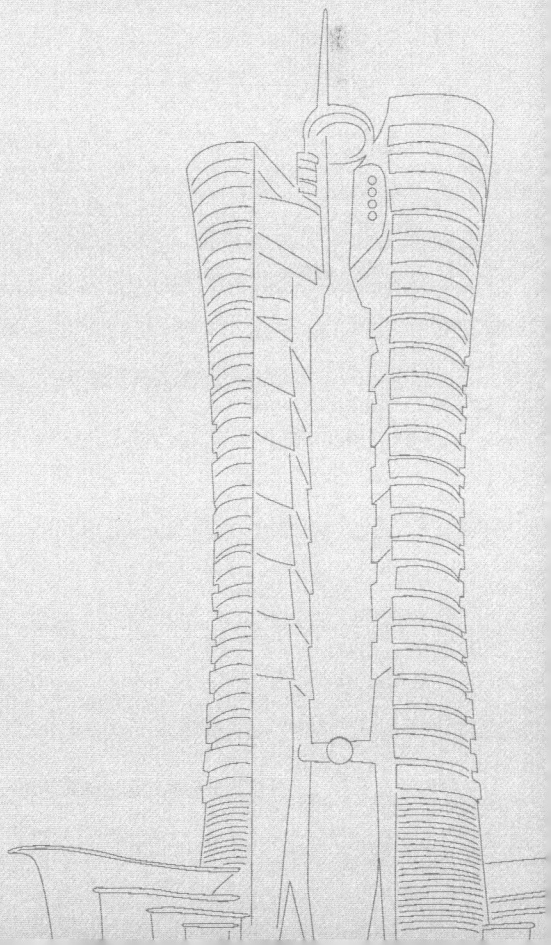

上一章中，通过城市规划学的角度建立建成环境要素体系，构建因子分析模型分析得到住区建成环境要素影响健康活动综合评价指数。表明各个社区建成环境要素对健康活动的影响差异较大。本章将从建筑学和城市规划学的角度，从选取的16个社区道路、广场、景观等具体建筑设计要素，分析各个社区的健康活动空间整体协调、健康活动设施多样性、健康活动空间可达性、健康活动空间舒适性、健康活动安全性、空间通透性等主因子的现状情况，回答这些建成环境要素的配置差异是否能够显著影响居民健康活动，本章是通过实际案例对前面章节的案例验证分析。

本章对建成环境的建筑设计要素的基本描述还是基于7.2章节建立的体系，即基本内容主要包括了道路、节点空间、路灯、座椅和体育器材。道路要素又分为对道路的形式、道路的宽度、道路绿化、人行道、铺地情况、实地照片采集等方面的调研；节点空间要素主要分为对节点空间类别、位置、面积、周边绿化、雕塑、铺地情况及实地照片采集的调研；路灯要素主要分为路灯数量、照明度、间距及实地照片采集等；座椅要素主要对座椅位置、座椅数量、座椅材质、座椅质量及实地照片采集等进行调研；体育器材要素的调研主要分为对器材的类别、位置、质量、数量、周边绿化及实地照片调研。

同时，分析主要从建成环境要素对建成环境影响的6个主要因子入手，分析的顺序根据6种健康活动类型住区的综合评价指数高低进行。健康活动较优型住区：当代城市家园和领秀硅谷为；健康活动良好型住区：智学苑和安宁里东；健康活动一般型住区：安宁里东、毛纺北、上地东里、上地西里；健康活动较差型住区：美和园和力度家园；不适宜健康活动型住区：铭科苑、安宁里北、阳光、毛纺南和海清园。

8.1　健康活动较优型住区

8.1.1　当代城市家园社区

北京当代城市家园位于北京西北郊，规划用地16.8公顷，绿地面积约9公顷。社区建成于2001年7月29日，社区内建筑为多层、小高层板式住宅楼，总建筑面积34.1万平方米，占地面积21万平方米，总户数为2800户，可容纳居住人口约7000人，容积率为1.61，绿化率为25%。社区规划中，交通组织为人车分流，社区外环线行车，行车道外侧兼有停车场。宅间路除搬家与卫生、消防车行以外，均为步行路。

图8-1　当代城市家园区位

由于临近清华大学、北京大学，70%的业主都为高级科技人才，使得社区内的文化氛围比较浓郁。当代城市家园内设有社区服务中心等配套服务设施。社区内绿化充足，设有中心绿地满足居民生活需求（图8-1）。

1. 当代城市家园社区整体协调性

当代城市家园共有24栋板楼，社区将新"古典主义艺术"与"后现代主义风格"完美融合于建筑的外观设计上，外墙以高雅的灰色为主调，配以错落有致的砖红色外墙砖，纵横交错的线条把外立面流畅地结合起来。落地飘窗引入更多的户外景色与阳光，同时使得外立面的光影变化更为丰富。阳台的处理虚实结合、富于变化，且巧妙地隐藏了室外空调管线。舒缓流畅的屋顶轮廓清新自然，同时也是一道亮丽的城市景观。

当代城市家园的道路宽度相对适中、道路绿化情况较好，节点空间要素有雕塑、座椅相对较多，其中位于社区的南部有一个水系花园，花园内部庭园景观以水作动态时，石山叠高，山下挖池作潭，水自高泻下，击石喷溅，有飞流千尺之势。整体来看，当代城市家园的整体协调性是众多社区相对最好的（图8-2）。

2. 当代城市家园社区现状交通

社区内的交通组织采用人车分流的方式。外环车行，兼有停车位与人行道，地上无集中停车场，采用地下停车，共有6处地下停车出入口，车行道宽7米，人行道宽2米，车型带宽5.5米，一般每3个停车位间设计宽1米的绿化带，种植遮阴乔木与大叶黄杨绿篱，丰富道路景观（图8-3、表8-1）。

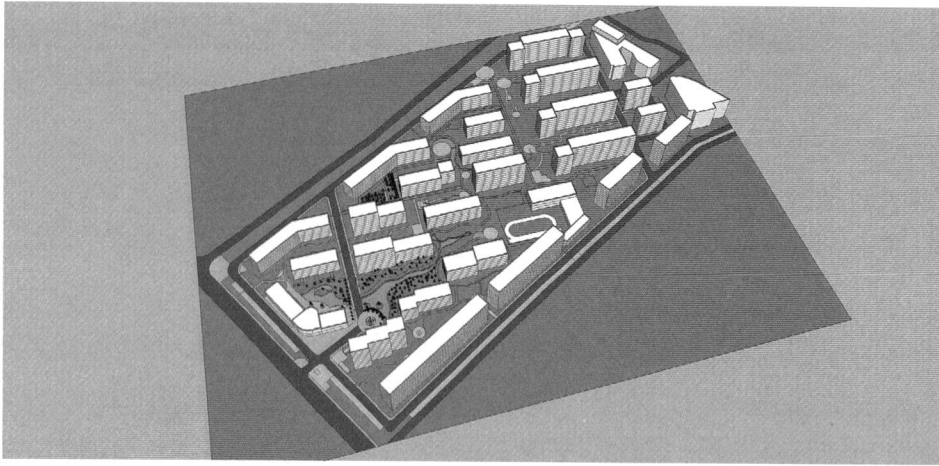

图8-2 当代城市家园三维示意

图8-3 当代城市家园道路组织

住区建成环境对居民健康活动行为的影响研究

宅前道路均为步行路，步行路两边分别加宽0.8米，选用PVC嵌草铺地材料，植草后于草坪融为一体。园区内的休闲漫步小路用卵石与自然石板铺砌，曲折流畅，富有意趣。

当代城市家园不同等级道路特征　　　　　　　　表8-1

分类	图例	形式	宽度	道路绿化	人行道	铺地情况	案例照片
车行路	▬	人车混行	7米	双侧绿化	双侧2米	部分车行路路面有单一铺装，人行道有铺装	图8-3e
人行路	░	人行	2米	双侧绿化	——	多种铺装，形式多样	图8-3h

从当代城市家园的道路截面来看，社区道路基本都在7~9米之间，由于社区整体容积率不高，所以机动车对于居民健康活动行为的影响相对较小。同时，道路基本上都是曲线，连接平滑，形状优美，路上的景色变化多姿。平滑的曲率，多变的景色，自由的穿插，足够的长度，使得走在环道上进行运动成为一种享受（图8-4）。

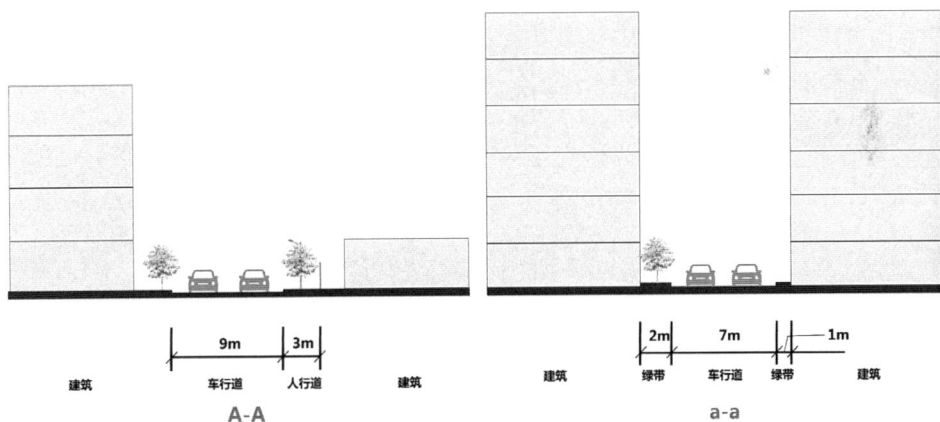

图8-4　当代城市家园道路断面

3. 当代城市家园社区景观节点

当代城市家园设有19个小型节点空间，景观设计中贯穿"大众参与"的思想：绿草地上有汀步，池底有卵石，小朋友既可以在池边玩耍，也可以涉水嬉戏；在以人为本的立足点上创造人与自然相和谐的生存空间，推窗见绿、出门入园、家在花园中，"放飞心情，拥抱健康"。比如对水的运用，"游荡"里有宁静的小溪；寂寂无人的池塘；杂草丛生的沼泽而至水的源头。再如某条小径的视线所至，由山林、而空地、而溪、而林间一瞥的对面的湖，尽管一水之隔的外面即是经常人山人海的草坪，"游荡"成功地营造了冷清、寂静、令人静思的氛围（图8-5、表8-2）。

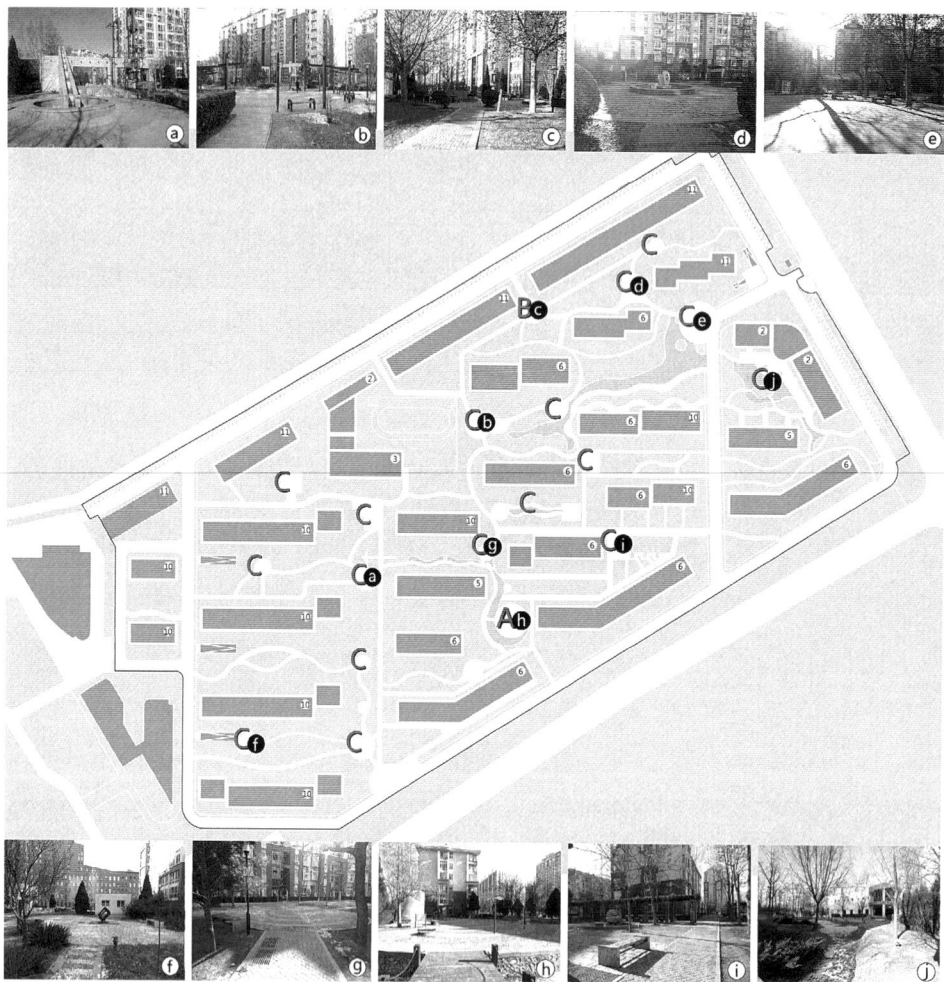

图8-5 当代城市家园景观节点

小中心广场，以大面积草地为主，其中以彩砖分隔，使地面成为网格状，并以花岗石铺地，其中设有旱地喷泉、玻璃砖地灯、座椅以增添趣味。自然水体蜿蜒贯穿在小区一期，与健康大道连结。沿自然水系由不同层次、不同季节的乔灌、花卉、草地构成自然界水溪的植物景观。并结合功能和景点上的要求沿岸设计汀步、小广场、景观亭、卵石驳岸、儿童游戏设施、健康步道、石板桥等硬质景观，达到小中见大、画中游的亲切意境。

住区建成环境对居民健康活动行为的影响研究

当代城市家园景观节点特征   表8-2

类别	位置	面积	周边绿化	雕塑	铺地情况	案例照片
体育广场	A	346m²	绿化充足，种植多种植物	无雕塑	单一铺地	图8-5h
文娱广场	B	174m²	绿化充足，种植多种植物	1个雕塑	多种铺装	图8-5c
休憩广场	C	4035m²	绿化充足，种植多种植物	7个雕塑	多种铺装	图8-5i

　　希望之路是景观轴线之一，是社区车道的辅干线，由小乔灌木、花卉、色带植物为主，通过不连续间断重复出现的绿地设计形式与主车道区别，并在绿地中有节奏地穿插儿童设施雕塑或喷泉，丰富该车道景观内容（图8-6、表8-3）。

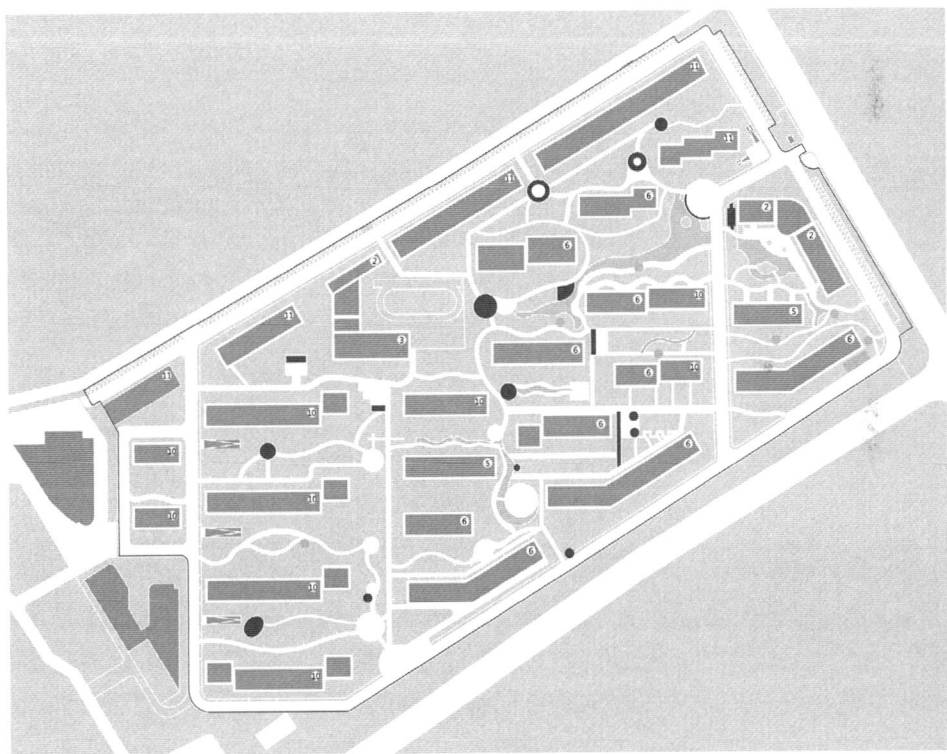

图8-6　当代城市家园景观广场空间分布

　　中心绿地位于西北部，通过各种植物配置为主调，表现不同季节的色彩、形态变化，仿佛置身于自然林地环抱中。中南部以景观与植物相配，提供休息、沟通、交流的场地。东部为公建周围的庭院与绿地，配合公建的质朴、典雅的风格，环境的空间设计简洁明快，是人们短暂交流的场所。

当代城市家园广场及绿化特征   表8-3

类别	位置	数量	材质	质量	周边绿化	案例照片
沿街分布		5个	木质	一般	行道树	图8-5h
组团内部		15个	木质	一般	四周有草地	图8-5c
广场节点		49个	木质	一般	大量绿化	图8-5b

4. 当代城市家园社区康乐设施配置

当代城市家园内设有完善的社区服务中心等配套服务设施，其中社区设有运动广场，开敞的用地空间，以硬质铺装为止，日照充足。广场上共有9个运动器材，器材质量较好。社区内另设有两处棋盘器材，其中一处由于选址偏远，使用率较低（表8-4）。

当代城市家园健身器材分布   表8-4

类别	位置	质量	数量	周边绿化	照片
健身器械		较好	9个	四周有绿化	
棋盘设施		较好	9个	四周有绿化	

从当代城市家园的体育设施来看，主要分布在社区的西部，而相对东部地区较少；座椅的分布则很均匀，基本每栋楼下面都有提供给居民休闲的座椅空间（图8-7）。

5. 当代城市家园社区道路灯光配置

人对路灯的需求是复杂的，人的情感、行为、感知和健康都会受到照明的影响，存在较大差异。空间的使用者对照明最重要的需求是可见度，另外还有一些其他的需求，如作业功效、情境和氛围、视觉舒适、审美、健康、安全和满足感。当代城市家园的道路灯光照明设计相对很完善，社区道路路灯的密度很大，基本每隔5到10米就会设计一盏灯。对于喜欢傍晚或晚饭后休闲的居民来讲，通透的道路光线将有助于居民的健康活动（表8-5）。

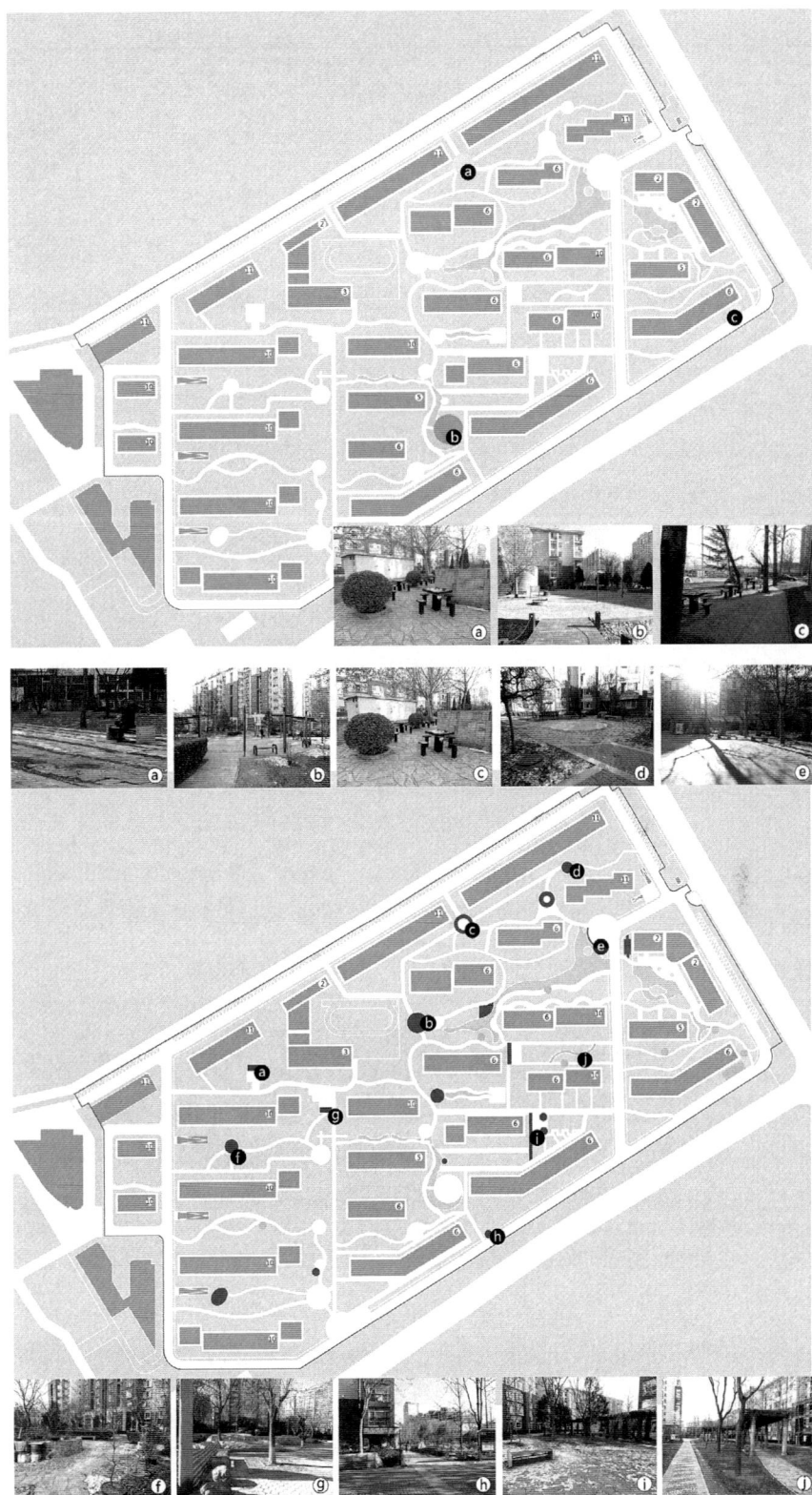

图8-7　当代城市家园体育设施（上）与座椅（下）分布

当代城市家园路灯配置 表8-5

灯光	位置	数量	照明度	间距	照片
	沿街布置，广场上散落分布	166个	较好	10m	

8.1.2 领秀硅谷社区

领秀硅谷社区位于海淀区上地，中关村核心地区，是北京市中关村科技园配套的住宅项目。社区建于2004年，总建筑面积197000平方米，社区绿化用地68950平方米，总户数1200，容积率1.67，绿化率28%。用地由西二旗北路、西二旗中路、西二旗大街及北京外国语大于附属学校围合而成。社区紧邻土地开发区、永丰中试基地、航天城、生命园、软件园、联想基地等高科技产业基地，遥望西山风景区、圆明园、颐和园风景名胜，具有独特的人文环境和优美的自然景观。社区内建筑多以4到5层板楼为主，建筑质量较好。社区内设有社区服务中心、幼儿园、便利店等各类服务设施，生活便利舒适。社区内绿化充分，植物多样，涵盖四季景观，社区设置了多个小型节点空间及入口处的中心节点空间（图8-8）。

图8-8 领秀硅谷区位

1. 领秀硅谷社区整体协调性

领秀硅谷社区内共有43栋居民楼，社区南侧为3层别墅住宅群，中部为4到5层板楼，南侧为10层高楼。建筑质量较好，色彩丰富。住宅外部环境基本上是由住户小庭院、组团级公共用地和社区级公共活动场地构成，行列式的不同层住宅机械排列也只能够刚刚满足各项指标的要求以多条自由活泼的曲线道路作为主干道，构成了整个社区的道路框架，以低层为主，小高层为辅，两者相结合的方法，既满足了容积率的要求，又空出了一定的室外场地，为环境设计留下余地。其道路、广场空间、水体、器材等相互协调较好，社区的整体环境相得益彰，对居民健康活动具有重要的引导作用（图8-9）。

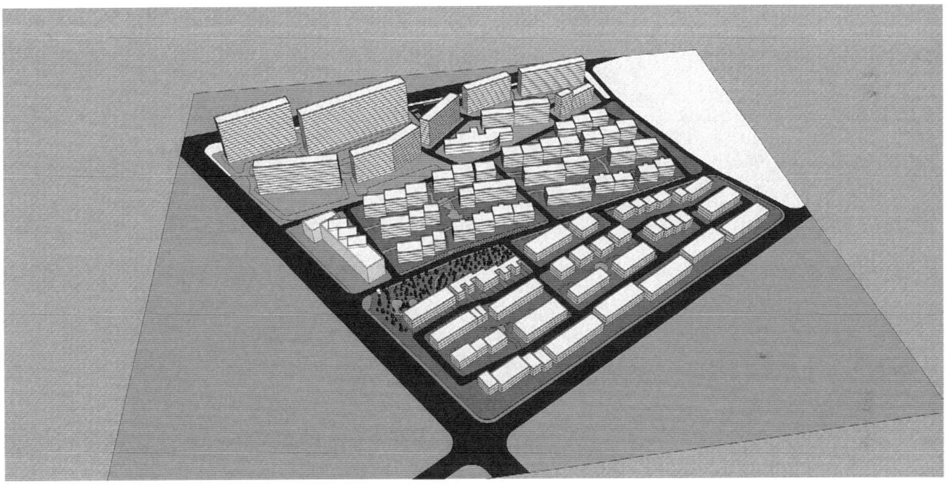

图8-9 领秀硅谷整体三维示意

2. 领秀硅谷社区交通组织

领秀硅谷社区内部交通采用人车混行的方式，主干路宽约9米，两侧有人行道及绿植，次干道宽约7米，部分道路单侧配有座椅供居民休憩使用。外围道路设有路边停车位，社区内部在每户有私人停车空间（图8-10、表8-6）。

道路顺应人流走向，在基地中部规划6米宽东西转南北的社区主干道。主干道出入口处设门垛、标牌和服务中心，中间有一段240米为圆弧弯道，增加了线型变化；除了居民搬家运物及必要的消防、救护车外，货运车辆不准进入社区，只有人和自行车交通，确保安全。服务设施、集中绿地和活动中心联接。职工离家-取自行车-送孩子到幼儿园，流线畅通，交通脉络清晰。

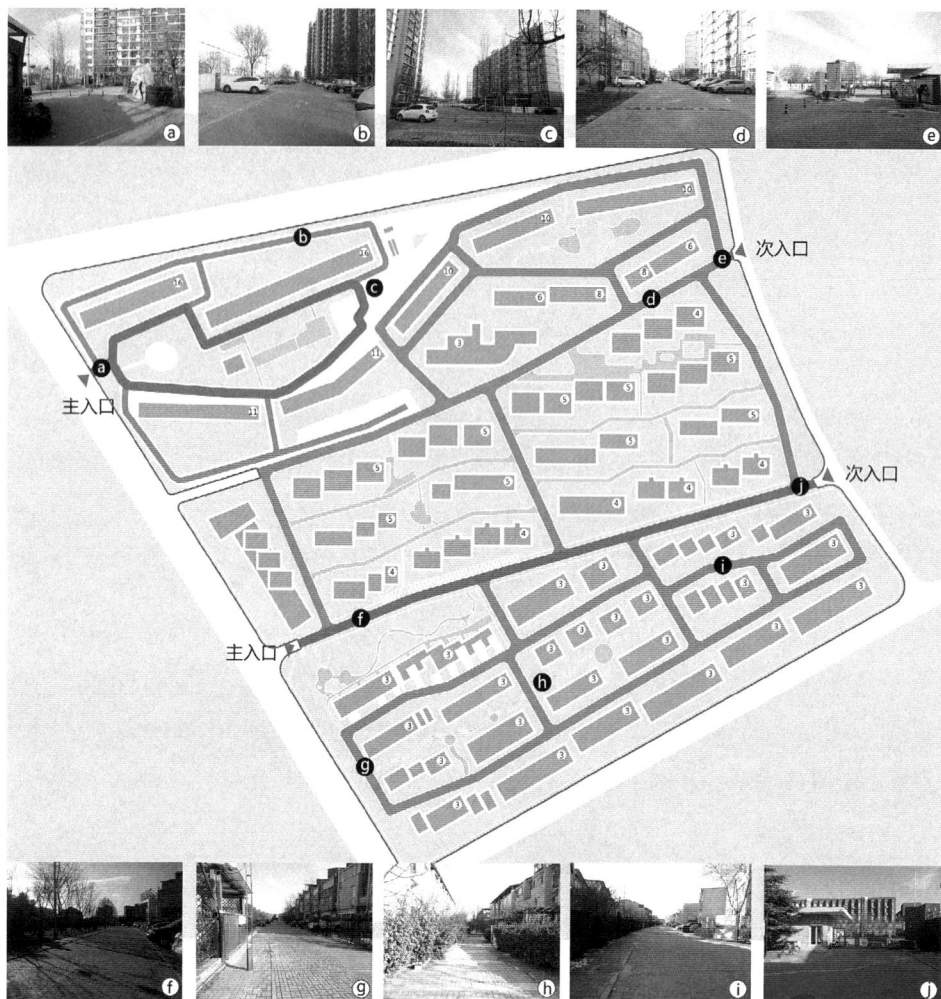

图8-10 领秀硅谷交通组织

领秀硅谷不同等级道路特征   表8-6

分类	图例	形式	宽度	道路绿化	人行道	铺地情况	照片举例
主路		人车混行	9m	双侧行道树	双侧3m	车行路与人行道都有多种铺装	图8-10f
支路		人车混行	7m	双侧绿化	单侧2m	车行路与人行道都有多种铺装	图8-10d
小径		人行	2m	附近有绿化	——	多种铺装，形式多样	图8-10h

    领秀硅谷社区主、次干道全部是水泥路面，道路平整，道路首、末端竖立路牌。每栋住宅楼沿道路山墙上挂组团、栋号标志，方便外来探亲访友的行人。主、次干道两侧每距10米植梧桐树一株，夏季绿树浓荫，凉爽舒适（图8-11）。

住区建成环境对居民健康活动行为的影响研究

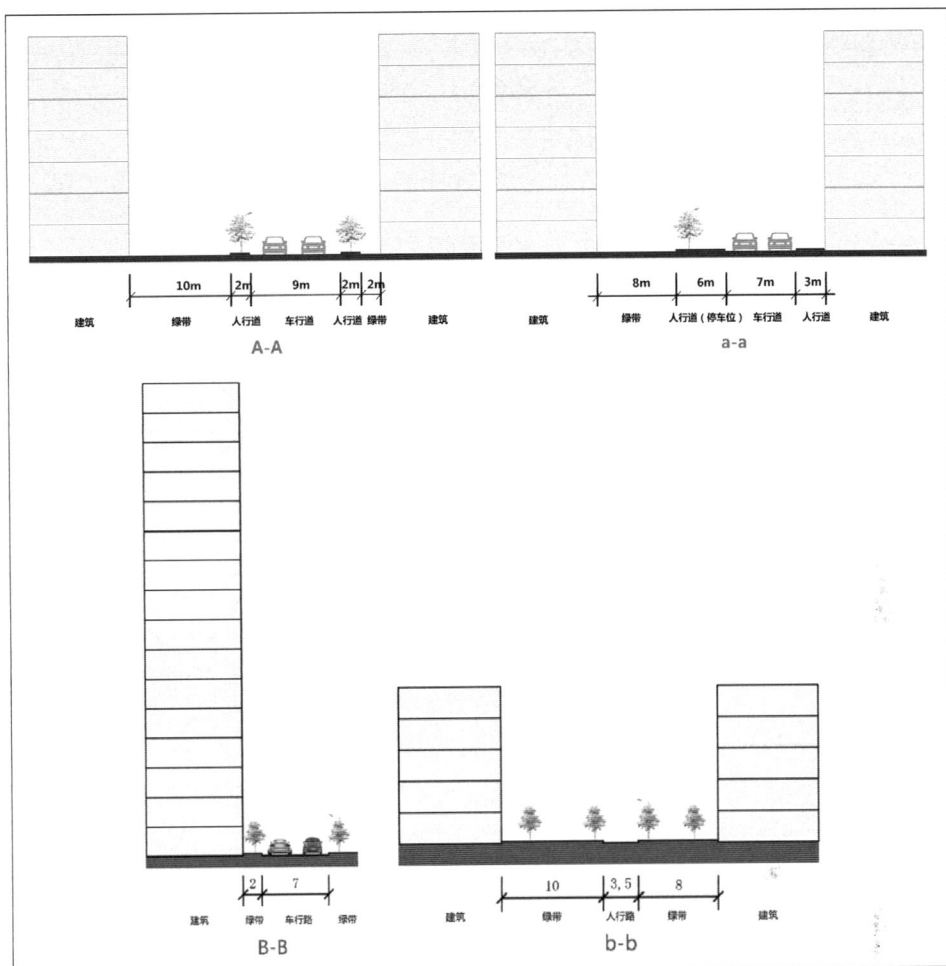

图8-11　领秀硅谷道路断面

3. 领秀硅谷社区广场及景观配置

社区内绿化充分，植物多样，涵盖四季景观，社区设置了多个小型节点空间及入口处的中心节点空间。社区入口处的中心绿地视野开阔，光照充足，绿地由2米宽人行小径贯穿。中心绿地上设置有提供儿童玩耍的沙坑、体育健身器材、休息座椅等基本设施，设施质量较好，利用率较高（表8-7）。

4. 领秀硅谷社区康乐设施配置

社区内设有社区服务中心、幼儿园、便利店等各类服务设施，生活便利舒适。

社区内另有一处体育设施集中布置的场所，场地以台阶隔离出运动广场，广场周边无绿植与照明，器材质量较好。社区内以各类石板地砖铺砌人行与车行道路，铺地整体质量良好，种类丰富，可以明显区分各类道路（表8-8）。

领秀硅谷景观节点特征　　　　　　　　　表8-7

类别	位置	面积	周边绿化	雕塑	铺地情况	照片
体育广场	A	424m²	种植多种植物	无雕塑	单一铺地	
文娱广场	B	47m²	旁边有绿化	无雕塑	单一铺装	
休憩广场	C	1734m²	绿化充足	无雕塑	多种铺地	

领秀硅谷体育器材分布　　　　　　　　　表8-8

类别	位置	质量	数量	周边绿化	照片
健身器械		较好	40个	四周有绿化	
棋盘设施		较差	3个	位于广场周边有绿化	

从领秀硅谷座椅分布来看，社区的中部座椅分布较多，主要还是沿着社区的广场节点进行分布，座椅材质类型相对较为丰富，木质、石质、铁质都有广泛的分布（表8-9）。

领秀硅谷座椅分布　　　　　　　　　表8-9

类别	位置	数量	材质	质量	周边绿化	照片
沿街分布		7个	木质、铁质	较好	行道树	
组团内部		9个	木质	一般	四周有草地	
广场节点		30个	木质、石质、铁质	一般	大量绿化	

　住区建成环境对居民健康活动行为的影响研究

5. 领秀硅谷社区灯光实施配置

光能改变质感，塑造情感空间的质量，庭院空间中各界面和元素的色彩、形态、材质都是通过光影展现出来的。庭院设计中灯光可使庭院空间呈现出多个层次，形成较强的景深感，从而营造出视觉上的趣味感。如用明亮的空间来衬托暗的形体，可令空间更富趣味与想象。影在庭院中的使用更是容易达到意境效果。领秀硅谷社区的灯光设计可以说很好地遵循了以上原则，其在色彩、形态、材质方面都能够很好地表现社区整体的温馨感，所以在夜晚相对散步的人群较多（表8-10）。

领秀硅谷路灯配置   表8-10

	位置	数量	照明度	间距	照片
	沿街布置，广场上散落分布，有路灯和地灯两种形式	186个	较好	10m	

8.2 健康活动良好型住区

8.2.1 智学苑社区

智学苑社区紧邻西二旗大街和西二旗西路，距离地铁13号线西二旗站约300米，交通方便。智学苑社区建成于1999年，东北旺向西二旗环岛西1公里，是成熟社区。社区现有户数2714户，总建筑面积187401平方米，容积率2.1，绿地率29%，现在社区的入住率也相当高。社区内建筑以板楼为主，塔楼为辅。社区配有服务中心，基本满足居民生活需求，社区内绿化充足，建有中心绿地，丰富居民日常生活（图8-12）。

图8-12 智学苑区位

1. 智学苑社区整体协调性

社区共14栋楼，分为6层板楼和24层塔楼，建筑质量一般。楼间距较大，环境优雅。社区内部设有独立的社区服务中心、社区活动中心及生活便利超市，配有西二旗小学及93462部队幼儿园，基本公共服务设施的配置较完善，可以满足社区内居民需求。智学苑社区面积整体偏小，但在小范围内社区有一个很大的开敞空间，能够为居民提供日常的休闲活动。同时社区实行人车分流，道路两旁都有较大灌木，社区整体空间相对较为通透（图8-13）。

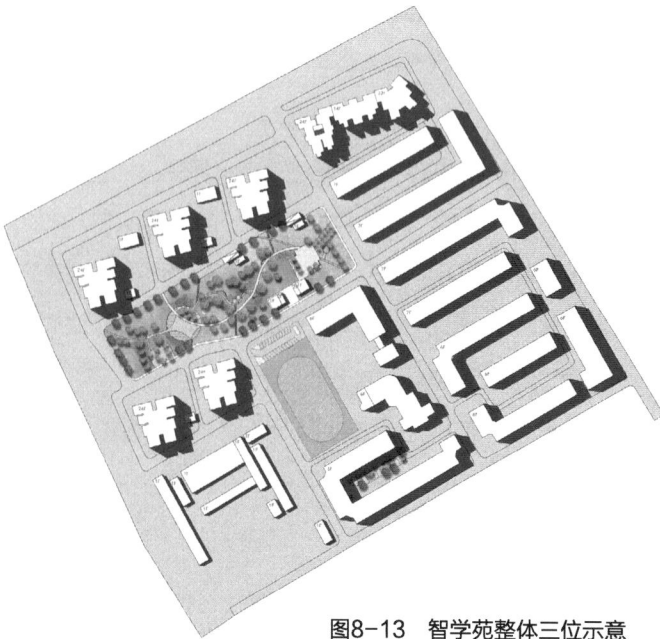

图8-13 智学苑整体三位示意

住区建成环境对居民健康活动行为的影响研究

2. 智学苑社区交通组织

社区设有两个出入口，主入口位于西二旗西路，次入口位于西二旗大街，内部交通组织为人车混行，主路宽约9米，支路宽约7米，道路两侧均有绿化。社区设有地下停车和地上停车场（位），但是路旁停车较多，部分占用人行空间。

社区商店和菜场后院直接通往次干道，还在人口交叉口处设直径为24米的方形广场。由于步行和自行车速度比机动车辆缓慢，应变性好，交叉口处行人和自行车流相互影响不大，因此交叉口处要求并不十分严格，但人和自行车流必须引导迅速通过。设计者在广场设置了4个环形交通岛，岛内植栽高度在9米以上的银杏树，发挥了分流、导向作用（图8-14、表8-11）。

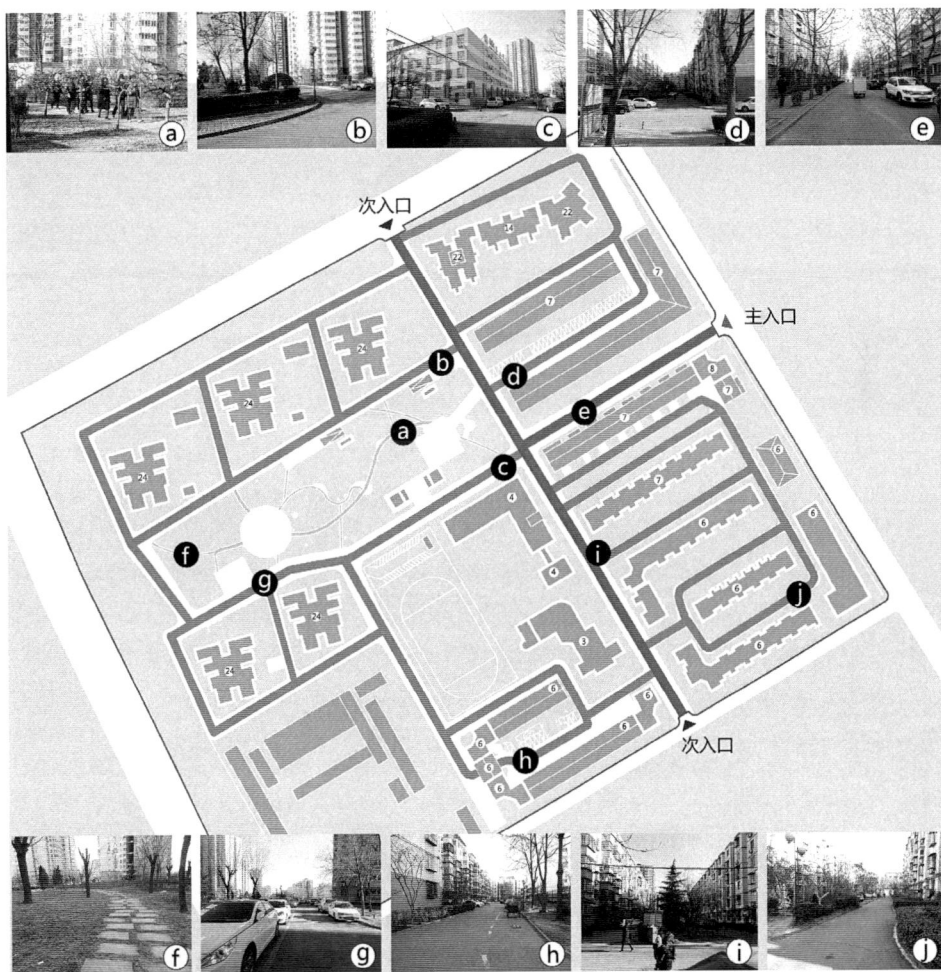

图8-14　智学苑交通组织

分类	图例	形式	宽度	道路绿化	人行道	铺地情况	照片举例
主路	■	人车混行	9m	双侧绿化	双侧2m	水泥路面，人行道有铺装	图8-14e
支路	■	人车混行	7m	双侧绿化	单侧2m	水泥路面，人行道有铺装	图8-14b
小径	▦	人行	2m	双侧绿化	——	多种铺装，形式多样	图8-14a

智学苑不同等级道路特征　　　　表8-11

从社区道路的功能来看，社区道路具备消防通道的作用，它属于必备的车行道，必须满足相应的建筑法规要求。但是从形式上看，部分宽大的硬质路面对社区的景观往往会产生很大的负面影响，这些通道不仅占去了楼间宝贵的绿化面积，使本来就不大的景观空间变得更小更碎，而且它们往往贴近建筑，线型僵硬，很难与周边的景观环境相融（图8-15）。

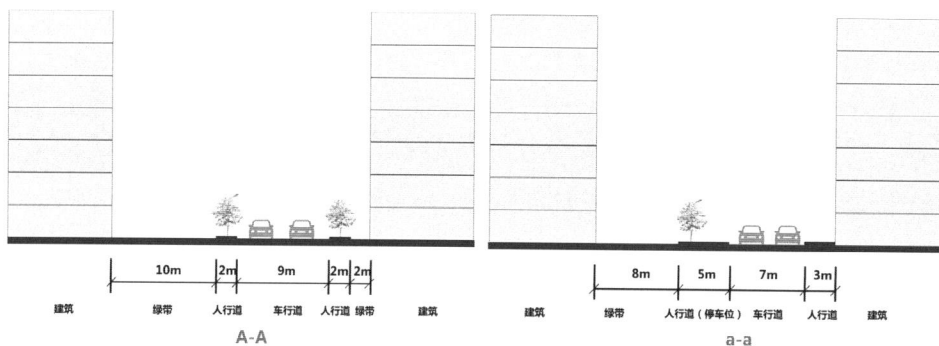

图8-15　智学苑道路断面

3. 智学苑社区广场及节点景观

社区内设有名为"成长家园"家庭人口文化园的中心绿地，面积约3000平方米。中心绿地内部有宽约2米的人行小径，小径铺地形式多样，步行感受较好（图8-16、表8-12）。

相对于一般社区外形简单，户外景观也片面地强调本身的平面构图，极易与其周围的建筑边缘线产生冲突，使得景观不能与建筑相呼应，且更易与建筑之间产生一系列的难于处理的边角空间，而智学苑社区"隐形"广场的处理更易于将其他的环境因素（地形、水体、植物等）有机地组织在广场空间，使硬质景观与软质景观融为一体。

在设计中，智学苑社区绿化采取乔木、灌木、草坪立体绿化，以乔木为主的方针。乔木的造氧、遮阴、美化功能都很好，比灌木、草更有利于改善空气质量，有更好的生态效益。高大乔木所形成的林荫道亦更宜于居民室外休憩和观赏。

　住区建成环境对居民健康活动行为的影响研究

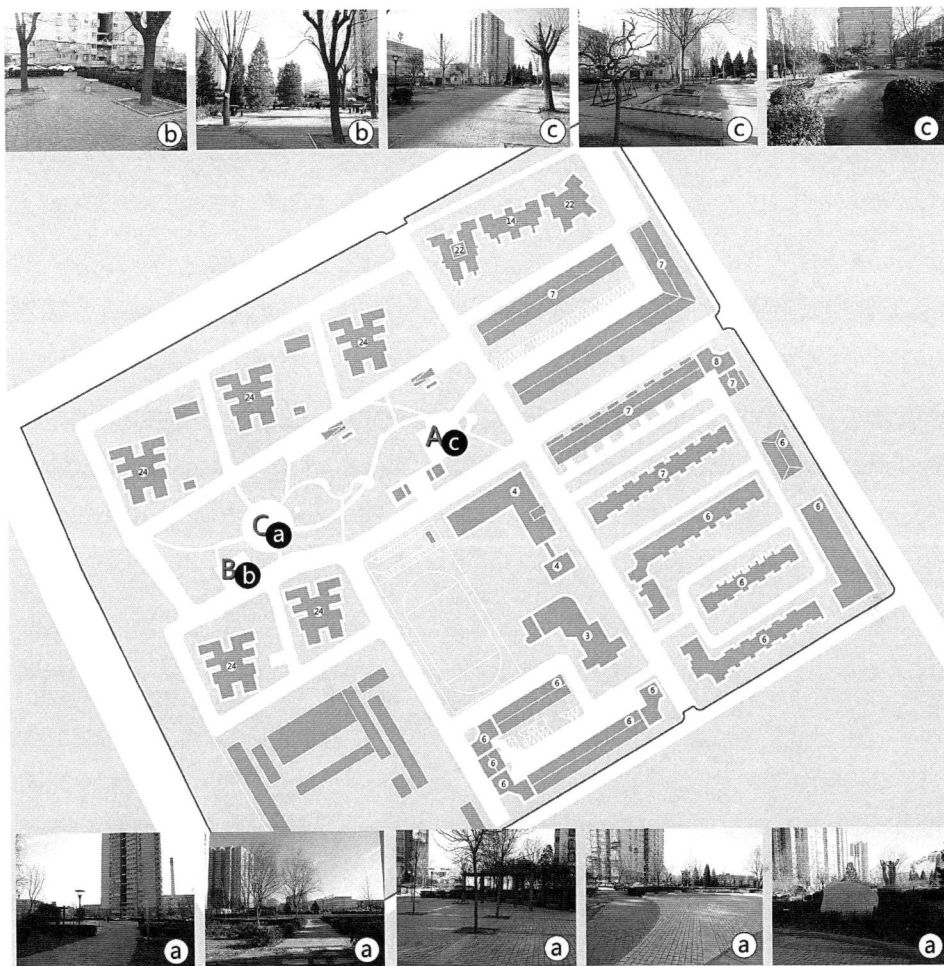

图8-16 智学苑景观节点

智学苑景观节点特征　　　　　　　　表8-12

类别	位置	面积	周边绿化	雕塑	铺地情况	照片
体育广场	A	484m²	绿化充足，种植多种植物	无雕塑	单一铺地	图8-16c
文娱广场	B	615m²	绿化充足，种植多种植物	6个雕塑	多种铺装	图8-16b
休憩广场	C	266m²	绿化充足，种植多种植物	无雕塑	单一铺装	图8-16a

4. 智学苑社区康乐设施配置

中心绿地内设有体育健身器材、休闲棋盘等娱乐健康设施，且设施质量较好，利用率较高。健身器材共计10个，周围有绿树遮阳，日照条件良好；休闲棋盘共计5个，位于树荫之下（图8-17、表8-13）。

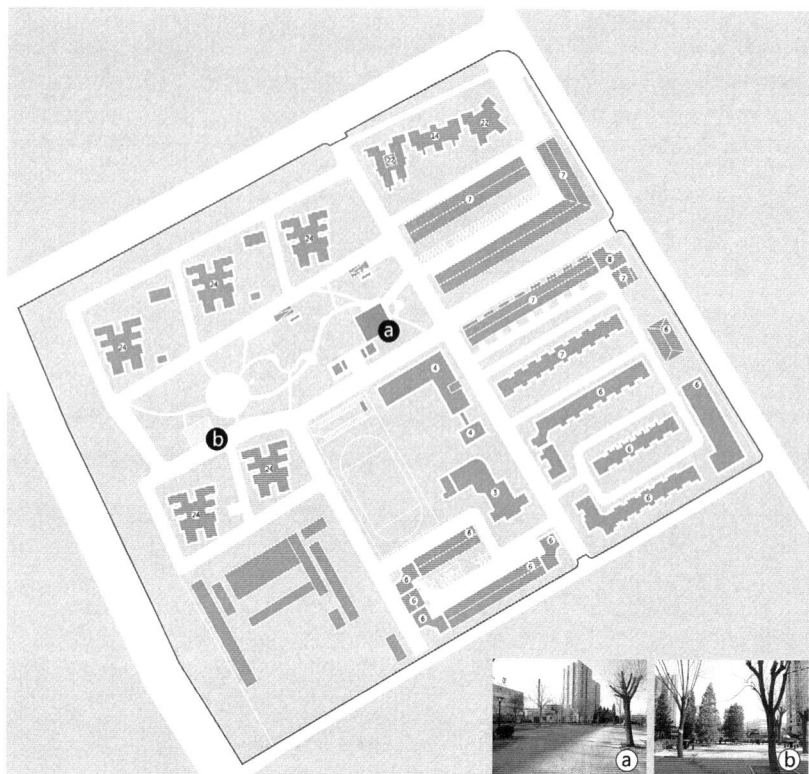

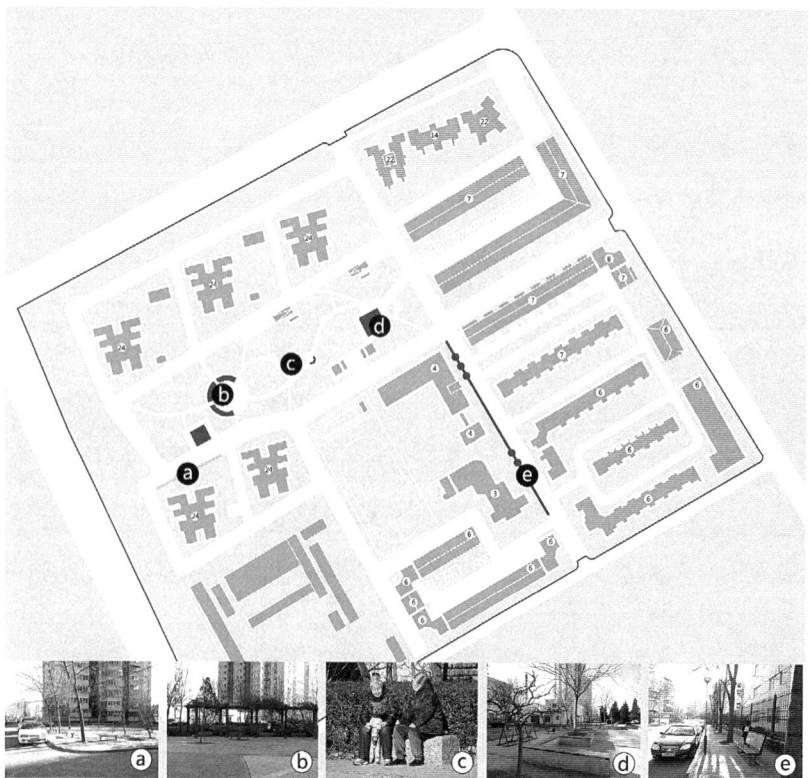

图8-17 智学苑社区体育器材（上）和座椅（下）

住区建成环境对居民健康活动行为的影响研究

智学苑体育器材特征   表8-13

类别	位置	质量	数量	周边绿化	举例照片
健身器械	▓▓▓	较好	10个	四周有绿化	图8-17左a
棋盘设施	▓▓▓	一般	5个	四周有绿化	图8-17左b

社区内共有座椅41个，材质分别是木质、石质，中心绿地座椅利用率较高且质量较好，冬季也有老人在中心绿地休息。沿街座椅分布在小学大门所在街道一侧，部分破损，偶有行人在此休息（表8-14）。

智学苑座椅特征   表8-14

类别	位置	数量	材质	质量	周边绿化	举例照片
沿街分布	▓▓▓	7个	木质、铁质	一般	行道树	图8-17右e
组团内部	▓▓▓	4个	木质	一般	四周有草地	图8-17右a
广场节点	▓▓▓	30个	木质、石质	一般	大量绿化	图8-17右b

5. 智学苑社区灯光设施配置

庭院灯光设计人性化旨在营造一种心灵的归属感，设计师作为一个情感场所的营造者，在对庭院灯光平面布置时，应先了解社区内的居民的文化背景，以及他们所需要的情感归属等生活情趣，通过设计，将其转译和表达出来，不能为了设计而设计，或是生硬、机械的平面构图使空间分隔，而是通过人性化来传达设计的趣味性。智学苑的灯光设计应该说也是成功的，良好的灯管间距及合适的灯光色彩，加上设计师在智学苑的灯光造型上采用了较为古典的款式，夜晚灯管亮起来后，给人的总体认知度相当高（表8-15）。

智学苑路灯配置   表8-15

	位置	数量	照明度	间距	照片
	沿街布置，广场上散落分布	82个	较好	10m	

8.2.2 安宁里社区

安宁里社区成立于1999年11月17日，位于北京市海淀区清河小营环岛，交通便利，环境优美。安宁里社区，辖区面积9万平方米，常住人口数2931人，其中外地流动人口661人，容积率1.22，绿化率30%，辖区单位9个，包括北大医学部、长城润滑油公司、牛奶公司、航天设计院、银燕大厦、五星啤酒厂、华北电力大学、清河军休所和汽修五厂。安宁里社区所属15栋楼以及汽修五厂平房；东至四拨子村，西至安宁庄村，北至陶瓷厂，南至丝绸厂（图8-18）。

图8-18 安宁里社区区位

安宁里社区成熟，环境优雅，美观大方，生态良好，邻里和睦，祥和文明，康乐和谐。内部管理完善，居住人群文化素质层次高，稳定，地理环境优越，交通便利，周边配套设施完善，各种档次的饭店、酒楼、娱乐城、文化活动馆等休闲场所应有尽有，满足生活所需。

1. 安宁里社区整体协调性

安宁里社区内建筑由9层庭院式塔板和3层低密BLOCK纯板组成，建筑质量较好，立面色彩丰富。安宁里社区的整体构成包括物质的构成，即人、绿化、水体、道路、设施小品等；其次为精神文化的构成，即环境的历史文脉、特色等。安宁里社区的景观设计，不仅只停留在填空式绿化，生态性和私密性有所提高，但户间的交流逐步减少，人与人之间多为陌生冷漠（图8-19）。

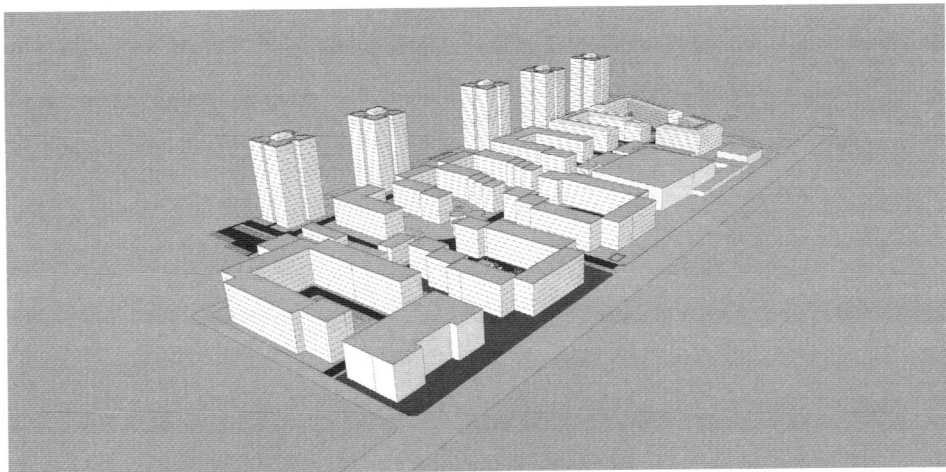

图8-19　安宁里三维示意

2. 安宁里社区交通组织

安宁里社区道路形式为人车分流，社区内路面设有多种铺装，形式多样，质量良好，社区车行路宽约7米，道路两侧绿化充足，两侧无人行道，单侧配有路灯。

除少许路段对机动车开放外，大多数都用于步行或自行车，主要道路约为9米宽。另有比较密集的二级和三级路网。道路基本上都是曲线的，连接平滑，形状优美，路上的景色变化多姿。平滑的曲率，多变的景色，自由的穿插，足够的长度，使在环道上进行运动成为一种享受（表8-16、图8-20）。

3. 安宁里社区广场及节点景观

安宁里社区内环境优雅，景色优美，有溪林、庭院、配有中心绿地，供居民生活娱乐。广场上种有树木，围绕树木设有座椅，供游人休憩。社区内缺少体育健身器械（图8-21、表8-17）。

安宁里社区在设计上避免了可能形成停车场的空地，通过丰富的广场景观，适当地增加景观的竖向高差，形成丰富多变的、具有亲和力的公共空间。让社区的人们感受到广场内景观的情趣变化，从而参与其中，促进人们的情感交流。

4. 安宁里社区康乐设施配置

中心绿地内设有体育健身器材、休闲棋盘等娱乐健康设施，且设施质量较好，利用率较高。健身器材共计52个，周围有绿树遮阳，日照条件良好；休闲棋盘共计5个，位于树荫之下（表8-18）。

分类	图例	形式	宽度	道路绿化	人行道	铺地情况	照片
主路	■	人车混行	9m	双侧绿化	双侧2m	车行路无铺地，人行道有铺装	图8-19f
支路	■	人车混行	7m	双侧绿化	——	行路无铺地	图8-19h
小径	▨	人行	2m	双侧绿化		单一铺地	图8-19a

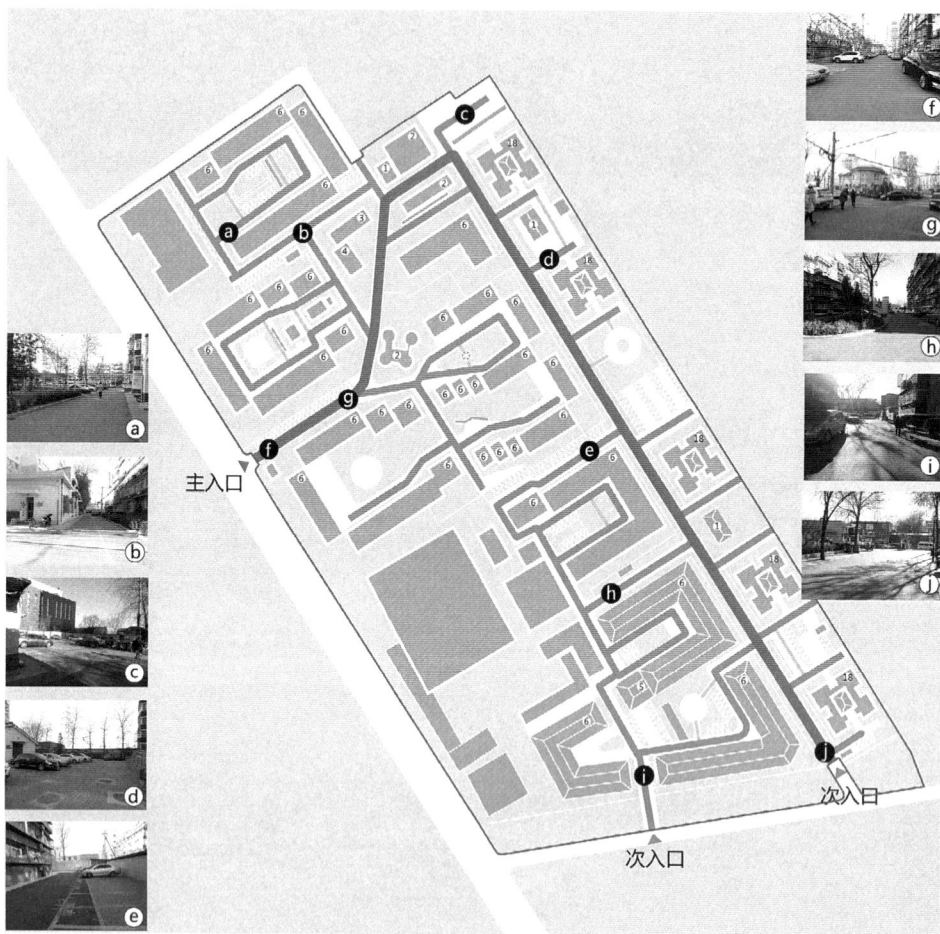

图8-20　安宁里道路空间组织

安宁里景观节点　　　　　表8-17

类别	位置	面积	周边绿化	雕塑	铺地情况	照片
体育节点	A	1144m²	绿化充足	无雕塑	单一铺地	图8-21g
文娱节点	B	253m²	绿化充足	无雕塑	单一铺地	图8-21h
休憩节点	C	1158m²	绿化充足，种植多种植物	无雕塑	单一铺地	图8-21j

图8-21　安宁里景观节点分布

安宁里健身器材　　　　　　　　　　　　　表8-18

类别	位置	质量	数量	周边绿化	照片
健身器械		较好	52个	四周有绿化	图8-22左a
棋盘设施		一般	5个	广场周边有树木	图8-22左b

　　社区内共有座椅25个，材质分别是木质、石质，中心绿地座椅利用率较高且质量较好，秋季的老人在中心绿地休息的时间相对较长。沿街座椅分布在小学大门所在街道一侧，部分破损，偶有行人在此休息（图8-22、表8-19）。

　　同时，座椅还主要集中在组团内部和沿街道分布，座椅的两侧还分布有大量的行道树等绿化景观。这些景观增进了社区节点景观的亲和力。

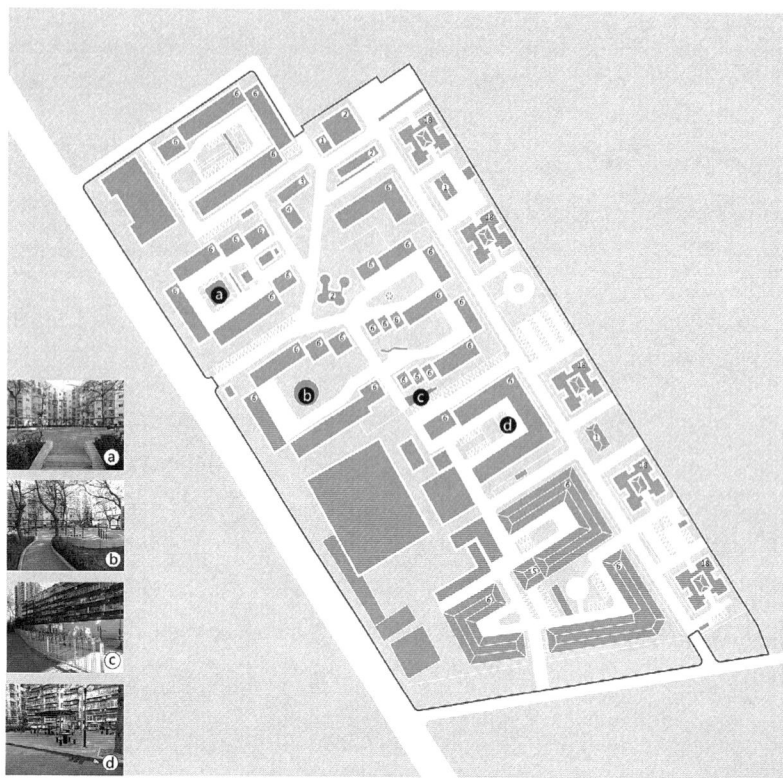

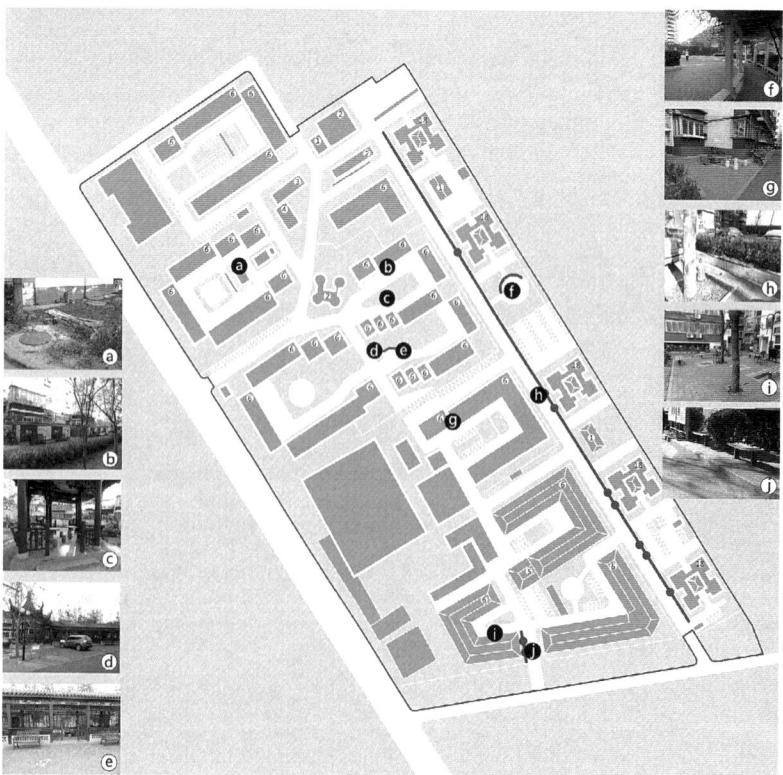

图8-22 安宁里体育器材（上）及座椅（下）分布

住区建成环境对居民健康活动行为的影响研究

类别	位置	数量	材质	质量	周边绿化	照片
沿街分布	▬	10个	木质、石质	一般	行道树	图8-22右a
组团内部	▨	15个	木质、石质	一般	四周有草地	图8-22右b
广场节点	▬	——	木质、石质	一般	大量绿化	图8-22右c

5. 安宁里社区路灯设施配置

社区景观设计并非只是在空地上配置花草树木，而是一个集总体规划、空间层次、建筑形态、竖向设计、花木配置、灯光设计等功能为一体的综合而人性化的概念。安宁里的灯光设计总体与周边的环境较为协调，其中光线给人的感觉具有唯美质感（表8-20）。

安宁里路灯配置 表8-20

位置	数量	照明度	间距	照片
沿街布置，广场上散落分布	120个	较好	15m	

8.3 健康活动一般型住区

8.3.1 安宁东社区

上林溪项目是安宁东社区的主要组成部分，其位于海淀区安宁庄东路（八达岭高速西三旗出口向西第一个红绿灯向南即到）。上林溪项目三期工程预计2016年上半年开盘。上林溪是一处居民住宅社区，总占地面积约12公顷，规划总建筑面积约30万平方米，容积率约为2.0，地上地下车位充足，人车分流（图8-23）。

图8-23 安宁东区位

1. 社区整体协调性

安宁东社区周边配有学校北京101中学、清华附中、北京市二十中、海淀区实验二小、清河中学；商业设施有上地华联商厦、金隅蓝岛商厦、美廉美超市；医院有北医三院上地门诊部、清河医院、北京社会福利中心医院、999急救中心以及潘中恒骨科医院。社区以BLOCK院落式围合布局，形成"五园两溪一街"规划蓝本，由庭院式塔板和低密BLOCK纯板组成，由一条溪林景轴贯穿两大组团，让建筑仿佛从溪林里长出来一般，并建幼儿园和商街配套，旨在打造建造有溪林、庭院、有互动的情景式理想住区。社区内建筑由9层庭院式塔板和3层低密BLOCK纯板组成，建筑质量较好，立面色彩丰富（图8-24）。

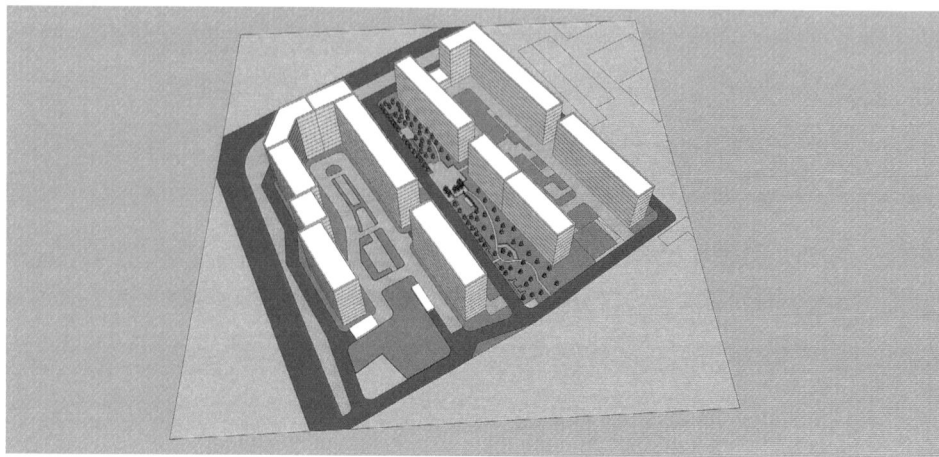

图8-24 安宁东三维示意

住区建成环境对居民健康活动行为的影响研究

2. 社区交通组织

安宁东社区道路形式为人车分流，社区内路面设有多种铺装，形式多样，质量良好，社区车行路宽约7米，道路两侧绿化充足，两侧无人行道，单侧配有路灯（图8-25、表8-21）。

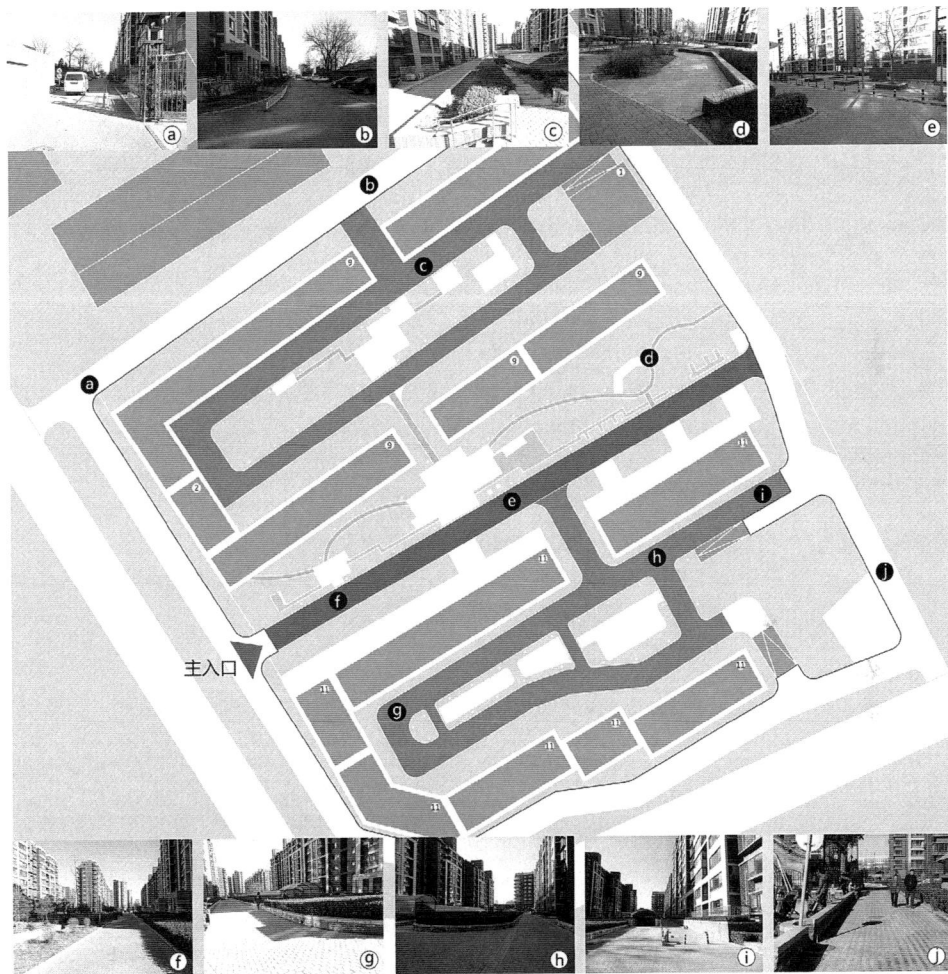

图8-25 安宁东交通组织

道路顺应人流走向，在基地中部规划6米宽、东西转南北的社区主干道。主干道出入口处设门垛、标牌和服务中心，中间有一段240米为圆弧弯道，增加了线型变化。除了居民搬家运物及必要的消防、救护车外，货运车辆不准进入社区，只有人和自行车交通，确保安全。服务设施、集中绿地和活动中心联接，流线畅通，交通脉络清晰。

分类	图例	形式	宽度	道路绿化	人行道	铺地情况	照片
主路	■	人车混行	7m	双侧绿化	——	路面有铺装	图8-25e
支路	■	人车混行	7m	双侧绿化	——	路面有铺装	图8-25h
小径		人行	2m	双侧绿化	——	多种铺装，形式多样	图8-25d

　　安宁东社区主、次干道全部是水泥路面，道路平整，道路首、末端竖立路牌。每栋住宅楼沿道路山墙上挂组团、栋号标志，方便外来探亲访友的行人。主、次干道两侧每距15米植银杏树一株，夏季绿树浓荫，凉爽舒适（图8-26）。

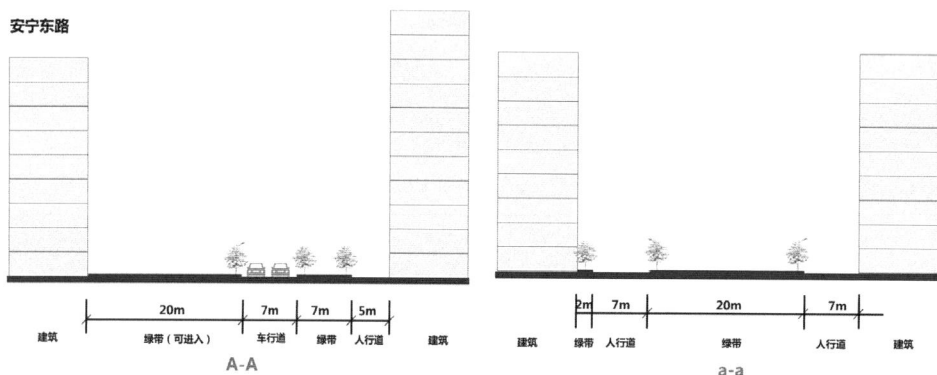

图8-26　安宁东道路截面

3. 社区广场及景观节点

　　社区内环境优雅，景色优美，有溪林、庭院、配有中心绿地，供居民生活娱乐。广场上种有树木，围绕树木设有座椅，供游人休憩。社区内缺少体育健身器械（表8-22）。

安宁东景观节点　　　　　表8-22

类别	位置	面积	周边绿化	雕塑	铺地情况
体育广场	A	——	——		
文娱广场	B	——	——		
休憩广场	C	1196m²	绿化充足，种植多种植物	雕塑	单一铺装

4. 社区灯光实施配置

　　当代城市家园的道路灯光照明设计相对很完善，社区道路路灯的密度很大，基本每隔5到10米就会设计一盏灯。对于喜欢傍晚或晚饭后休闲的居民来讲，通透的道路光线将有助于居民的健康活动（表8-23）。

安宁东路灯配置				表8-23
位置	数量	照明度	间距	照片
集中分布在组团绿地四周	64个	一般	15m	

8.3.2 毛纺北社区

毛纺厂北社区建于2000年，总户数480户，容积率2.8，绿化率30%。社区整体体现现代简约风格，采用中间高、东西低的建筑高度，使社区建筑形态层次分明，富有强烈韵律感。社区有丰富的生活配套、四通八达的便利交通。房屋楼层分布均匀，以板楼为主，视眼非常宽广，采光较好。社区内部设有中心绿地，供居民日常休憩娱乐（图8-27）。

图8-27 毛纺北区位

1. 社区整体协调性

社区内共有8栋板楼，以6层为主，楼与楼之间的间距较大，日照充足，建筑质量一般。社区基础设施健全，周围商圈多，购物、就医、娱乐等方便快捷。商场功能齐全，设施完备，交通纵横交错，四通八达。但是社区的整体组织相对不如前面的社区，其中建筑的整体布局比较混乱，没有太大的层次感。社区可以活动的空间离主要的道路相对较近，所以噪音相对较大（图8-28）。

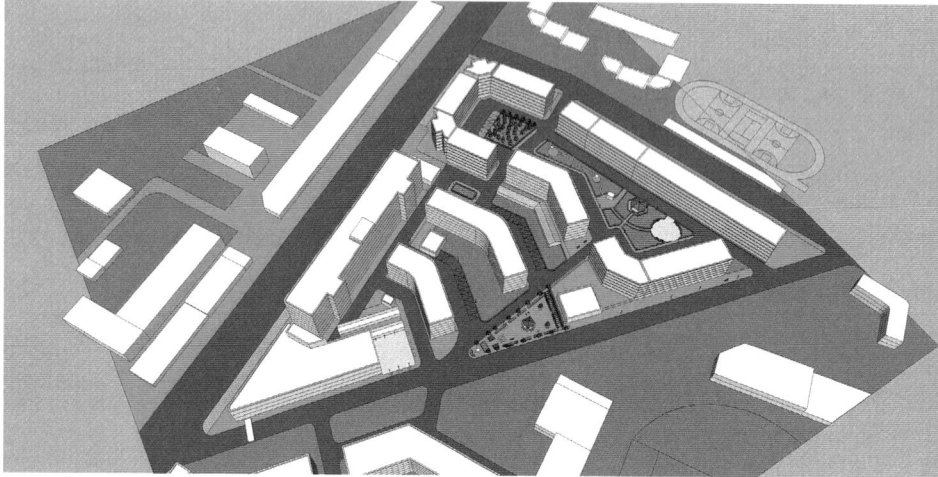

图8-28　毛纺北三维示意

2. 社区交通组织

社区主入口位于安宁庄东路，社区主干路宽约9米，两侧有人行道；次干路宽约7米，两侧有人行道，次干道两旁的人行道有大量的停车现象，基本上为自行车；人行小径宽约2米。社区以路边停车和居民楼下停车为主，无地下停车场（图8-29、表8-24）。

道路大多数都用于机动车，主要道路约为9米宽。另有比较密集的次级路网。道路基本上都是曲线的，连接平滑，路上的景色相对单调（图8-30）。

社区的道路截面主要有两种，一个双车道的道路，主要为了社区业主的日常汽车出行，另外一种道路主要为单车道，这两种道路相对来说生活气息比较浓（图8-30）。

3. 社区广场及景观节点

进入社区后，有一个硬质铺装广场作为入口的过渡，广场上有两个座椅，每天早上，有卖菜的商贩在广场上进行售卖。社区出入口的道路两旁有木制座椅，座椅质量一般。小区另有两个主要节点空间（图8-31、表8-25）。

住区建成环境对居民健康活动行为的影响研究

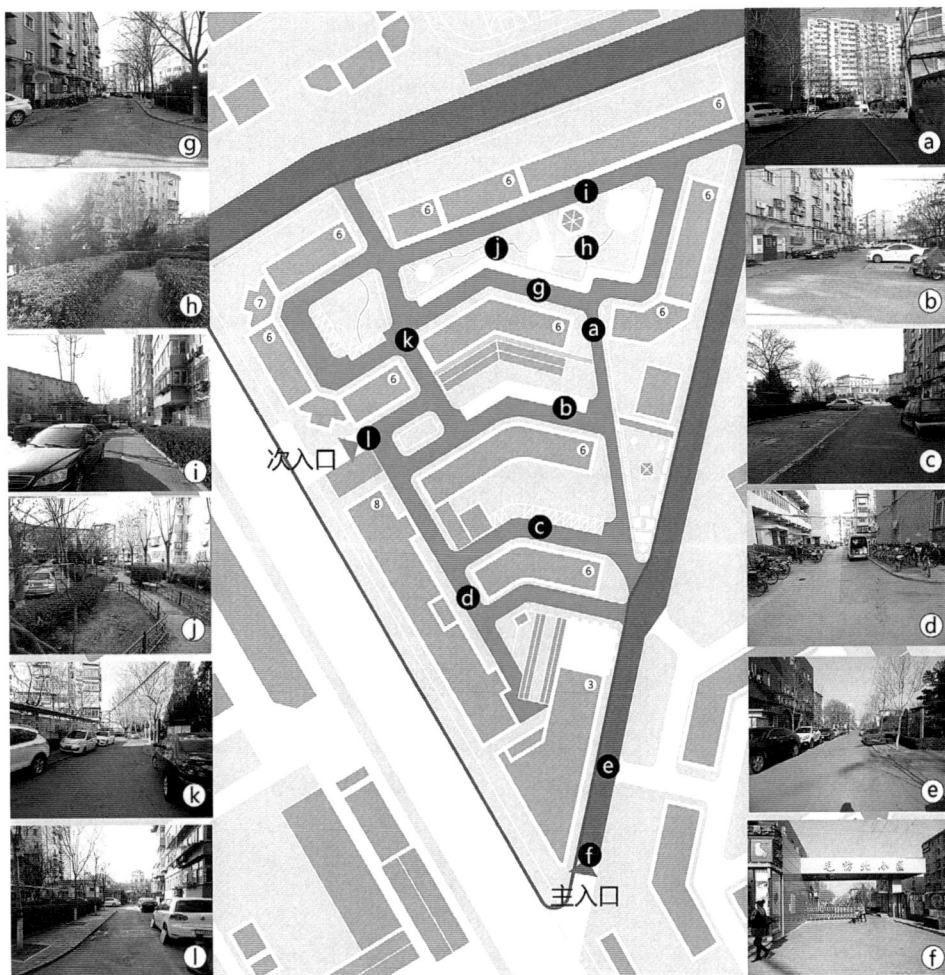

图8-29 毛纺北交通空间组织

毛纺北不同道路类型特征   表8-24

分类	图例	形式	宽度	道路绿化	人行道	铺地情况	照片
主路		人车混行	9m	双侧绿化	双侧2m	车行路无铺地，人行道有铺装	图8-29e
支路		人车混行	7m	双侧绿化	——	车行路无铺地	图8-29d
小径		人行	2m	双侧绿化	——	多种铺地	图8-29a

　　节点A位于社区主干道旁，以花坛和低矮灌木围合出节点边界。节点有明显轴线，轴线上分别是雕塑、旗杆、凉亭和廊道。节点中有少数体育健身器材且器材质量较好。节点周围及凉亭中均有可休憩的座椅，且座椅质量较好。由于节点广场离周边建筑较远，广场的日照充足，许多居民在广场上健身、晒太阳、陪伴儿童玩耍等。

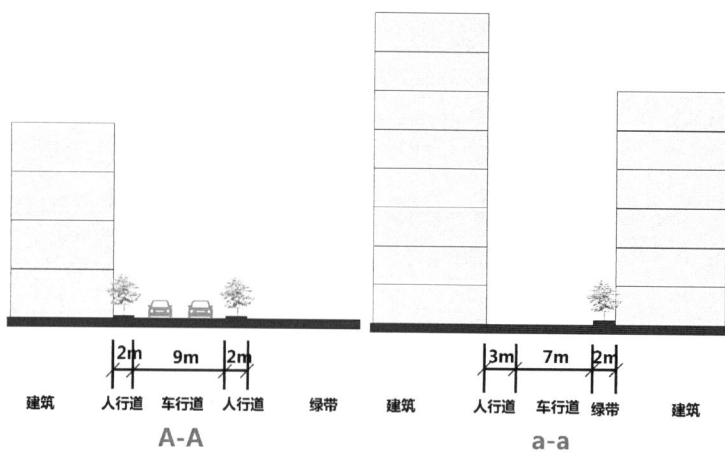

建筑　人行道　车行道　人行道　绿带　　建筑　人行道　车行道　绿带　建筑

A-A　　　　　　　　　　　a-a

图8-30　毛纺北道路截面

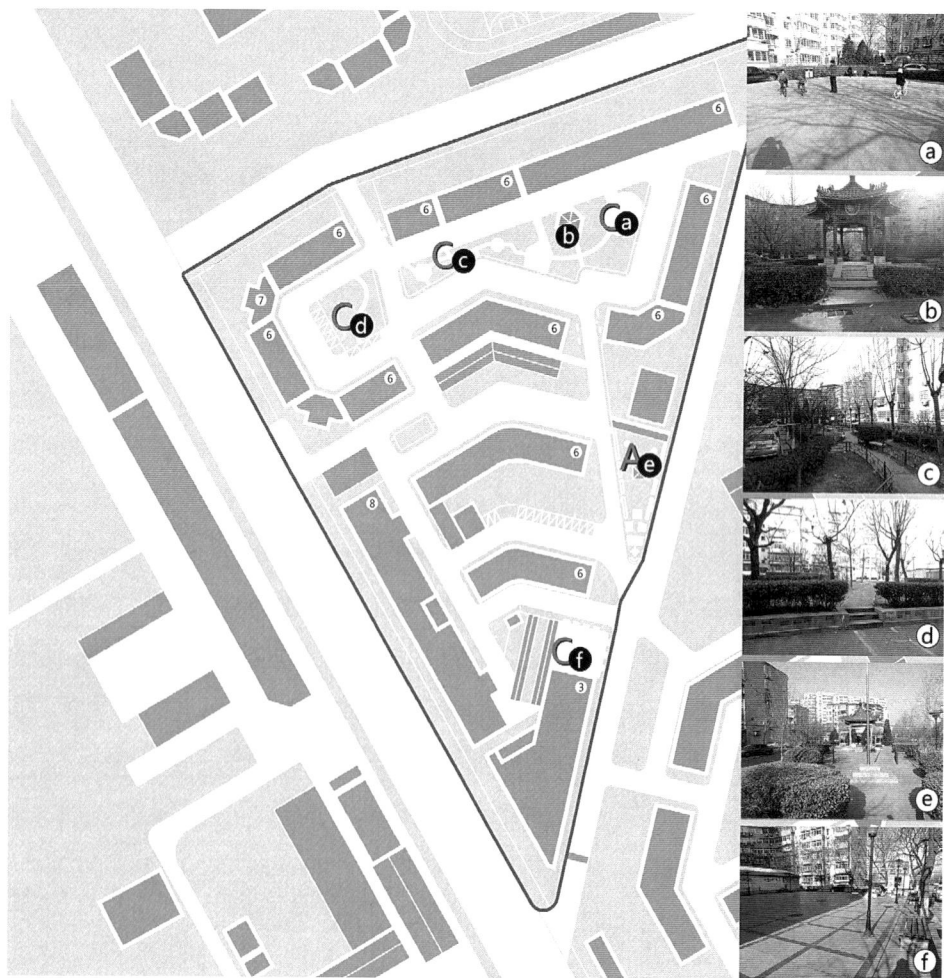

图8-31　毛纺北景观节点分布

住区建成环境对居民健康活动行为的影响研究

节点B位于社区组团内部，以绿化为主，有多种植物配置，不同铺装的人行小径在绿化之间穿梭。绿地内有凉亭、石质座椅、石雕等多种装饰。整个社区的地面铺装质量较好，节点空间内的铺装种类多样，给人良好的步行感受。

毛纺北景观节点特征　　　　　　　　表8-25

类别	位置	面积	周边绿化	雕塑	铺地情况	照片
体育节点	A	667m²	绿化充足	无雕塑	单一铺地	图8-31c
文娱节点	B	——	——	——	——	——
休憩节点	C	836m²	种植多种植物	无雕塑	单一铺地	图8-31a

4. 社区康乐设施配置

毛纺北社区内设有完善的社区服务中心等配套服务设施，其中社区设有运动广场，开敞的用地空间，以硬质铺装为止，日照充足。广场上共有6个运动器材，器材质量较好（表8-26）。

毛纺北体育器材分布　　　　　　　　表8-26

	类别	位置	质量	数量	周边绿化	照片
	健身器械	▬	较好	共6个	四周有绿化	
	棋盘设施	▬	——	——	——	——

从毛纺北社区座椅分布来看，主要分布在社区的北部，而相对南部地区较少。座椅的分布则很不均匀，每栋楼下面提供给居民休闲的座椅空间相对有限（表8-27）。

5. 社区灯光设施配置

毛纺北社区的道路灯光相对主要集中分布在社区三角的周边，而社区内部的道路灯光分布相对较少。总体来看，社区道路灯光的密度相对不足，总共设置的路灯只有35个，很难满足社区整体的需求（表8-28）。

毛纺北座椅分布 表8-27

类别	位置	数量	材质	质量	周边绿化	照片
沿街分布		9个	木质、石质	一般	行道树	
组团内部		24个	木质、石质	一般	四周有草地	
广场节点		—	—	—	—	

毛纺北路灯配置 表8-28

位置	数量	照明度	间距	照片
沿街布置，广场上散落分布	35个			

8.3.3 上地东西里社区

上地东里社区挨北五环，南接中关村、清华北大和人大。东1000米为八达岭高速，交通便利，直达德胜门。社区最早开工于1991年，位于上地信息产业基地的南门，守着中关村的门户。西望百望山、农大、国际关系学院。北为中关村软件出口基地园区。位于圆明园、颐和园、百旺森林公园、药用植物园等皇家园林和名胜古迹之间，更有很多社区公园左右相邻环抱。社区总建筑面积40万平方米，总户数3000，容积率2.9，绿化率30%。小区内建筑分板楼和塔楼两种。社区内公共服务设施较为完善，社区内设有集中绿地，为居民提供休闲娱乐的场所。

上地西里社区建成于2000年前后，属于北京市北部居住片区开始大规模建设的开端，是典型的商品房社区，但是距今已有15年历史。社区规划户数1800户，容积

住区建成环境对居民健康活动行为的影响研究

图8-32　上地东西里区位示意

率1.7，绿地率40%，现在社区的入住率也相当高。小区紧邻信息路和上地西路，距离地铁13号线约800米，交通方便。小区内建筑以6层板楼为主，社区内有完善的服务中心，配有中心绿地（图8-32）。

1. 社区整体协调性

上地东里社区共有7片住宅区域，分别是一至七区，共包括44栋6层板楼、10栋塔楼。上地西里社区共19栋楼，均为6层板楼，楼间距较大，环境舒适。社区内设有社区服务中心、便利店、幼儿园、小学等基础服务设施。社区内部设有独立的社区服务中心、社区活动中心及生活便利超市，基本公共服务设施的配置较完善，已经是成熟社区（图8-33）。

图8-33　上地东西里三维示意

2. 社区交通组织

社区内部主干路宽约11米，两侧有人行道及绿植，次干路为7米，两侧有人行道、绿植，社区道路宽敞，步行感受较好。社区设有地下车库和地面停车位，但仍有部分车辆占用人行空间（图8-34）。

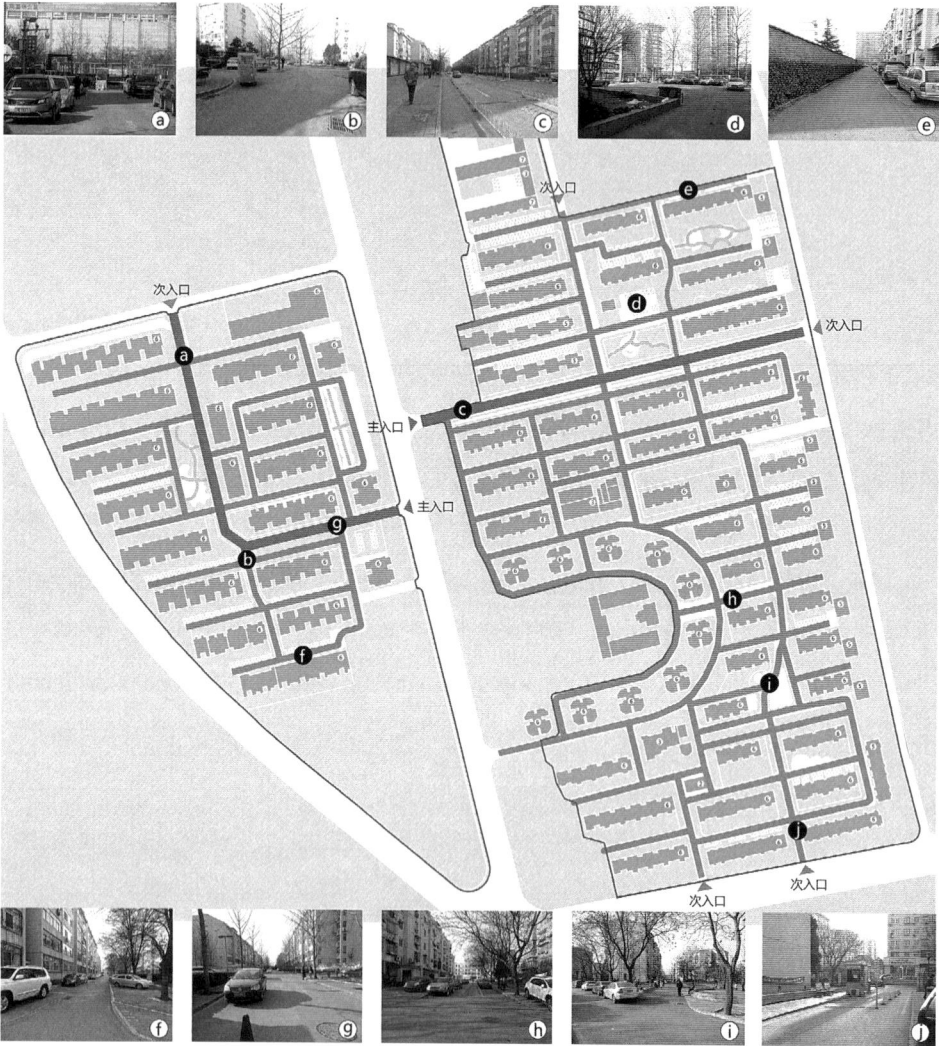

图8-34　上地东西里交通组织

社区设有两个出入口，主入口位于信息路，次入口位于上地二街，内部交通组织是人车混行。一条车行主路连接两个出入口，社区路宽9米。社区组团级道路宽5米，同时社区还设置了7米的环形道路（表8-29）。

住区建成环境对居民健康活动行为的影响研究

分类	图例	形式	宽度	道路绿化	人行道	铺地情况	照片
主路	■	人车混行	9m	双侧绿化	双侧2m	水泥路面,人行道有铺装	图8-34c
支路	▨	人车混行	7m	双侧绿化	双侧2m	水泥路面,人行道有铺装	图8-34f
小径	░	人行	1.2m	双侧绿化	——	多种铺装,形式多样	图8-34d

从道路的断面来看,上地东西里的道路相对来说较为多样,其中主要干道为四车道,道路中间有绿化带,而相对来说主要干道对居民日常的健康活动影响相对较大;而次要干道又可以通车,离住户距离相对也较近,所以不太利于居民的日常休息(图8-35)。

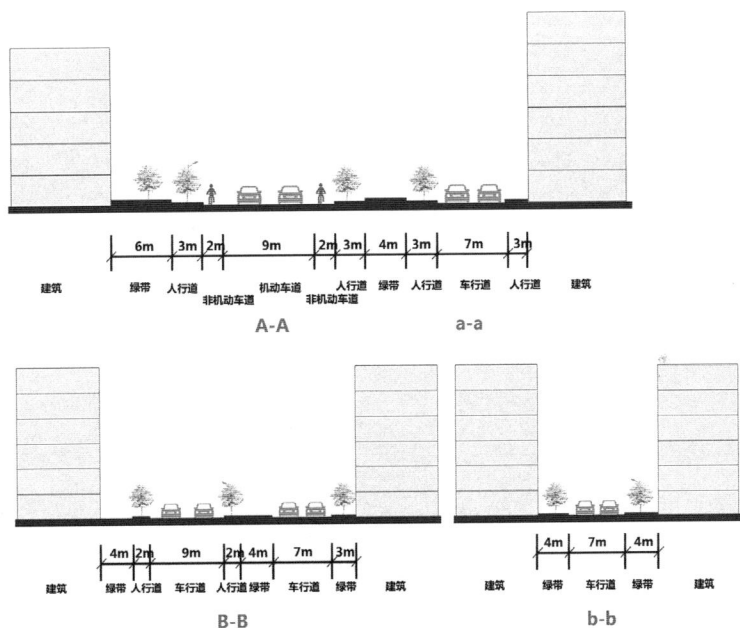

图8-35　上地东西里道路截面

3. 社区广场及景观节点

社区内设有集中绿地,为居民提供休闲娱乐的场所,广场内有石质及金属雕塑,彰显人文情怀。由于中心广场地势开阔,日照良好,许多居民都在此聚集,有的陪伴儿童,有的交流谈心,有的跳舞健身。广场通过铺装形式区别步行道路及停留空间,有低矮花池围合广场,形式多样(图8-36)。

另外,社区内还设有多处小型节点广场,并设有桌椅,但是由于处于建筑阴影下及被车辆占用部分空间,这些小型广场的利用率较低。小区内沿路旁、居民楼下

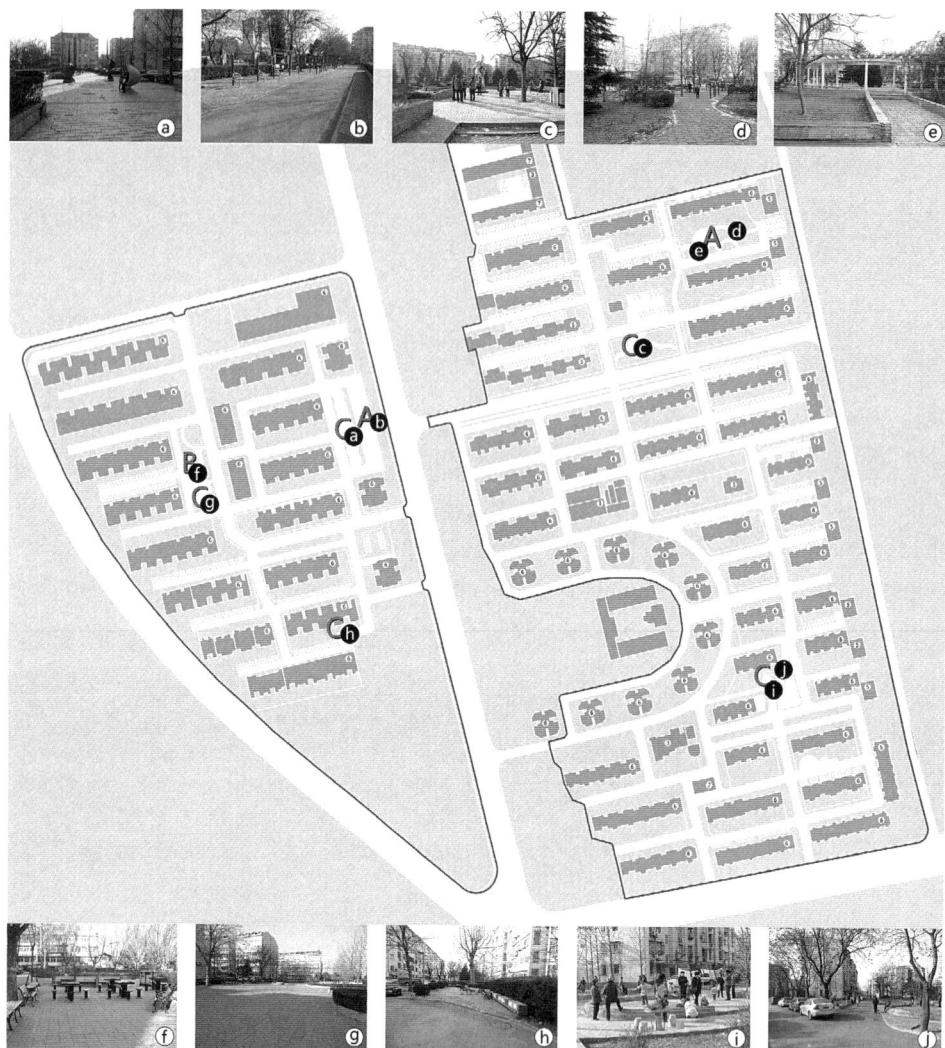

图8-36 上地东西里景观节点

及节点空间均设置有座椅，座椅形式多样，材质丰富，整体利用率较高，质量较好。小区步行环境主要围绕主要的中心景观广场展开，核心广场有两个，分别位于小区中心及小区东侧（表8-30）。

上地东西里景观节点特征 表8-30

类别	位置	面积	周边绿化	雕塑	铺地情况	举例照片
体育广场	A	1120m²	绿化充足，种植多种植物	无雕塑	单一铺地	图8-36b
文娱广场	B	994m²	绿化充足，种植多种植物	1个雕塑	多种铺装	图8-36f
休憩广场	C	91m²	绿化充足，种植多种植物	无雕塑	单一铺装	图8-36a

住区建成环境对居民健康活动行为的影响研究

4. 社区康乐设施配置

核心中心广场具有景观和休闲功能，设有大量木质座椅和5个棋牌设施。东侧广场具有健身和休闲功能，设有木质座椅、雕塑及运动器材。整个小区的座椅分散布置。由于座椅的使用率较高，现在已经出现了相当程度的磨损、掉漆、变形等问题。小区铺地质量一般，种类单一，仅区分了广场铺地和人行道铺地。可见在那个时代景观设计还并未提升到相当高度。小区设置有健身器材片区。通过器材质量可以判断，应该是后来加装的。健身器材设置在核心广场处，日照较好。小区步行环境较好，绿化充分，步行道路宽度约为2米（表8-31、表8-32）。

上地东西里座椅分布　　　　　　　　　　　　　表8-31

	类别	位置	数量	材质	质量	周边绿化	照片
	沿街分布	■	82个	木质、铁质	一般	行道树	
	组团内部	■	8个	木质	一般	绿化充足	
	广场节点	■	34个	木质、石质	一般	大量绿化	

小区内另设有健身广场，广场内有体育健身器材及乒乓球台，器材质量较好，利用率高。健身器材周围有休息的座椅及绿植，环境宜人。

上地东西里体育器材分布　　　　　　　　　　　表8-32

	类别	位置	质量	数量	周边绿化	照片
	健身器械	■	较好	26个	四周有绿化	
	棋盘设施	■	一般	5个	四周有绿化	

5. 社区灯光实施配置

上地东西里的道路灯光配置存在空间差异，其中上地西里的灯光平均密度大于上地东里，同时上地西里由于修建时间比上地东里晚，所以上地西里路灯的质量较西里好一些，道路灯光的关系也比较柔和。但是，总体来讲上地东西里的道路灯光配置比较好（表8-33）。

上地东西里路灯配置 表8-33

位置	数量	照明度	间距	照片
沿街布置、部分街道没有路灯，广场上散落分布	130个			

8.4 健康活动较差型住区

8.4.1 美和园社区

美和园社区位于北五环外，紧邻上地城铁站东侧，小区是成熟社区，环境优雅，美观大方，生态良好，邻里和睦，祥和文明，康乐和谐。小区修建于2009年10月，绿化率30%。小区物业管理完善，贴心人性化，居住人群文化素质层次高，稳定，地理环境优越，交通便利，周边配套设施完善，各种档次的饭店、酒楼、娱乐城、文化活动馆等休闲场所应有尽有，满足生活所需，增添无限惬意（图8-37）。

图8-37 美和园区位

住区建成环境对居民健康活动行为的影响研究

1. 社区整体协调性

小区建筑以6层板楼为主，红线范围内共有22栋板楼、8栋塔楼，建筑质量一般。小区内配有社区卫生服务中心。小区的绿地可以为居民提供休闲、运动和交流空间，园林绿化所创造的环境氛围生活气息不足，不能做到景为人用、富有人情味。同时，美和园小区的绿化相对较低，使得居民较少在树荫下纳凉、闲聊、散步，天真活泼的孩子们在泥土和石缝中寻找小动物、老人们下棋和活动筋骨的地方相对欠缺（图8-38）。

图8-38 美和园三维示意

2. 社区交通组织

美和园道路属于人车混行，主路宽约9米，道路单侧人行道宽2米，小区支路宽7米，道路两侧种有行道树，路面无铺装，单侧配有路灯。小区道路规整，采用人车混行，主路宽9米，道路两侧人行，绿化充足，单侧配有路灯，小区内支路车行道路宽度不一，3～7米不等，车型路面无铺装，人行路单一铺装，质量一般（图8-39、表8-34）。

从道路的材质来看，美和园社区道路基本上缺少相应的铺地，很不利于居民的日常健康活动。同时，道路采用人车混行的方式，居民日常进行健康活动相对有所顾虑，缺少安全保障。

3. 社区广场及景观节点

美和园社区内部有可供居民进入的绿地，广场节点缺少体育器械，场所比较破败，很少有居民游玩。石油社区环境较好，存在大量绿化及活动空间，广场节点器械充足，有木质座椅供游人休憩，道路两侧也配有座椅，广场上地面设有铺装且质量较好（图8-40）。

图8-39　美和园社区交通组织

美和园不同等级道路特征　　　　　　　　　表8-34

分类	图例	形式	宽度	道路绿化	人行道	铺地情况	照片
主路		人车混行	9m	双侧绿化	双侧2m	车行路无铺地	图8-39j
支路		人车混行	7m	双侧绿化	——	车行路无铺地	图8-39g
小径		人行	2m	双侧绿化	——	单一铺地	图8-39e

美和园地区体育节点的面积为310平方米左右，绿化较为充足，缺乏雕塑，道路的铺地相对较为单一；文娱和休憩面积相对较大，都超过了800平方米，绿化较为充足，缺乏雕塑，道路的铺地相对较为单一（表8-35）。

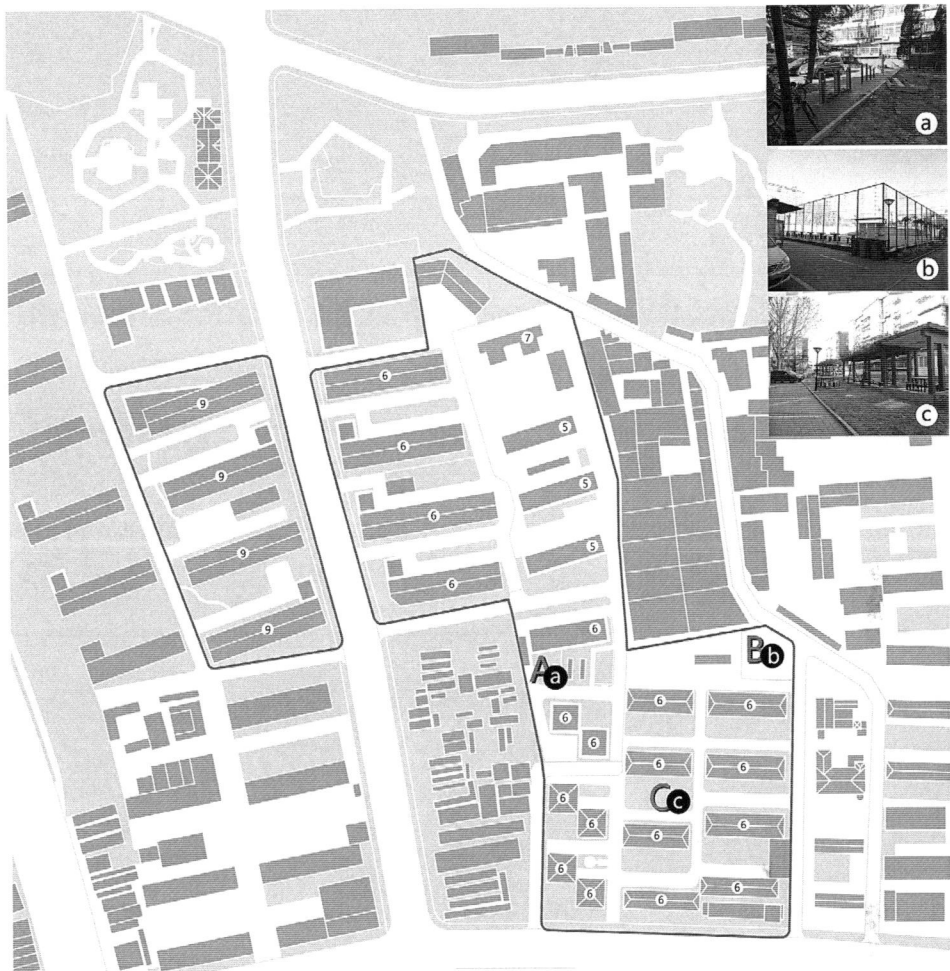

图8-40 美和园景观节点

美和园景观节点特征 表8-35

类别	位置	面积	周边绿化	雕塑	铺地情况	照片
体育节点	A	310m²	绿化充足	无雕塑	单一铺地	图8-40a
文娱节点	B	857m²	绿化充足	无雕塑	单一铺地	图8-40b
休憩节点	C	905m²	绿化充足，种植多种植物	无雕塑	单一铺地	图8-40c

4. 社区康乐设施配置

美和园的座椅主要分布在社区南部的一处小脚上，其中，沿着街道分布共有13个座椅，材质主要为木质，座椅周边还有一些行道树；在组团内部分布的座椅共有

9处，主要为木质和石质为主，质量一般，座椅周边有一些草地；广场节点座椅共有12处，主要为木质为主，质量一般，座椅周边有大量绿化（表8-36）。

美和园座椅分布 表8-36

类别	位置	数量	材质	质量	周边绿化	照片
沿街分布		13个	木质	一般	行道树	
组团内部		9个	木质、石质	一般	四周有草地	
广场节点		12个	木质	一般	大量绿化	

美和园社区的康乐设施主要分布在社区的中部，其中健身器材主要质量相对较差，数量总数为5处，周边有绿化；而棋盘设施质量一般，总共有10处，主要分布在广场周边，且有大量数目（表8-37）。

美和园体育器材分布 表8-37

类别	位置	质量	数量	周边绿化	照片
健身器械		较差	5个	四周有绿化	
棋盘设施		一般	10个	广场周边有树木	

5. 社区灯光实施配置

美和园社区的道路灯光相对来说分布较为均匀。总体看来，社区道路灯光的密度相对较大，总共设置路灯105个，基本可以满足小区夜晚使用灯光的可能。但是由于小区本身的景观及可以活动的空间有限，所以灯光整体对居民健康活动的促进作用不足（表8-38）。

美和园路灯配置   表8-38

	位置	数量	照明度	间距	照片
	沿道路分布	105个	一般	10m	

8.4.2　力度家园社区

力度家园位于中关村规模化运动社区，海淀区上地清河桥西300米，中关村上地与小营环岛交界处，紧临八达岭高速，近期规划中的地铁4号线，数10条公交车线，纵横驰骋360度全辐射城市半径，30分钟随意切换工作、生活、休闲。力度家园建于2004年，规划户数714户，总建筑面积68000平方米，容积率2.6，绿化率30%。数字时代力度家园构筑成新锐时尚健康版运动社区。

小区周边配众多的教育资源，例如有北京市海淀区永泰小学、新世纪幼儿园、中国电力科学研究院幼儿园等；众多的电力及企业机构，比如清河邮电局，新都邮电所、中国工商银行北京清河镇支行等；众多的医院，例如圣地儿童医院、清河医院、京华医院、北京市福利医院、北京京北医院。同时，一般性的生活性服务业也相对较为发达，例如新疆阿达西餐厅、聚鑫快餐厅、新疆天山餐厅、家家乐超市（燕清源西北）、好邻居（海淀南路店）等企业（图8-41）。

1. 社区整体协调性

力度家园建筑以高层为主，外围沿街建筑8～21层不等，内部共两栋建筑分别为21层、15层，建筑质量较好。近8000平方米集中绿化，7000平方米地下车库，动静分区，人车分流，新鲜生活从宁静的第一个晨明开始，祥和静谧如内心升腾起的

图8-41 力度家园区位

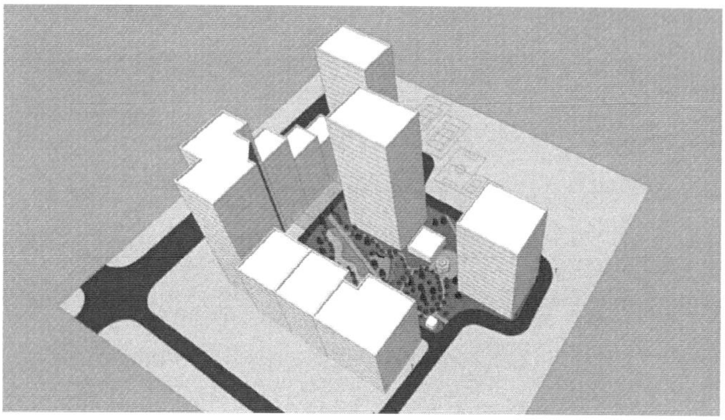

图8-42 力度家园三维示意

一缕咖啡的芳香。中关村罕有的6000平方米大型户外运动场，20余项时尚健身娱乐设施，1500平方米会所，2500平方米商业风情街，IT精英专属NBA、温步尔登，都市先锋新生活在张弛中从容有度。力度家园以高层为主，外围为沿街"L"形建筑，内部包括两栋居民楼。小区中心绿地被建筑环绕，高于地面，配有景观水系，绿化充足景色优美，为人们提供优良的生活环境（图8-42）。

2. 社区交通组织

小区主入口位于清河中街，车行主入口位于毛纺路，内部交通为人车分流，车行在建筑外围环绕。车行路宽7米，两侧有绿植，单侧人行道，宽约2米。人行小径宽1.5米。中心绿地高于建筑入口平面，入户入住与在中心绿地休闲可以明确分离，步行感受良好（表8-39）。

3. 社区广场及景观节点

力度家园小区有近8000平方米集中绿化，其中包含水系景观，给干燥的北方带来了舒适的感受。集中绿地以不同的铺装种类分布在小区的休闲区域。集中绿地上

住区建成环境对居民健康活动行为的影响研究

囊括了休闲六角亭、创意构筑物、照明地灯等各类元素。中心广场上设有休闲器械，供居民游憩。总体上，力度家园由于占地面积较小，所以可以活动的空间相对较少（表8-40）。

力度家园不同等级道路特征　　表8-39

分类	图例	形式	宽度	道路绿化	人行道	铺地情况	照片
车行路	■■■	人车混行	7m	双侧绿化	—	单一铺地	
人行路	▩	人行	2m	双侧绿化	—	多种铺地	

力度家园景观节点特征　　表8-40

类别	位置	面积	周边绿化	雕塑	铺地情况	照片
体育节点	A	—	—	—	—	—
文娱节点	B	97m²	绿化充足	无雕塑	单一铺地	
休憩节点	C	110m²	种植多种植物	无雕塑	单一铺地	

4. 社区康乐设施配置

中心广场上设有娱乐休闲器械，为居民提供游乐休憩场所，广场铺装多样，可以通过铺装区分边界（表8-41）。

小区的北面集中布置了近6000平方米运动场地，包括网球场、羽毛球场、篮球场、体育运动器材及儿童娱乐器材。各类体育设施质量良好且利用率较高。由于设有专有场地，无建筑遮挡，整个运动区域的日照充足。（表8-42）

力度家园座椅分布　　　　　　　　　　表8-41

类别	位置	数量	材质	质量	周边绿化	照片
沿街分布	■	—	—	—	—	—
组团内部	■	—	—	—	—	—
广场节点	■	6个	铁质、石质	一般	大量绿化	

力度家园体育器械分布　　　　　　　　　表8-42

类别	位置	质量	数量	周边绿化	照片
健身器械	■	—	—	—	—
棋盘设施	■	一般	2个	广场周边有树木	

5. 社区灯光实施配置

力度家园社区的道路灯光相对来说分布较为均匀，但是主要分布在小区的外围空间，小区内部分布较少。社区道路灯光的密度相对较小，总共设置的路灯19个，基本不能满足小区夜晚灯光的使用（表8-43）。

力度家园路灯配置　　　　　　　　　　表8-43

位置	数量	照明度	间距	照片
沿街布置	19个			

　住区建成环境对居民健康活动行为的影响研究

8.5 不适宜健康活动型住区

8.5.1 铭科苑社区

铭科苑地理位置优越，东距京昌高速公路西三旗环岛仅1公里，西与上地信息产业基地只一路之隔，小区居民出行便利。铭科苑小区建成于1999年，总户数2185户，建筑面积50万平方米，容积率为2.1，绿化率31%。小区被京密引水渠、西山风景区、颐和园、圆明园、东北旺苗圃、药用植物园簇绕；而且邻近有北京大学、清华大学、中国农业大学、国防大学、体育大学、国际关系学院等著名高等学府；更有规划150公顷、建筑面积150万平方米的超大社区，在全市屈指可数。小区共有14栋楼，分为18层塔楼和6层板楼。小区内社区服务中心较为完善。铭科苑小区缺乏公共活动空间，无大面积开敞广场或绿地（图8-43）。

图8-43 铭科苑区位

1. 社区整体协调性

小区共有14栋楼，分为18层塔楼和6层板楼。建筑质量一般。小区内设有社区服务中心、社区便利店、幼儿园、餐厅等基本配套设施。铭科苑小区的整体空间组织主要是依据小区的住房结构进行，其大部分房子形态呈现"回形结构"，所以小区内部的道路相对来说也是根据建筑结构而组织。同时在"回形结构"房子的内部中央，大部分公共活动的空间被业主的汽车所占领，在部分"回形结构"房子的中央，设有康乐设施及绿化，总体上来讲，小区较为封闭，车辆较多，占据了大量可活动空间（图8-44）。

2. 社区交通组织

铭科苑小区主入口位于西二旗中路，次入口位于西二旗西路，门口有公交车站，出行便利。小区内部主干道宽约12米，部分路段配有单侧停车位或人行道，次干道宽约7米，两侧无人行道，整体步行感受较差。小区多为路边停车，占用人行空间。小区组团内有大量停车位（图8-45）。

图8-44 铭科苑三维示意

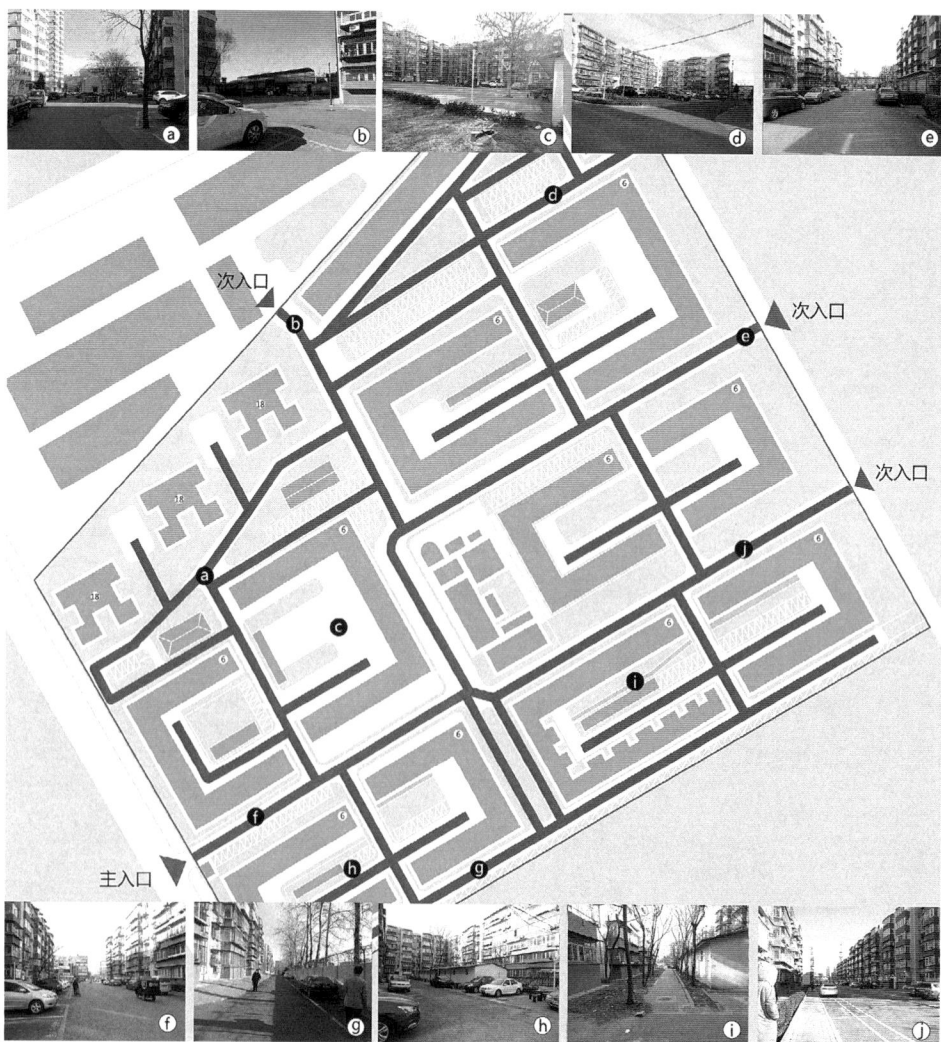

图8-45 铭科苑交通组织

小区的道路主要还是采用人车混行的主要模式，其中主路为9米，但是由于道路两侧的绿化相对来说很机密，加上该小区住房本身的老化，同时小区的道路基本都没有现代小区的铺砖，所以很大程度上减少了小区道路对居民健康活动的促进作用（表8-44）。

铭科苑不同等级道路特征 表8-44

分类	图例	形式	宽度	道路绿化	人行道	铺地情况	照片
主路	■	人车混行	9m	双侧绿化	双侧2m	车行路无铺地，人行道有铺装	图8-45e
支路	■	人车混行	7m	单侧绿化	——	车行路无铺地	图8-45h
小径	▦	人行	2m	双侧绿化	——	单一铺地	图8-45i

3. 社区广场及景观节点

铭科苑小区缺乏公共活动空间，无大面积开敞广场或绿地，居民多在小区道路上进行交流、玩耍等日常活动，部分组团内空间开阔可供居民游憩。部分居民楼下有居民自发放置的座椅，作为休憩娱乐空间。小区内有一处硬质铺地形成的小广场，但广场上无座椅、绿植等配置，仅作为通行需要。小区内绿地为不可进入式，但部分绿地存在踩踏小径。

小区北侧次入口旁设有集中健身器材，共11个。棋牌设施集中布置在居民楼组团内部，周围无绿植环绕，棋牌设施质量较好。居民楼下、道路旁、节点空间内均有塑料座椅且质量较好，但多处有居民自行设施的休息座椅。小区铺地质量一般、形式单一，缺少变化（表8-45）。

铭科苑景观分布 表8-45

类别	位置	面积	周边绿化	雕塑	铺地情况	照片
体育节点	A	123m²	行道树	无雕塑	无铺地	
文娱节点	B	463m²	绿化充足	无雕塑	单一铺地	
休憩节点	C	456m²	周围有绿化	无雕塑	单一铺地	

4. 社区康乐设施配置

美和园的座椅主要分布在社区的西南部的一处小脚上，其中，沿着街道分布共有10个座椅，材质主要为木质，座椅的质量一般，座椅周边还有一些行道树；在组团内部分布的座椅共有12处，主要为木质和石质为主，质量一般，座椅周边都有一些草地；广场节点座椅没有相关的座椅分布（表8-46）。

铭科苑座椅分布 表8-46

类别	位置	数量	材质	质量	周边绿化	照片
沿街分布		10个	木质	一般	行道树	
组团内部		12个	木质	一般	四周有草地	
广场节点		——	——	——	——	

5. 社区灯光实施配置

铭科苑社区的道路灯光相对来说分布较为均匀，主要分布在小区内部主要干道上，其中外围空间分布相对较少。社区道路灯光的密度相对较小，总共设置路灯70个，基本能满足小区夜晚灯光的使用。同时，铭科苑小区的路灯很多都开始老化，有的路灯开始坏掉，所以不太利于居民日常的健康活动（表8-47）。

铭科苑路灯配置 表8-47

位置	数量	照明度	间距	照片
沿街布置	70个			

8.5.2 安宁北社区

安宁北社区建于2000年，容积率为1.20，绿化率为30%，是地壳所附属家属楼。地壳所社区成熟，环境一般，生态良好，邻里和睦，祥和文明，康乐和谐。内部管理完善，居住人群文化素质层次高、稳定，地理环境优越，交通便利，周边配套设施完善，各种档次的饭店、酒楼、娱乐城、文化活动馆等休闲场所应有尽有，满足生活所需。小区共有6栋6层板楼，楼与楼之间的间距较宽，有地面停车位、可进入式绿化及座椅。小区内有集中的休闲绿地、体育运动广场和篮球场（图8-46、图8-47）。

1. 社区整体协调性

安宁北社区建成于2000年，内部共有6栋6层板楼，建筑质量一般，外立面色彩丰富。地壳所社区居民楼下设有便利店，位于小区主入口处设有社区卫生服务中心站。安宁北社区居住区广场等许多公共空间沦陷成为停车场，其在设计上就没有充分考虑到，使得小区可以活动的空间最终变为了停车场的空地。

图8-46 安宁北区位

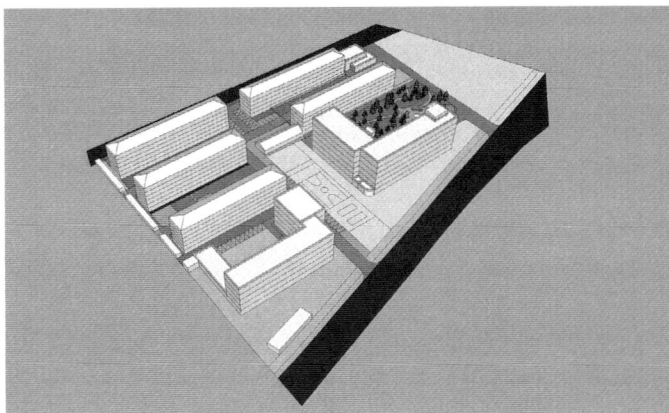

图8-47 安宁北三维示意

2. 社区交通组织

地壳所社区主入口位于安宁庄路，小区主干路宽9米，右侧为绿带，左侧为人行道且配有停车位；次干道宽7米，无人行道；人行小径宽2米。小区内无地下停车场，多为路边停车与广场停车，位于小区主入口社区服务中心处配有停车场（图8-48）。

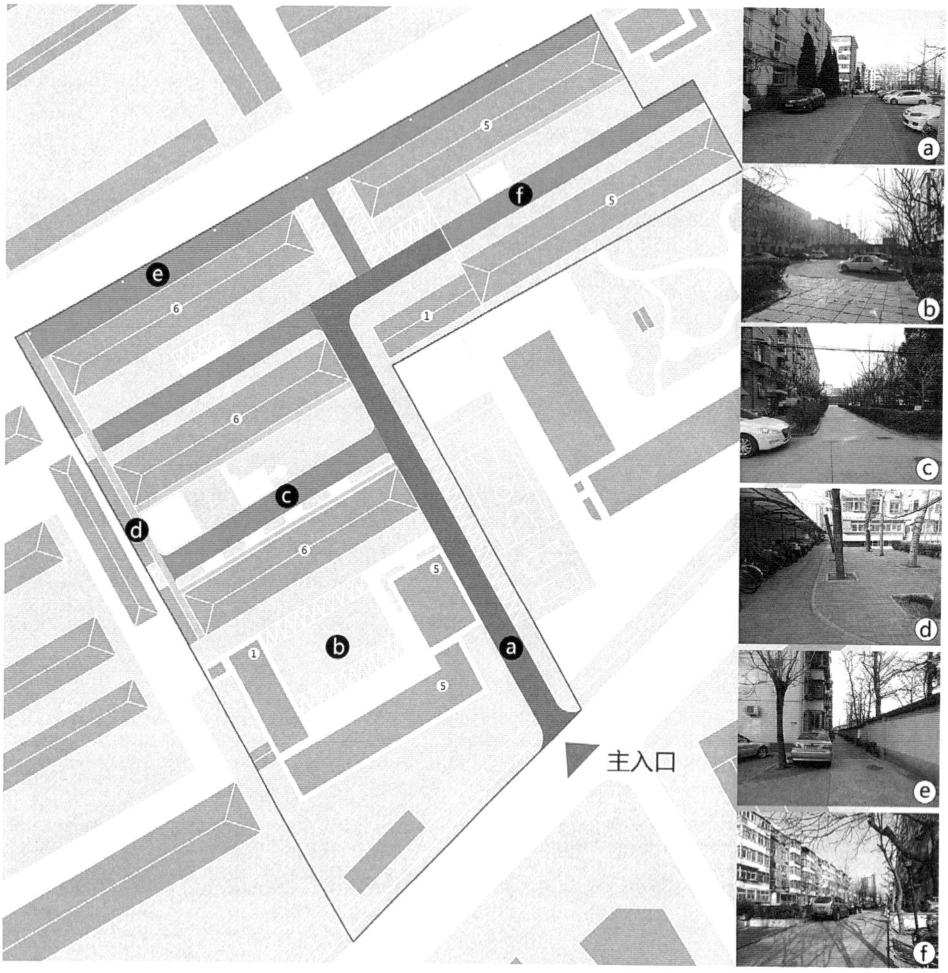

图8-48　安宁北交通组织

安宁北社区在道路规划中采取了一系列措施，限制了过境汽车穿越。从居民生活活动行为实际出发，使道路与周围建筑物、小品、标志、各种便民设施和绿化结合，形成了具备交通、广场、休憩、景观等方面功能的道路空间，给居民创造了一个方便、舒适、优美的生活环境。但是由于小区的面积十分有限，加上居住的人口不断上升，使得很多的公共空间最后都变成了停车位置，这也极大降低了人们日常户外健康活动的可能性（表8-48）。

安宁北不同等级道路特征 表8-48

分类	图例	形式	宽度	道路绿化	人行道	铺地情况	照片
小区主路	■	人车混行	9m	双侧绿化	双侧2m	水泥路面，人行道有铺装	图8-48a
组团路	■	人车混行	7m	双侧绿化	单侧2m	水泥路面，人行道有铺装	图8-48c
小径	▨	人行	2m	左边有绿化	2m	单一铺装	图8-48d

从小区的道路截面来看，安宁北社区的容积率相对来说很高，使得四车道的小区干道成为了小区主要的交通形式（图8-49）。

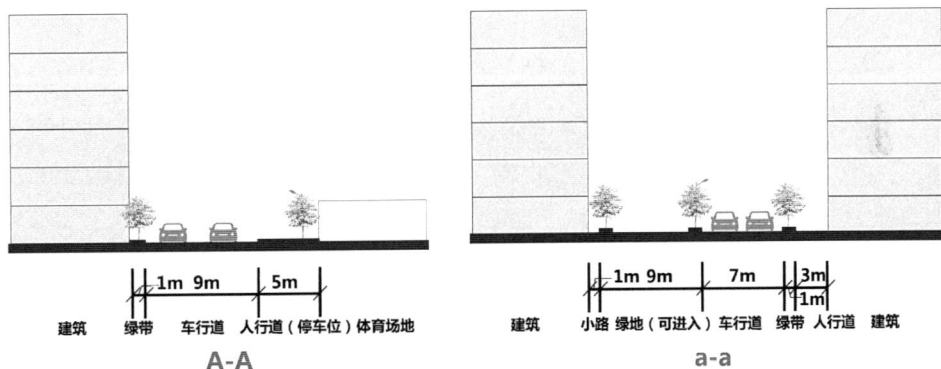

图8-49 安宁北道路截面

3. 社区广场及景观节点

地壳所社区内绿化充足，楼与楼之间有可进入绿地，绿地内部有可进入的人行小径和休闲座椅。小区内共有5处广场节点，其中位于小区主干路上有2处体育广场，楼与楼之间共3处休憩广场。由于本小区为地壳所所属家属院，篮球场等体育器材提供社区居民及地壳所员工使用。节点空间的座椅以石质的座椅为主，道路两旁的座椅以塑料座椅为主，质量一般。小区内以单一铺装区别不同功能道路，但由于建设时间较长，铺装质量较差（图8-50）。

社区广场是整个社区的活动中心，情趣、有趣，也即是个性化、人性化的设计将给居民带来较好的归属感和幸福感。居住小区是人们家门口的环境场所，将趣味性通过环境空间的具体形态表达出来，是景观设计的个性化与人性化的体现，而在安宁北小区的设计中基本缺少这样的设计理念，大型的开敞空间最终被汽车占领（表8-49）。

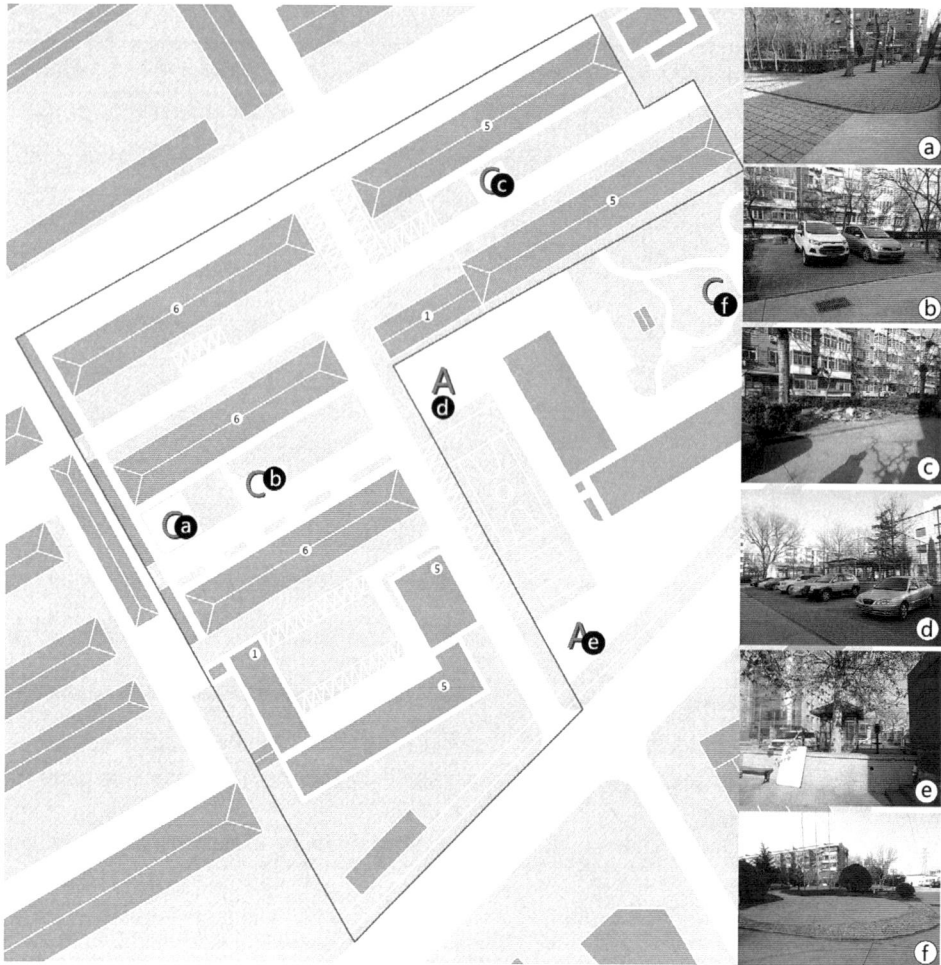

图8-50　安宁北景观节点分布

安宁北景观节点特征　　　　　　表8-49

类别	位置	面积	周边绿化	雕塑	铺地情况	照片
体育广场	A	382m^2	周围有绿化	无雕塑	单一铺地	图8-50d
文娱广场	B	——	——	——	——	——
休憩广场	C	702m^2	绿化充足，种植多种植物	无雕塑	单一铺装	图8-50f

4. 社区康乐设施配置

安宁北社区的康乐设施主要分布在社区的中部，其中健身器材主要质量相对较差，数量总数为6处，周边有绿化；棋盘设施质量一般，总共有2处，主要分布在广场周边，且数量相对较少（表8-50）。

安宁北体育设施分布　　　　　　　表8-50

类别	位置	质量	数量	周边绿化	照片
健身器械		较好	6个	四周有绿化	
棋盘设施		—	2个	—	

安宁北社区座椅主要分布在社区的南部一小脚上，其中，沿着街道分布共有5个座椅，材质主要为木质和铁质，座椅的质量一般，座椅周边无行道树；在组团内部分布的座椅共有8处，主要以木质为主，质量一般，座椅周边都有一些草地；广场节点缺少座椅（表8-51）。

安宁北座椅分布　　　　　　　　表8-51

类别	位置	数量	材质	质量	周边绿化	照片
沿街分布		5个	木质、铁质	一般	无	
组团内部		8个	木质	一般	四周有草地	
广场节点		—	—	—	—	

5. 社区灯光实施配置

安宁北社区的道路灯光相对来说分布较为均匀，主要分布在小区内部主要干道上，其中外围空间分布相对较少。社区道路灯光的密度相对较小，总共设置的路灯23个，基本能满足小区夜晚灯光的使用。同时，铭科苑小区的路灯很多都开始老化，有的路灯都已经坏掉，所以不太利于居民日常的健康活动（表8-52）。

安宁北路灯配置   表8-52

位置	数量	照明度	间距	照片
沿街布置，广场上散落分布	23个			

8.5.3 阳光社区

阳光南里西临毛纺路，距城市轻轨一站地，离八达岭高速路800米，几十条公交路线通达京城各处。阳光南里建于2001年，总户数为1027户，绿化率30%，容积率1.35。阳光南里小区交通方便，环境优美，配套设施齐全，是成熟社区。小区内建筑以6层板楼为主，配有社区服务中心，缺乏相应配套设施。无中心绿地，居民缺少户外活动空间（图8-51）。

1. 社区整体协调性

阳光南里共有6栋居民楼，均为6层板楼，楼间距较大。小区东侧有大片简易平房，且有开

图8-51　阳光南里区位

口直通小区，因此小区内部卫生环境较差。小区内部设有社区服务中心，但缺乏便利店等生活配套服务。智学苑小区面积整体偏小，在小范围内小区基本缺少较大的开敞空间，能为居民提供日常的休闲活动空间较少。同时小区实行人车分流，道路两旁都有较大灌木，小区整体空间相对较为封闭（图8-52）。

2. 社区交通组织

阳光南里小区主入口位于毛纺路，内部交通系统为人车混行，主干路9米，次干路7米，人行小径2米，主干路双侧有人行道，但车辆占道严重，次干路无人行道及绿植，步行环境较差（图8-53）。

　住区建成环境对居民健康活动行为的影响研究

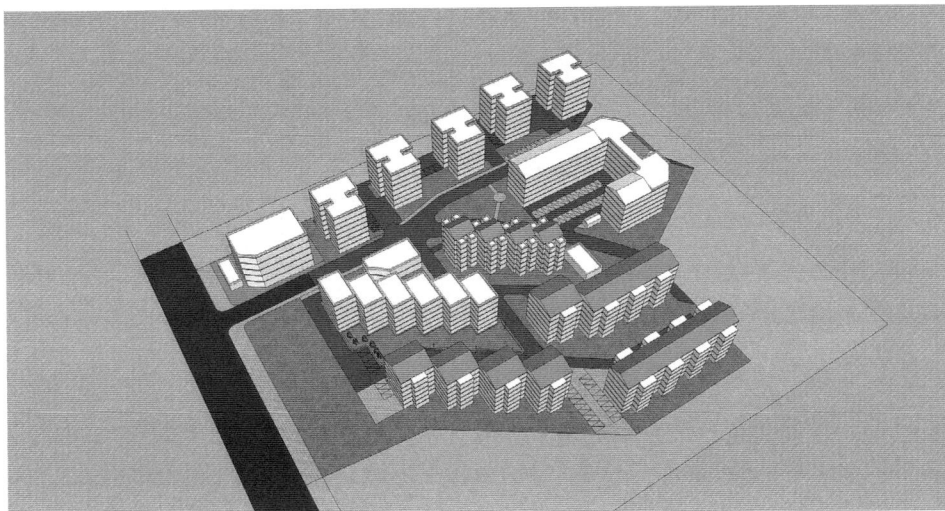

图8-52 阳光南里三维示意

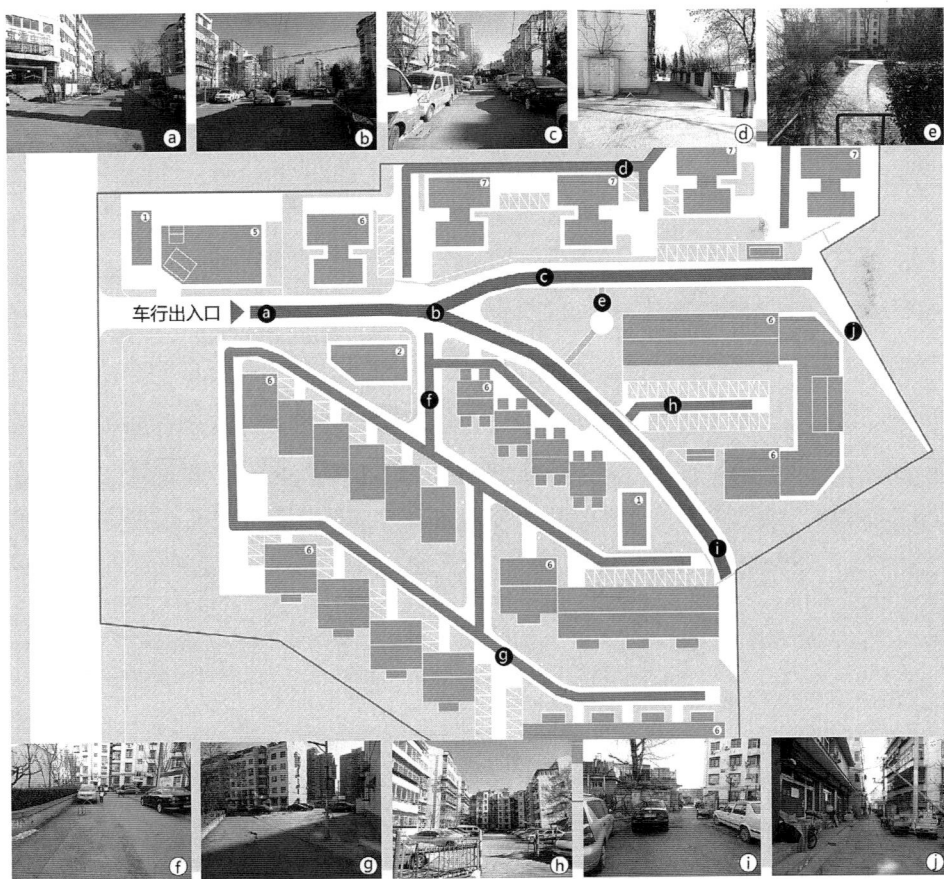

图8-53 阳光南里交通组织

道路大多数都用于机动车，主要道路约为9米宽。另有比较密集的次级路网。道路基本上都是曲线的，连接平滑，路上的景色相对较为单调（表8-53）。

阳光南里不同等级道路特征　　　　表8-53

分类	图例	形式	宽度	道路绿化	人行道	铺地情况	照片
小区路	■	人车混行	9m	有行道树	部分单侧2m	水泥路面，人行道有铺装	图8-53a
组团路	■	人车混行	7m	双侧绿化	——	水泥路面	图8-53f
小径	□	人行	2m	双侧绿化	——	铺装单一	图8-53e

小区的道路截面主要有两种，一个双车道的道路，主要为了小区业主的日常汽车出行，另外一种道路主要为单车道，这两种道路相对来说生活气息比较浓（图8-54）。

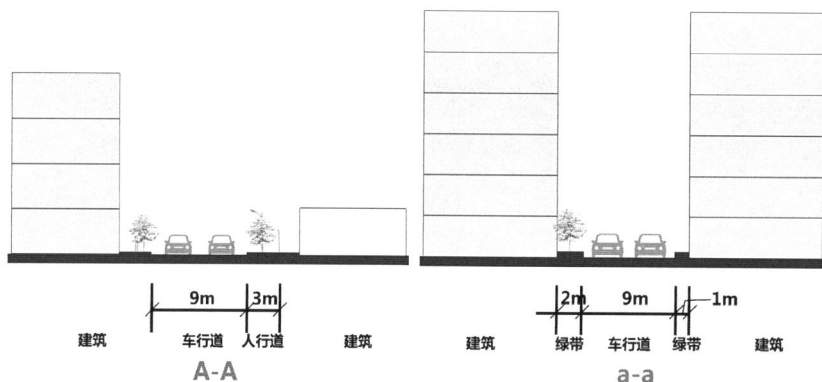

图8-54　阳光南里道路断面

3. 社区广场及景观节点

阳光南里小区内部有3个节点空间，节点空间一位于主干路交叉口，仅具有交通和观赏功能，不能停留和休憩，植物配置相对单一，光照条件良好。节点空间二位于居民楼下，设有凉亭及座椅，周围有绿色植物环绕，可供居民停留。小区内部绿地为不可进入绿地，维护状态较差（图8-55）。

小区内部的座椅均在组团节点之内，沿街无座椅，座椅为木质，质量较差。小区内部无体育健身器材，仅有一处棋盘，但棋盘周边被停车位环绕，利用率低。小区内铺地种类单一，质量较差，人行道与车行道均出现多处破损（表8-54）。

住区建成环境对居民健康活动行为的影响研究

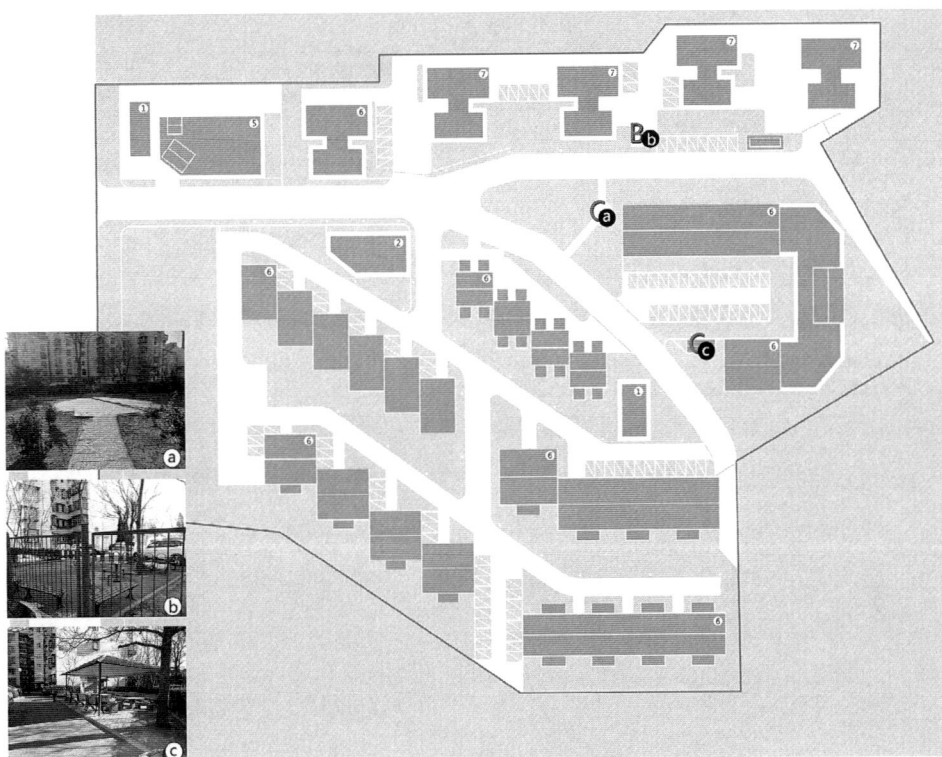

图8-55 阳光南里景观节点分布

阳光南里景观节点特征   表8-54

类别	位置	面积	周边绿化	雕塑	铺地情况	照片
体育广场	A	——				图8-55c
文娱广场	B	20m²	周边有绿地	无雕塑	单一铺装	图8-55b
休憩广场	C	30m²	位于绿地中央	无雕塑	单一铺装	图8-55a

4. 社区康乐设施配置

阳光社区座椅主要分布在社区的中部和北部，其中，沿着街道分布共有1个座椅，材质主要为铁质，座椅的质量一般，座椅周边无行道树；在组团内部分布的座椅共有14处，主要为木质为主，质量一般，座椅周边都有一些草地；广场节点缺少座椅（表8-55）。

阳光社区的康乐设施基本没有；而棋盘设施质量一般，总共有1处，主要分布在广场周边，且数量相对较少，总体上阳光社区康乐设施较为缺乏（表8-56）。

阳光南里座椅分布 表8-55

类别	位置	数量	材质	质量	周边绿化	照片
沿街分布		1个	铁质	一般	行道树	
组团内部		14个	木质、石质	一般	四周有草地	
广场节点		——	——	——	——	

阳光南里体育器材分布 表8-56

类别	位置	质量	数量	周边绿化	照片
健身器械		——	——	——	
棋盘设施		较差	1个	靠近草地	

5. 社区灯光设施配置

阳光社区的道路灯光相对来说分布较为均匀，主要分布在小区内部主要干道上。社区道路灯光的密度相对较小，总共设置路灯41个，基本能满足小区夜晚灯光的使用。同时，阳光社区的路灯很多都开始老化，光线相对不足，影响居民日常的健康活动行为（表8-57）。

阳光南里路灯分布 表8-57

位置	数量	照明度	间距	照片
沿街布置	41个			

住区建成环境对居民健康活动行为的影响研究

8.5.4 毛纺南社区

毛纺厂南小区建于1997年7月，位于海淀区清河中街，小区总建筑面积100000平方米，小区绿化用地20000平方米，总户数1005，容积率为2.0，绿化率为25%。毛纺厂南小区共有32栋板楼，3栋塔楼及大量平房。小区内

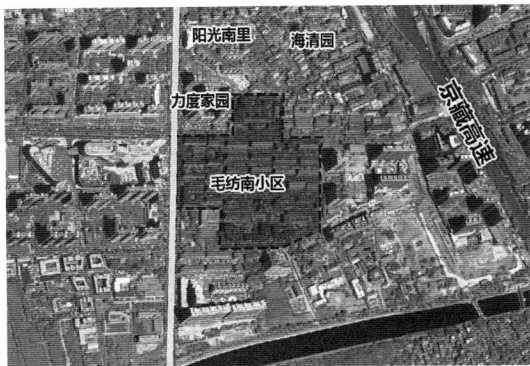

图8-56 毛纺南区位

设有羽毛球场、停车场、阅览室等公共娱乐休闲配套设施，小区环境优美，配套设施齐全，交通便利。小区中心有一个集中广场，供居民生活休憩娱乐（图8-56）。

1. 社区整体协调性

毛纺南小区情况比较复杂，区域内共有多个独立小区，每个小区之间有围墙隔离，但是又有小路可以在小区之间穿越，各个小区之间存在大量的自建平房，将整个区域的格局打乱。毛纺厂南小区共有32栋板楼，以6层为主、3栋塔楼及大量平房，建筑质量较差。小区内生活服务配套设施丰富多样，有大量的店面，包括社区服务中心、便利店、药店、餐馆、装饰材料店等，小区内部还有2个自由市场，居民买菜十分便捷。毛纺南社区的景观设计，仅仅只停留在填空式绿化，生态性和私密性相对较差。建筑形式也比较老，内部有一些房子属于城中村。同时，在平时的街道上有一些小作坊和个体户占道，使得整个小区显得特别拥挤（图8-57）。

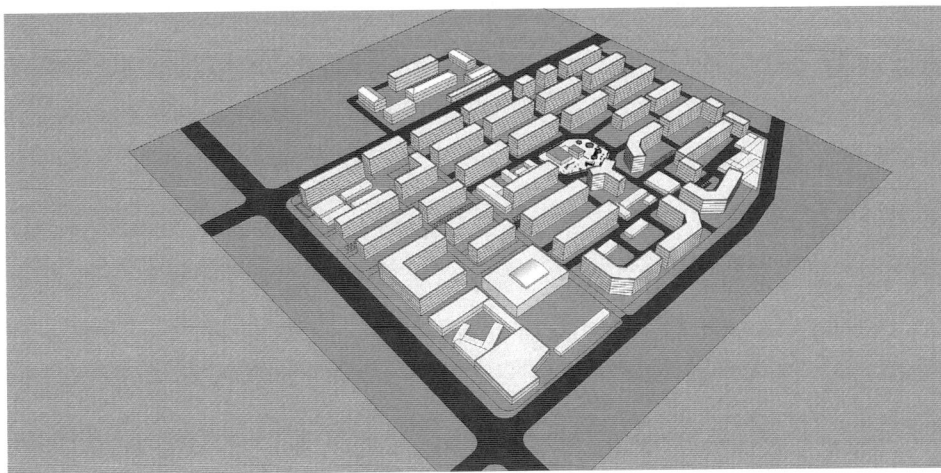

图8-57 毛纺南三维示意

2. 社区交通组织

毛纺南社区整个区域的边界不明显，有些路出现断头，有些小区又有多个出入口，导致本区域安全性较差。毛纺南小区道路采用人车混行。小区主干路宽约9米，双侧有宽约2米的人行道，小区次干道宽约7米，部分路段有单侧人行道。小区的整体步行环境较差。整个小区的铺装为单一铺装，质量都较差，车行道有许多凹凸不平的地方，人行空间的铺装也存在多处破损（图8-58）。

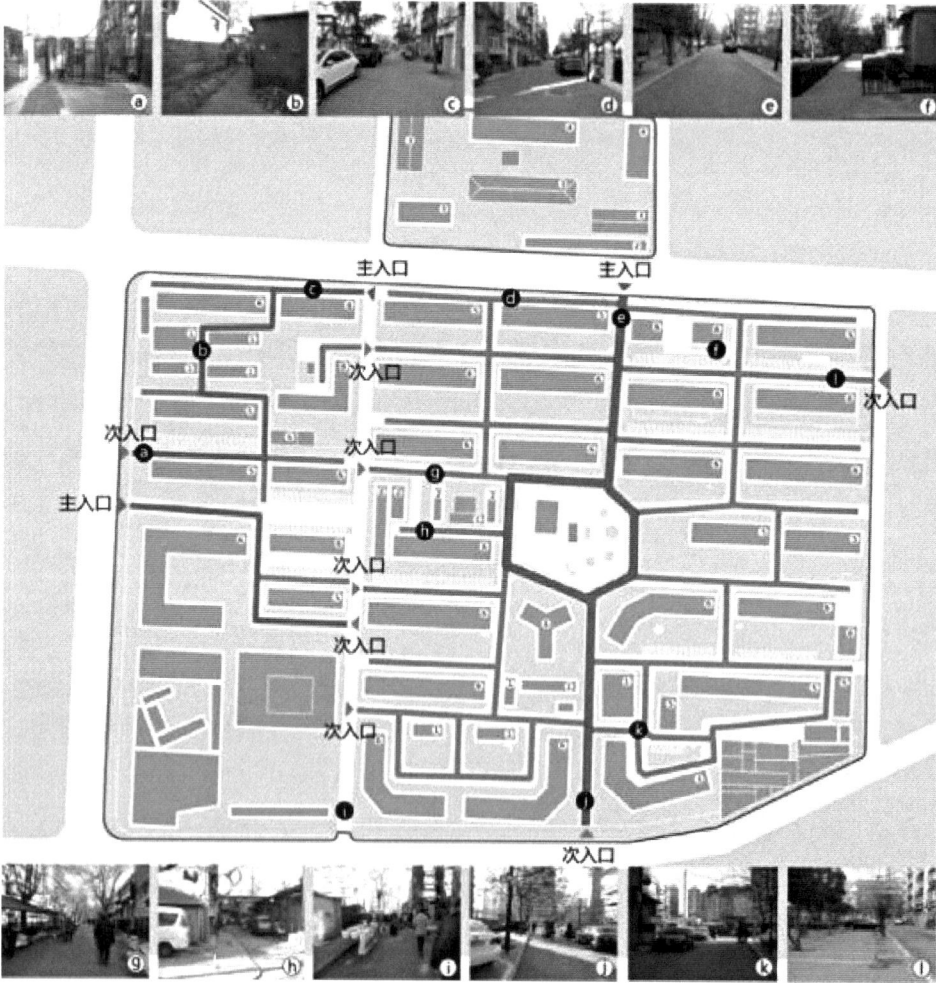

图8-58 毛纺南交通组织

毛纺南社区的道路主要还是采用人车混行的主要模式，其中主路为9米，但是由于道路两侧的绿化相对来说很机密，而且该小区住房本身老化，同时小区的道路基本都没有现代小区的铺砖，所以很大程度上减少了小区道路对居民健康活动的促进作用（表8-58）。

毛纺南不同等级道路特征   表8-58

分类	图例	形式	宽度	道路绿化	人行道	铺地情况	照片
主路	■■■	人车混行	9m	双侧绿化	双侧2m	车行路无铺地，人行道有铺装	图8-58a
支路	■■■	人车混行	7m	双侧绿化	单侧2m	车行路无铺地	图8-58g

从道路的截面来看，毛纺南的道路有两种形式，一种为双向两车道，一种为双向四车道，基本能够满足小区汽车的使用，但是对于居民的日常健康活动空间则相对较少（图8-59）。

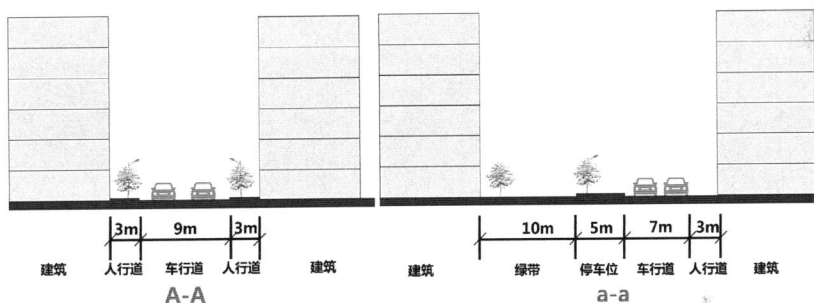

图8-59　毛纺南道路截面

3. 社区广场及景观节点

毛纺南社区中心有一个集中广场，广场以硬质铺地为主，树下有座椅可供休息。广场以体育锻炼为主，人气较高，大量居民在广场上晒太阳、跳舞、做操及进行棋牌活动。广场上还有2个乒乓球台，多个体育运动设施，各类设施的利用率较高，质量较好。楼与楼之间有铁质座椅，但座椅上多存在油漆剥落、生锈等问题，因此质量较差。道路两旁有塑料座椅，座椅质量一般。另外，小区内多处有居民自发放置的座椅（图8-60）。

毛纺南社区广场是整个社区的活动中心，情趣、有趣，个性化、人性化的设计给居民带来良好的归属感和幸福感。居住区是人们家门口的环境场所，将趣味性通过环境空间的具体形态表达出来，是景观设计的个性化与人性化的体现，而在毛纺南社区的设计中基本可以体现设计理念，大型的开敞空间是人们日常最好的娱乐场所（表8-59）。

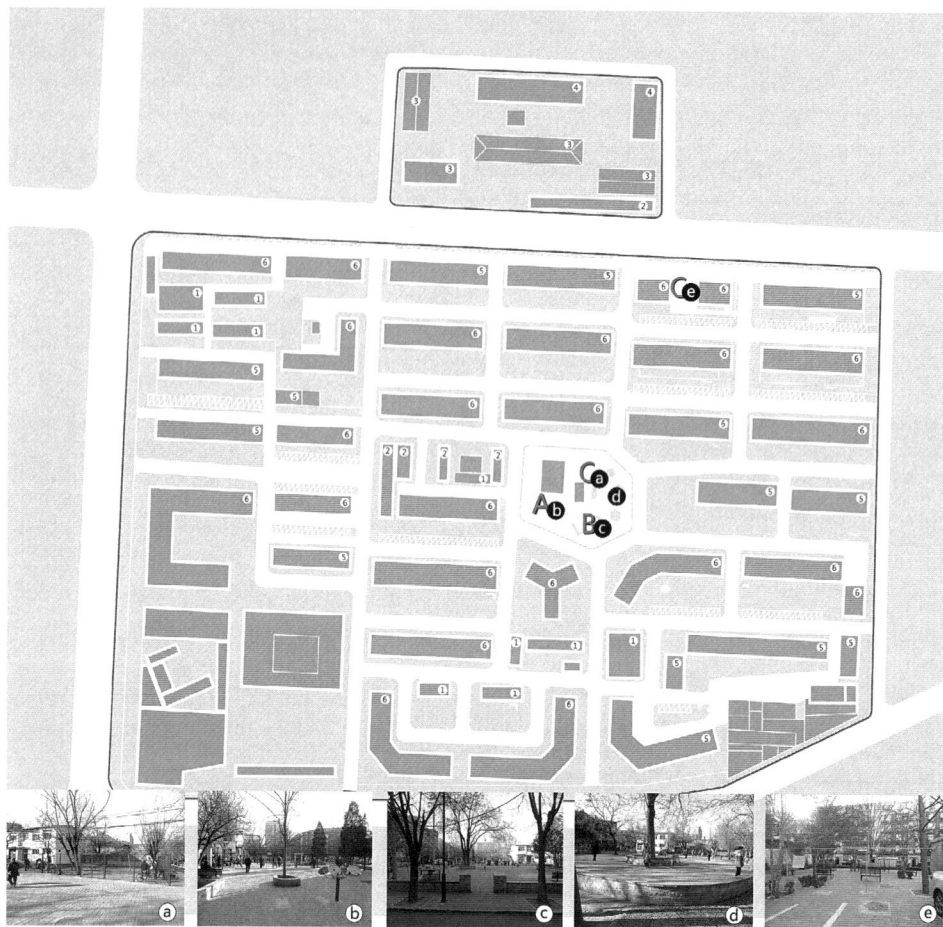

图8-60 毛纺南景观节点分布

毛纺南景观节点特征   表8-59

类别	位置	面积	周边绿化	雕塑	铺地情况	照片
体育节点	A	653m^2	周边有树木	无雕塑	单一铺地	图8-60b
文娱节点	B	483m^2	广场四周有绿化	无雕塑	单一铺地	图8-60c
休憩节点	C	768m^2	种植多种植物	无雕塑	单一铺地	图8-60a

4. 社区康乐设施配置

毛纺南社区座椅零散分布在社区的各个角落，其中，沿着街道分布共有4个座椅，材质主要为木质和铁质，座椅的质量一般，座椅周边无行道树；在组团内部分布的座椅共有15处，主要为木质为主，质量一般，座椅周边都有一些草地；广场节

住区建成环境对居民健康活动行为的影响研究

点有座椅16处,木质和石质为主,质量一般,有大量绿化。总体来说,毛纺南社区居民的座椅相对较为充足(表8-60)。

毛纺南座椅分布   表8-60

	类别	位置	数量	材质	质量	周边绿化	照片
	沿街分布		4个	木质	一般	行道树	
	组团内部		15个	木质石质	一般	四周有草地	
	广场节点		16个	木质石质	一般	大量绿化	

毛纺南社区的康乐设施主要分布在社区的中部,其中健身器材主要质量相对较差,数量总数为18处,周边有绿化;而棋盘设施质量一般,总共有4处,主要分布在广场周边,且数量相对较少(表8-61)。

毛纺南体育器材分布   表8-61

	类别	位置	质量	数量	周边绿化	照片
	健身器械		较好	18个	四周有绿化	
	棋盘设施		一般	4个	广场周边有树木	

5. 社区灯光设施配置

毛纺南社区道路灯光相对来说分布较为均匀,主要分布在小区内部主要干道上。社区道路灯光的密度相对较小,总共设置路灯114个,基本能满足小区夜晚灯光的使用。同时,阳光社区的路灯很多都开始老化,光线相对不足,影响居民日常的健康活动行为(表8-62)。

毛纺南路灯配置 　　　　　　　　　　　　　　　　　表8-62

	位置	数量	照明度	间距	照片
	沿街布置，广场上散落分布	114个			

8.5.5　海清园社区

海清园社区位于海淀区清河镇，地处中关村高科技园区的发展区。社区靠近清河中路，周围都是待拆迁的平房，周边环境较差。海清园建成于2001年，小区建筑面积约25000平方米，居民约2753人，容积率为2.4，绿化率30%。小区内共两栋18层塔楼。小区内缺少公共服务设施，无中心绿地供居民游憩（图8-61）。

图8-61　海清园区位

1. 社区整体协调性

海清园社区内部有两栋18层塔楼，建筑质量一般。社区内建筑还包括正对主入口一处非机动车停车库，一处门卫室，一处位于门卫室旁边的便利超市，建筑质量较差。海清园小区缺少相应的配套服务设施（图8-62）。

图8-62 海清园三维示意

2. 社区交通组织

海清园社区内部环境较差,缺少道路体系规划,社区内正对主入口为一大片空地,供居民停车使用,地面铺装较差,多处破损。围绕建筑有两条宽约2米人行路。道路两侧交叉配有木质座椅,质量一般(表8-63)。

海清园不同等级道路特征 表8-63

	分类	图例	形式	宽度	道路绿化	人行道	铺地情况	照片
	支路		人车混行	—	无绿化	—	单一铺地	
	小径		人行	2m	双侧绿化	—	单一铺地	

从社区的道路及建筑截面来看,海清园属于容积率非常高的社区,整个社区只有两栋大楼,内部停车不足,使得整个能够利用的社交空间都被汽车塞满(图8-63)。

3. 社区康乐设施配置

海清园社区内部缺少健身器材和棋盘等娱乐设施,社区步行路位于居明楼与两侧绿化之间,宽约2米,有硬质铺地,小路两侧设有木质座椅,座椅质量一般。社区内仅有一处活动场地位于南侧绿地内,且场地内无铺装、无器械,十分简陋(表8-64)。

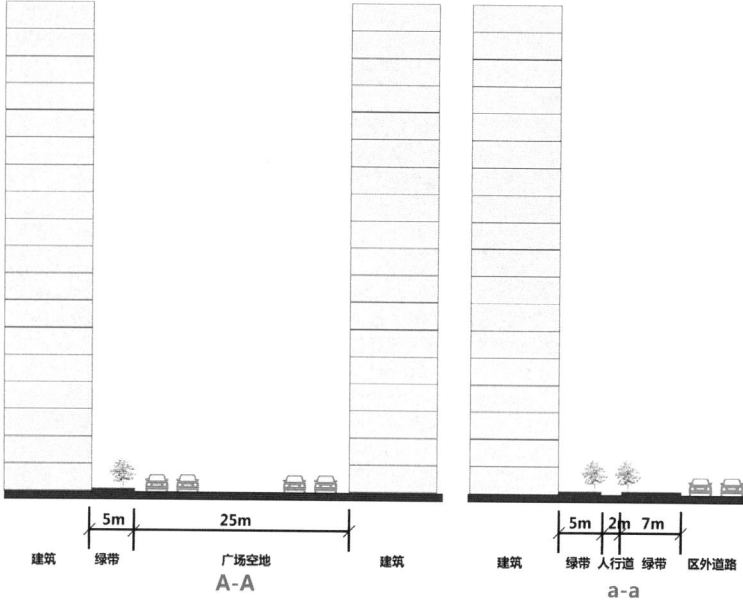

图8-63 海清园道路断面

海清园座椅分布 表8-64

类别	位置	面积	周边绿化	雕塑	铺地情况	照片
体育广场	A	—	—	—	—	
文娱广场	B	—	—	—	—	
休憩广场	C	48㎡	四周有绿化	无雕塑	无铺装	

　　海清园社区的座椅分布主要在组团内部有7个座椅，座椅大部分已经坏掉，缺少日常的维护工作。使得居民户外停留的可能性大大减少（表8-65）。

　　4. 社区灯光实施配置

　　海清园社区道路灯光相对来说分布较为均匀，主要分布在小区外部主要干道上。社区道路灯光的密度相对较小，总共设置路灯7个。总体上，海清园社区面积相对较小，且自身较为封闭，所以居民日常健康活动的空间很小（表8-66）。

住区建成环境对居民健康活动行为的影响研究

海清园体育器材分布 表8-65

类别	位置	数量	材质	质量	周边绿化	照片
沿街分布	▬	—	—	—	—	
组团内部	▬	7个	木质	一般	四周有草地	
广场节点	▬	—	—	—	—	

海清园路灯配置 表8-66

位置	数量	照明度	间距	照片
位于边界围栏上	7个			

8.6 小结

本章从建筑学和城市规划学的角度，从选取的16个社区的道路、广场、景观等具体建筑设计要素，分析各个社区的健康活动空间整体协调、健康活动设施多样性、健康活动空间可达性、健康活动空间舒适性、健康活动安全性、空间通透性等主因子的现状情况，回答这些要素的配置差异是否能够显著影响居民健康活动，本章通过实际案例对前面章节进行验证分析。案例实证研究结果显示：

1）各个社区建成环境要素与第7章建成环境影响健康活动综合评价指数基本一致，健康活动评价较好的社区相对建成环境要素配置相对较优。

2）当代城市家园和领秀硅谷等健康活动较优型社区的建成环境空间整体协调、健康活动设施多样性、健康活动空间可达性、健康活动空间舒适性、健康活动安全性、空间通透性等方面都较好；智学苑和安宁里等健康活动良好型社区的建成环境要素在空间整体协调、健康活动设施多样性、健康活动空间可达性、健康活动空间舒适性等方面较好，在部分建成环境要素上存在安全性不足、通透性较差的特点；安宁东、毛纺北、上地东里、上地西里等健康活动一般型小区在建成环境要素的空间整体协调、健康活动设施多样性、健康活动空间可达性、健康活动空间舒适性、健康活动安全性、空间通透性方面都有欠缺，其中空间整体的协调性问题相对更为突出；美和园和力度家园等健康活动较差型社区和铭科苑、安宁里北、阳光、毛纺南和海清园等不适宜健康活动型小区在空间整体协调、健康活动设施多样性、健康活动空间可达性、健康活动空间舒适性、健康活动安全性、空间通透性等方面都较差，需要较大的改善。

住区建成环境对居民健康活动行为的影响研究

第 9 章

结论与讨论

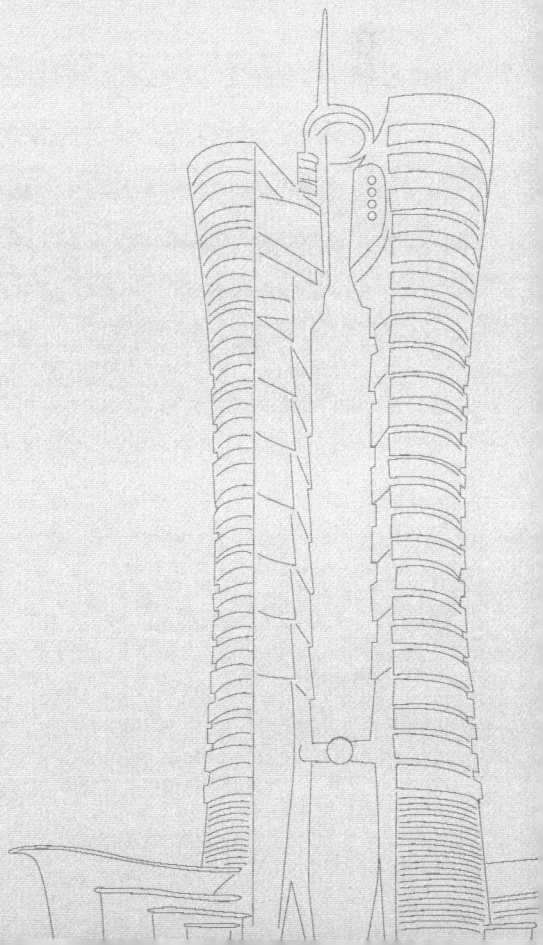

本研究采用了形态辨识-机制验证-发展案例分析这样的三阶段研究思路，重点工作在于第二步的理论构建和机制验证。通过对城市规划学、建筑心理学和城市地理学中居民日常出行与时空行为物质实体环境的关系研究，既对理论的完善进行了分析，也探讨了建成环境要素优化与居民健康活动的机制关系。三个阶段的设计遵循了科学研究从现象规律、作用机制探讨到实际应用的一般路径。

对北京市上地-清河地区高密度住区进行了翔实的调研分析，利用城市规划学的基本方法，得到所选研究区域不同住区内部的建成环境特征差异；同时利用GPS移动定位技术和互联网技术综合获取居民出行行为时空数据，分析出上地-清河地区居住区居民日常健康活动行为差异及空间特征；二是利用多项Logistic模型和结构方程模型，从居民健康活动评价、地理环境、社会联系及个体环境4个方面，构建起建成环境与居民健康活动行为的理论关系；三是从微观角度分析考虑住区建成环境与居民健康活动行为的关系，找到建成环境影响居民健康活动行为的内在机制；四是根据建成环境影响居民健康活动行为的内在机制关系，提出建成环境要素优化方案及居民健康活动行为的提高。

9.1　基本结论

9.1.1　建成环境与居民健康活动行为的空间特征分析

不同的建成环境对居民健康活动行为会产生较大的影响，在大尺度的基础上，描述建成环境与居民健康活动的空间基本特征的一个重要的目的就是发现不同建成环境导致的居民健康活动行为之间的差异的空间现象，通过分析得到：

首先，20世纪90年代前后修建的住区主要存在房屋面积总体较小、组团围合空间较好的特点，同时相对来说康乐设施布置较为完善。但是存在建筑物和构筑物都比较陈旧、绿化率较低的特点。21世纪新型住区建筑物和构筑物都比较新，道路等级较高，绿化率较好，但是存在康乐设施配套不完善等特点。政策型住区存在新旧组团并存的局面，道路以低等级道路为主，绿化率不足。

其次，从描述性分析来看，建成环境相对较为完善的社区居民的健康活动的时间长度和满意度都相对较高。1990年前后修建的住区建成环境和康乐设施相对较为完善，居民健康活动时间较长，满意度较高；21世纪新型住区建成环境较优，但是康乐设施等相对缺失，居民健康活动时间及满意度总体居于其次；政策型住区在道路、绿化、康乐等方面都存在欠缺，因此居民健康活动满意度和活动时间相对较低。

9.1.2　建成环境与居民健康活动行为的理论关系构建

生活方式受人们社交网络的影响，从而影响人们对幸福的评价。个人家庭特征、社区条件、地区经济发展、自然环境的变化及全球生态系统都是影响人们健康活动及幸福感的重要因素。根据本书的理论构建发现，建成环境与居民健康活动产生如下关系：

首先，建成环境对居民健康活动产生了显著影响，建成环境的变量对健康活动时长和满意度的影响方面存在差异，而且建成环境总体对健康活动时长的影响大于对健康活动满意度的影响。

其次，从建成环境对健康活动时长的影响分析来看，活动同伴较少，居民的活动时间较短；缺少活动时间可选择性使得居民不愿意进行健康活动；缺少活动地点对居民健康活动时间长度影响最为强烈；房屋面积较少，居民不愿意进行健康活动；康乐设施较多，居民健康活动时间较长；中等绿化率的住区居民健康活动时间较长。

再次，从建成环境对健康活动满意度影响分析来看，缺少同伴使得居民健康活动满意度将受到影响；缺少活动时间可选择性使得居民健康活动的满意度下降；活动地点可选择性较高，居民健康活动满意度较高；房屋面积较大，居民健康活动满意度也相对较高；康乐设施较多，居民健康活动满意度较高；绿化率较低的住区居民健康活动满意度相对较低。

9.1.3　大尺度建成环境与居民健康活动的关系分析

总体分析表明，建成环境对居民健康活动时间长度分析得到建成环境对20世纪90年代、21世纪新型和政策型3类不同住区的居民健康活动存在较大影响，而各个变量的影响方向和程度存在较大差异。分析得到：

首先，大尺度建成环境与居民健康活动的时间长度分析来看，1）对于21世纪新型住区和1990年前后修建住区，活动同伴对居民健康活动存在正向影响，对政策型住区居民健康活动影响不显著。2）固定的活动时间有利于促进21世纪新型住区和1990年前后修建住区居民的健康活动时间，不利于政策型社区健康活动时间的提升；3）提高活动时间弹性有利于促进90年代居民健康活动时间的提高，固定的活动地点有利于21世纪新型住区居民健康活动时长的提高；4）20世纪90年代前后修建住区的住房面积对居民健康活动影响呈现"两极分化"，较大面积和较小面积的住房使得居民健康活动时长较长，住房面积对21世纪新型住区面积影响为正，对政策型的影响不显著；5）增加康乐设施将提高21世纪新型住区居民健康活动时间；6）中等等级道路将促进90年代前后修建住区和政策型住区居民健康活动，较低等级道路将提高21世纪新型住区居民健康活动时间；7）21世纪新型住区居民更加偏好低绿地率，90年代前后修建住区和政策型住区居民更加偏好高绿地率。

其次，本书分析建成环境对健康活动满意度的影响得到如下结论：1）活动同伴对3个类型住区健康活动满意度影响都不显著；2）灵活的活动时间有利于政策型居民的健康活动满意度的提升；3）增加居民健康活动地点的可选择性有利于提高21世纪新型住区居民的活动满意度；4）90年代前后修建住区住房面积的增加给居民健康活动满意度的提升幅度大于21世纪新型住区住房面积增加带来居民健康活动满意度的提升；5）增加21世纪新型住区和政策型社区康乐设施对居民健康活动满意度都有较大提升；6）90年代前后修建住区的居民更加偏好较高等级的道路，21世纪新型住区居民更加偏好较低等级的道路，增加90年代道路等级将带来居民健康活动满意度的较大提升；7）增加90年代前后修建住区的绿地率带来的居民健康活动满意度提升将大于增加21世纪新型住区绿地率的提升。

9.1.4 建成环境对居民健康活动影响的微观机制分析

从小尺度分析建成环境要素对居民健康活动的影响，探讨建成环境要素对居民健康活动影响的差异，不同建成环境要素对居民健康活动影响存在的特征及重要性程度，即分析建成环境对居民健康活动影响的机制。得到如下结论：

1）健康活动空间整体协调、健康活动设施多样性、健康活动空间可达性、健康活动空间舒适性、健康活动安全性、空间通透性因子等方式是影响居民健康活动的主因子。这6个因子的总方差贡献率达到80.106%，基本可以解释建成环境要素对居民健康活动的影响机制。

2）各个主因子所反映的微观环境要素差异较大，其中，主因子F1荷载较大的建成环境要素主要为主要道路路边人行道、主要道路维护情况、健身器材类型、健身器材平均数量、广场铺装、广场阳光、广场面积、广场活动类型、座椅材质；主因子F2荷载较大的建成环境要素为占道停车、健身器材平均数量、健身器材类型和健身器材质量、广场活动类型；主因子F3荷载较大的建成环境要素主要为广场平均数量；主因子F4荷载较大的建成环境要素为主要道路混行情况；主因子F6荷载较大的建成环境要素主要为广场阳光和路灯平均数量。

3）总体上，当代城市家园和领秀硅谷等21世纪新型居住区的健康活动环境要素综合评价最好，安宁东、毛纺北等1990年前后修建居住区的健康活动环境要素综合评价相对一般，铭科苑、安宁里等政策型居住区的健康活动环境要素综合评价相对较差。

9.1.5 各社区建成环境要素的案例实证分析

1）各个社区建成环境要素与第7章建成环境影响健康活动综合评价指数基本一致，健康活动评价较好的社区相对建成环境要素配置相对较优。

2）当代城市家园和领秀硅谷等健康活动较优型社区的建成环境空间整体协调、健康活动设施多样性、健康活动空间可达性、健康活动空间舒适性、健康活动安全性、空间通透性等方面都较好；智学苑和安宁里等健康活动良好型社区的建成环境要素在空间整体协调、健康活动设施多样性、健康活动空间可达性、健康活动空间舒适性等方面较好，在部分建成环境要素上存在安全性不足、通透性较差的特点；安宁东、毛纺北、上地东里、上地西里等健康活动一般型小区在建成环境要素的空间整体协调、健康活动设施多样性、健康活动空间可达性、健康活动空间舒适性、健康活动安全性、空间通透性都有欠缺，其中空间整体的协调性问题相对更为突出；美和园和力度家园等健康活动较差型社区和铭科苑、安宁里北、阳光、毛纺南和海清园等不适宜健康活动型小区在空间整体协调、健康活动设施多样性、健康活动空间可达性、健康活动空间舒适性、健康活动安全性、空间通透性等方面都较差，需要较大的改善。

9.2 政策建议

在科学研究的应用中，政策的制定是基于科学理论的研究基础而来。科学理论给出了外在现象简单而抽象的解释，其中事物之间的机制研究将给我们现实世界的应用研究提供最为清晰的参考。所谓机制影响事物的众多因子如何相互作用的过程，如其中一个因子的改变或因子参数的大小将决定我们政策制定的差异化和政策制定的优先顺序。任何一个政策的制定都需要合理的理论支撑。本书首次利用多项Logistic模型和结构方程模型，从居民健康活动评价、地理环境、社会联系及个体环境4个方面，构建起建成环境与居民健康活动行为的理论关系，并分析大尺度环境差异与居民健康活动的差异关系；其次，从微观角度分析考虑住区建成环境与居民健康活动行为的关系，找到建成环境影响居民健康活动行为的内在机制。在此基础上，本书依据理论给出的解释，给出本研究的住区居民健康环境完善的政策建议：

9.2.1 健康活动环境完善的全面性策略

首先，进行住区健康活动环境优化过程当中，不应该仅仅考虑不同居民的个人自然属性特性和家庭的社会经济状况，还应该将居民的健康活动所在的建成环境加以考虑。综合考虑个人、社会和建成环境将有助于我们从一个整体的高度提高居民的健康活动水平。

其次，协调配置建成环境各个要素，使得小区健康活动环境整体达到最优。根据6个主因子总方差的贡献率，得到主因子F1即健康活动空间整体协调因子的方差总贡献率为31.385%，荷载较大的建成环境要素主要为主要道路路边人行道、主要道路维护情况、健身器材类型、健身器材平均数量、广场铺装、广场阳光、广场面积、广场活动类型、座椅材质。全面考虑居民健康活动环境的质量与数量，以及基本设施的整体配比和协调度将有助于提高居民健康活动的水平。

9.2.2 健康活动环境完善的差异化策略

所谓差异化策略即根据不同类型建成环境对居民健康活动的影响程度差异而提出差异化的政策建议。

首先，从软环境方面来看，21世纪新型住区需要加强提高居民的软环境建设，20世纪90年代前后修建住区和政策型住区适当提高软环境的水平。21世纪居民活动同伴、活动地点和时间弹性对居民的健康活动行为影响相对较低，且居民整体的健康活动平均时间和平均满意度都相对较低，所以进一步加强和营造条件、增强小区居民之间的交流和融合将有助于21世纪居民的健康活动关系。90年代前后修建住区和政策型住区的活动同伴、活动地点和时间弹性对居民健康活动的影响整体较高，所以适当提高这两类小区的软环境将有助于提高居民的健康活动水平。

其次，从"硬环境"方面来看，20世纪90年代前后修建住区和政策型住区需要优化建成环境，21世纪新型住区的建成环境需要合理调整。具体来看：

1）改善90年代前后修建住区居民住房条件将有利于增加居民健康活动，且住房面积配比在80～120平方米最优。90年代前后修建住区住房面积为80～120平方米对健康活动满意度的影响系数远大于21世纪住区80～120平方米住房对较高满意度的影响系数的1.388，说明90年代住房面积的增加将比21世纪住区带来更大幅度的健康活动满意度的提升。

2）增加21世纪和政策型住区康乐设施配置，且康乐设施配置可以参考90年代前后修建住区的康乐设施进行，将有助于这两类住区居民健康水平的提高。90年代康乐设施对居民健康活动时长影响最为显著，且影响系数都超过了1，说明90年代康乐设施配置有助于居民健康活动提高，而21世纪无康乐设施对居民健康活动影响为负，且21世纪和政策型社区无康乐设施对居民健康活动满意度影响都为负，说明增加两个住区康乐设施将增加居民满意度。

3）适度增加90年代前后修建住区和政策型居住小区的道路宽度，降低21世纪居民道路等级有助于居民健康活动水平提高。分析表明，90年代住区居民较低的道路等级导致较低的健康活动满意度，21世纪中等的道路等级对居民中等和较高的健康活动满意度影响为负，说明90年代居民更加偏好较高等级的道路，而21世纪居民更加偏好较低等级的道路。

4）增加90年代和政策型居住小区的绿化率，适当降低21世纪居民绿化率有助于居民健康活动水平提高。21世纪居民低绿地率对居民短时间健康活动影响最强，说明居民更加偏好低绿地率；90年代和政策型住区高绿地率对居民长时间健康活动影响为正，说明居民更加偏好高绿地率住区，提高这两个住区绿地率是有意义的。

9.2.3　健康活动环境完善的重点策略

首次，着重加强居民健康活动空间整体协调性的建设，将有助于居民健康活动水平的提升。建成环境空间整体协调性不只是建筑问题、艺术问题，它其实也是一种哲学上的关系，就是事物内部本质的规律性。整体美也是哲学范畴，是对事物本质规律性的理解和认同，并产生"共鸣"的感觉，使人们在感观上、心理上得到满足。因子分析表明，主因子F1方差总贡献率为31.385%，加强这9个环境要素的整体协调性对于健康活动空间的营造将起到积极意义。

其次，次重要的是提高和增强健康活动设施多样性。建成环境，有其文化传统背景、气候地理条件，多少年来形成的独特风格，多样性就是以其内在的文化延续，舟船、桥巷、流水、人家、白墙、灰瓦，朴素幽雅、棋格街巷、占迹遗风、高楼大厦等都是多样性的体现，为此，提高和增强健康活动设施多样性将为居民健康活动提供较好的弹性空间。

再次，促进居民健康活动空间可达性的建设。建成环境空间可达性大都根据居住密度、土地混合利用、街道连接性、底层零售店土地面积进行调整，增加居民健康活动空间的密度将有利于提高居民健康活动的可达性。

再次，提高健康活动空间舒适性和安全性。舒适性主要指场所的吸引力，包括街景、建筑设计、景观（如行道树）、公共设施（如凳子和灯光）、邻里社区、街道和公共空间的美学感知对居民的体力活动，特别是休闲性体力活动具有积极的作用。提高居民健康活动空间的舒适性及安全性可以提升积极的体力活动以及步行的态度和社会凝聚力，进而促进居民主动步行出行，特别是休闲性步行，以及其他类型的体力活动。

最后，处理好绿化与小区通透性之间的关系。通透性主要通过建成环境要素从宏观角度评估土地利用分配及不同土地利用相互之间的联系性，而场所要素（设计性）主要从微观角度评价建成环境对体力活动的影响，比如街道尺度、绿化、灯光、公园质量等。良好的通透空间将给居民带来较好的空间环境认知，将有助于居民健康活动的提升。

9.2.4　健康活动环境完善的案例参考策略

各个小区建成环境要素对健康活动影响的差异较大，根据综合评价指数将小区划分为6种健康活动类型的小区提出案例参考策略：

首先，可以参考领秀硅谷、智学苑等社区，促进主动式交通，比如高密度的邻里环境能够更好地促进步行和自行车出行，固定场所的体力活动、高可达性的邻里公园能够增加居民去公园进行体力活动的频率。

其次，可以参考当代城市家园和安宁里等社区，改变街道形式、土地利用、总体密度等，增加步行与自行车设施，如自行车道、引导标示、降低速度，提高小区整体健康活动的安全性。

再次，可以参考安宁东等社区，积极完善社区的康乐设施，增加居民健康活动的器材及座椅等建筑小品。例如步行路径质量、运动设施、灯光质量、公园水体面积及质量、草地数目与质量、周围环境等都是影响居民健康活动的重要建成环境要素，需要设计者进行良好的配置。

最后，"人与自然"、"以人为本"、"居住区生态系统"等改变居民健康活动设计理念对健康活动环境要素完善有积极作用。居住区作为城市景观组成的一个组团，它的景观设计之美表现在它能结合所处位置的地段特点进行有效的景观设计，使之既符合城市的整体布局和景观要求，契合城市人文精神风貌又能融合城市自然地形地貌的特色。以人为本，创造居民能参与其间的景观环境，形成流动交融的景观体系，这是居住区的内在要求。居住区生态景观美表现在它能结合所处的地理环境，创造一个能与整个城市景观相协调，追求自然真趣，赋予居民一种清新宜人、地灵人杰的心理感受。

因此，要想从建筑学角度完善住区建成环境以提高居民健康活动水平，需要从"人与自然"、"以人为本"、"居住区生态系统"3个方面入手，进而达到人和人、人和自然关系的感性与理性的和谐与完美。

9.3 讨论

本研究基于城市规划学、环境心理学、行为地理学的基本理论，分析得到建成环境对居民健康活动存在显著的影响。在已有的研究中，Thomson（1977）采用交通和土地利用情况从大都市的尺度进行建成环境的衡量，Peckham（2007）从建筑的微观尺度来刻画建成环境对居民公共健康的影响。健康活动行为由于居民进行的不同活动而具有不同的定义，如对于偏好散步的居民来讲，活动的时间长度及对活动的整体满意度可以用来衡量居民的健康活动行为（Berringan，2002），而对于选择户外体育锻炼的居民来说，整体的满意度似乎比活动时长更为重要（Frank & Pivo，1994）。

因此，城市或住区的物理环境可以通过规划设计的实施来促进或影响个体的健康行为活动和生活方式。例如，住区的开放空间设计和步行、骑行的道路系统设计能够更好地促进城市居民通过健康行为活动来增加与自然环境、较高空气品质等的接触。这对于儿童，尤其是上下学等常规行为活动的影响具有重要意义，对于老年人降低抑郁和促进交流并与社会联络也有着重要作用。

已有研究表明，建成环境的美学认知对居民的健康活动行为产生了重要的影响。美学感知主要指场所的吸引力，包括街景、建筑设计、景观（如行道树）、公共设施（如凳子和灯光）等（Handy et al., 2002）。邻里社区（Humpel et al., 2004）、街道（Borst et al., 2008）和公共空间（Giles-Corti et al., 2005）的美学感知对居民体力活动，特别是休闲性体力活动具有积极的作用，一般可以解释为其可以提升积极的体力活动以及步行的态度和社会凝聚力，进而促进居民主动步行出行，特别是休闲性步行，以及其他类型的体力活动（张莹，2010）。然而也有一些研究表明邻里环境美学感知情况与体力活动水平呈负相关，特别表现在交通性步行方面（Hoehner et al., 2005）。导致结论不一致的可能原因是，环境优美的邻里，生活不便利，而且街道连接性也有可能较差，因此不利于居民展开与交通相关的体力活动。因此，差异化的个体对建成环境的美学认知存在较大的差异，同时个体行为的不同目的对环境的美学认知也存在差异。

研究发现，男性对邻里环境交通安全的感知度与其步行水平呈负相关，而女性则呈正相关（Humpel et al., 2005），这可能是由于周边环境的服务设施可达性与其交通状况相关，即服务设施可达性和交通安全感知对男性步行水平的影响是相互重合的，性别等个人属性及社会经济特征也会影响居民健康活动行为。本书的研究也同样表明，主要道路路边人行道、主要道路维护情况、健身器材类型、健身器材平均数量、广场铺装、广场阳光、广场面积、广场活动类型、座椅材质等都会使得居民对环境的认知及舒适性等多方面产生重要影响。本研究是对已有研究的进一步论证及补充。

本研究存在的不足在于，对社区类型的划分有相当一部分是基于主观定性判断，如传统社区和郊区社区、公交导向社区和小汽车导向社区、城市社区和郊区社区等（任晋锋等，2011）。这些都会使得研究结论在多大程度上可以进行推广。另外，结构方程模型（Structural Equation Model，SEM）可通过测量方程和结构方程两部分对变量之间的直接和间接的作用关系进行考量（Grabill，2012；Schoonen，2007），未来获取更加完善的数据，采用结构方程模型分析建成环境与居民健康活动行为的互动关系将是对本研究的进一步深化。

附录1 图录

图1-1　住区建成环境与居民健康活动的关系研究 ·················· 011

图1-2　建成环境对居民健康活动影响的研究框架 ·················· 013

图1-3　建成环境对居民健康活动的影响研究结构 ·················· 017

图2-1　邻里健康及幸福感的决定因素（Barton & Grant，2006） ········· 032

图3-1　健康梯度层级图Laughlin（1999）和Black（2000） ··········· 039

图3-2　纽约高线绿地公园的改造效果 ·························· 042

图3-3　绿地覆盖指数分布图与居民对建成环境的主观抱怨指数分布图 ······· 043

图3-4　建成环境绿地系统比较 ····························· 043

图3-5　以居民步行和中心交通枢纽为判定的邻里划分 ················ 045

图3-6　马萨诸塞州剑桥市的基于交通平静区的邻里划分 ·············· 045

图3-7　邻里健康规划的7步骤（Barton et al.，2010） ·············· 046

图3-8　美国城市街道网络的演变（Southworth & Ben-Joseph，1997） ···· 047

图3-9　健康活动与建成环境的多层级关系

　　　（Transportation Research Board，2005） ··············· 048

图4-1　北京市地形图 ·································· 056

图4-2　2010～2014年北京市GDP增长情况 ··················· 057

图4-3　上地-清河地区社区分布 ··························· 067

图4-4　上地-清河调研使用的GPS示意图 ····················· 068

图4-5　被调查者出行行为信息平台填写 ······················ 069

图4-6　网络平台管理界面 ······························· 069

图4-7　活动信息填写问卷与出行信息填写问卷 ··················· 070

图5-1　上地-清河康乐设施点分布和3D图 ···················· 083

图5-2　上地-清河交通 ································· 084

图5-3　上地-清河遥感解译示意图 ························· 084

图7-1　活动时长空间密度分析 ··························· 145

图7-2　活动满意度空间密度分析 ·························· 146

图8-1　当代城市家园区位 ······························ 159

图8-2　当代城市家园三维示意 ··························· 160

图8-3　当代城市家园道路组织 ┈┈┈┈┈┈┈┈┈┈┈┈┈┈┈┈ 160

图8-4　当代城市家园道路断面 ┈┈┈┈┈┈┈┈┈┈┈┈┈┈┈┈ 161

图8-5　当代城市家园景观节点 ┈┈┈┈┈┈┈┈┈┈┈┈┈┈┈┈ 162

图8-6　当代城市家园景观广场空间分布 ┈┈┈┈┈┈┈┈┈┈┈ 163

图8-7　当代城市家园体育设施（上）与座椅（下）分布 ┈┈ 165

图8-8　领秀硅谷区位 ┈┈┈┈┈┈┈┈┈┈┈┈┈┈┈┈┈┈┈┈┈ 166

图8-9　领秀硅谷整体三维示意 ┈┈┈┈┈┈┈┈┈┈┈┈┈┈┈┈ 167

图8-10　领秀硅谷交通组织 ┈┈┈┈┈┈┈┈┈┈┈┈┈┈┈┈┈┈ 168

图8-11　领秀硅谷道路断面 ┈┈┈┈┈┈┈┈┈┈┈┈┈┈┈┈┈┈ 169

图8-12　智学苑区位 ┈┈┈┈┈┈┈┈┈┈┈┈┈┈┈┈┈┈┈┈┈┈ 172

图8-13　智学苑整体三位示意 ┈┈┈┈┈┈┈┈┈┈┈┈┈┈┈┈┈ 172

图8-14　智学苑交通组织 ┈┈┈┈┈┈┈┈┈┈┈┈┈┈┈┈┈┈┈ 173

图8-15　智学苑道路断面 ┈┈┈┈┈┈┈┈┈┈┈┈┈┈┈┈┈┈┈ 174

图8-16　智学苑景观节点 ┈┈┈┈┈┈┈┈┈┈┈┈┈┈┈┈┈┈┈ 175

图8-17　智学苑社区体育器材（上）和座椅（下） ┈┈┈┈┈ 176

图8-18　安宁里社区区位 ┈┈┈┈┈┈┈┈┈┈┈┈┈┈┈┈┈┈┈ 178

图8-19　安宁里三维示意 ┈┈┈┈┈┈┈┈┈┈┈┈┈┈┈┈┈┈┈ 179

图8-20　安宁里道路空间组织 ┈┈┈┈┈┈┈┈┈┈┈┈┈┈┈┈┈ 180

图8-21　安宁里景观节点分布 ┈┈┈┈┈┈┈┈┈┈┈┈┈┈┈┈┈ 181

图8-22　安宁里体育器材（上）及座椅（下）分布 ┈┈┈┈┈ 182

图8-23　安宁东区位 ┈┈┈┈┈┈┈┈┈┈┈┈┈┈┈┈┈┈┈┈┈┈ 184

图8-24　安宁东三维示意 ┈┈┈┈┈┈┈┈┈┈┈┈┈┈┈┈┈┈┈ 184

图8-25　安宁东交通组织 ┈┈┈┈┈┈┈┈┈┈┈┈┈┈┈┈┈┈┈ 185

图8-26　安宁东道路截面 ┈┈┈┈┈┈┈┈┈┈┈┈┈┈┈┈┈┈┈ 186

图8-27　毛纺北区位 ┈┈┈┈┈┈┈┈┈┈┈┈┈┈┈┈┈┈┈┈┈┈ 187

图8-28　毛纺北三维示意 ┈┈┈┈┈┈┈┈┈┈┈┈┈┈┈┈┈┈┈ 188

图8-29　毛纺北交通空间组织 ┈┈┈┈┈┈┈┈┈┈┈┈┈┈┈┈┈ 189

图8-30　毛纺北道路截面 ┈┈┈┈┈┈┈┈┈┈┈┈┈┈┈┈┈┈┈ 190

图8-31　毛纺北景观节点分布 ┈┈┈┈┈┈┈┈┈┈┈┈┈┈┈┈┈ 190

图8-32　上地东西里区位示意 ┈┈┈┈┈┈┈┈┈┈┈┈┈┈┈┈┈ 193

图8-33　上地东西里三维示意 ┈┈┈┈┈┈┈┈┈┈┈┈┈┈┈┈┈ 193

图8-34　上地东西里交通组织 ┈┈┈┈┈┈┈┈┈┈┈┈┈┈┈┈┈ 194

图8-35　上地东西里道路截面 ┈┈┈┈┈┈┈┈┈┈┈┈┈┈┈┈┈ 195

住区建成环境对居民健康活动行为的影响研究

图8-36　上地东西里景观节点 ·· 196

图8-37　美和园区位 ·· 198

图8-38　美和园三维示意 ·· 199

图8-39　美和园社区交通组织 ·· 200

图8-40　美和园景观节点 ·· 201

图8-41　力度家园区位 ··· 204

图8-42　力度家园三维示意 ··· 204

图8-43　铭科苑区位 ·· 207

图8-44　铭科苑三维示意 ·· 208

图8-45　铭科苑交通组织 ·· 208

图8-46　安宁北区位 ·· 211

图8-47　安宁北三维示意 ·· 211

图8-48　安宁北交通组织 ·· 212

图8-49　安宁北道路截面 ·· 213

图8-50　安宁北景观节点分布 ·· 214

图8-51　阳光南里区位 ··· 216

图8-52　阳光南里三维示意 ··· 217

图8-53　阳光南里交通组织 ··· 217

图8-54　阳光南里道路断面 ··· 218

图8-55　阳光南里景观节点分布 ··· 219

图8-56　毛纺南区位 ·· 221

图8-57　毛纺南三维示意 ·· 221

图8-58　毛纺南交通组织 ·· 222

图8-59　毛纺南道路截面 ·· 223

图8-60　毛纺南景观节点分布 ·· 224

图8-61　海清园区位 ·· 226

图8-62　海清园三维示意 ·· 227

图8-63　海清园道路断面 ·· 228

附录2　表录

表3-1　建成环境与行为活动研究的建成环境要素变量 ················· 034

表3-2　建成环境要素被研究的情况 ································· 036

表3-3　建成城市规划基本内容 ··································· 040

表3-4　健康规划与可持续定位及可持续评估要素 ··················· 041

表3-5　健康邻里规划目标 ······································ 046

表4-1　调查样本的社会经济属性 ·································· 073

表4-2　第二次调研对象与调研基本内容 ···························· 075

表5-1　上地-清河地区居民健康活动样本属性特征 ··················· 078

表5-2　建成环境的描述变量 ····································· 080

表5-3　建成环境与健康活动评价指标构建 ·························· 081

表5-4　上地-清河24个社区居民健康活动日志统计描述 ················ 085

表5-5　解释变量分类及取值 ····································· 088

表5-6　建成环境对健康活动时间长度的影响分析 ···················· 089

表5-7　建成环境对健康活动满意度的影响分析 ······················ 095

表6-1　三种类型住区抽样个体描述性统计 ·························· 106

表6-2　三类住区活动日志样本描述性统计 ·························· 107

表6-3　20世纪90年代住区建成环境对健康活动时间长度的影响分析 ······ 109

表6-4　建成环境对健康活动满意度的影响分析 ······················ 114

表6-5　建成环境与健康活动时间的影响分析 ························ 119

表6-6　建成环境与健康活动满意度的影响分析 ······················ 125

表6-7　政策型住区的建成环境与居民健康活动的影响分析 ·············· 129

表6-8　建成环境与健康活动满意度的分析结果 ······················ 133

表7-1　建成环境要素指标体系 ··································· 149

表7-2　建成环境指标描述性统计 ·································· 150

表7-3　KMO和Bartlett的检验 ··································· 151

表7-4　解释的总方差 ··· 151

表7-5　主成分矩阵 ··· 152

表7-6　主因子得分及综合评价指数 ································ 154

住区建成环境对居民健康活动行为的影响研究

表8-1　当代城市家园不同等级道路特征 ················· 161

表8-2　当代城市家园景观节点特征 ····················· 163

表8-3　当代城市家园广场及绿化特征 ················· 164

表8-4　当代城市家园健身器材分布 ····················· 164

表8-5　当代城市家园路灯配置 ························· 166

表8-6　领秀硅谷不同等级道路特征 ····················· 168

表8-7　领秀硅谷景观节点特征 ························· 170

表8-8　领秀硅谷体育器材分布 ························· 170

表8-9　领秀硅谷座椅分布 ····························· 170

表8-10　领秀硅谷路灯配置 ····························· 171

表8-11　智学苑不同等级道路特征 ····················· 174

表8-12　智学苑景观节点特征 ························· 175

表8-13　智学苑体育器材特征 ························· 177

表8-14　智学苑座椅特征 ····························· 177

表8-15　智学苑路灯配置 ····························· 177

表8-16　安宁里不同等级道路特征 ····················· 180

表8-17　安宁里景观节点 ····························· 180

表8-18　安宁里健身器材 ····························· 181

表8-19　安宁里座椅 ································· 183

表8-20　安宁里路灯配置 ····························· 183

表8-21　安宁东不同等级道路特征 ····················· 186

表8-22　安宁东景观节点 ····························· 186

表8-23　安宁东路灯配置 ····························· 187

表8-24　毛纺北不同道路类型特征 ····················· 189

表8-25　毛纺北景观节点特征 ························· 191

表8-26　毛纺北体育器材分布 ························· 191

表8-27　毛纺北座椅分布 ····························· 192

表8-28　毛纺北路灯配置 ····························· 192

表8-29　上地东西里不同类型道路特征 ················· 195

表8-30　上地东西里景观节点特征 ····················· 196

表8-31　上地东西里座椅分布 ························· 197

表8-32　上地东西里体育器材分布 ····················· 197

表8-33　上地东西里路灯配置 ························· 198

表8-34　美和园不同等级道路特征 ·· 200

表8-35　美和园景观节点特征 ··· 201

表8-36　美和园座椅分布 ·· 202

表8-37　美和园体育器材分布 ··· 202

表8-38　美和园路灯配置 ·· 203

表8-39　力度家园不同等级道路特征 ·· 205

表8-40　力度家园景观节点特征 ·· 205

表8-41　力度家园座椅分布 ·· 206

表8-42　力度家园体育器械分布 ·· 206

表8-43　力度家园路灯配置 ·· 206

表8-44　铭科苑不同等级道路特征 ·· 209

表8-45　铭科苑景观分布 ·· 209

表8-46　铭科苑座椅分布 ·· 210

表8-47　铭科苑路灯配置 ·· 210

表8-48　安宁北不同等级道路特征 ·· 213

表8-49　安宁北景观节点特征 ··· 214

表8-50　安宁北体育设施分布 ··· 215

表8-51　安宁北座椅分布 ·· 215

表8-52　安宁北路灯配置 ·· 216

表8-53　阳光南里不同等级道路特征 ·· 218

表8-54　阳光南里景观节点特征 ·· 219

表8-55　阳光南里座椅分布 ·· 220

表8-56　阳光南里体育器材分布 ·· 220

表8-57　阳光南里路灯分布 ·· 220

表8-58　毛纺南不同等级道路特征 ·· 223

表8-59　毛纺南景观节点特征 ··· 224

表8-60　毛纺南座椅分布 ·· 225

表8-61　毛纺南体育器材分布 ··· 225

表8-62　毛纺南路灯配置 ·· 226

表8-63　海清园不同等级道路特征 ·· 227

表8-64　海清园座椅分布 ·· 228

表8-65　海清园体育器材分布 ··· 229

表8-66　海清园路灯配置 ·· 229

参考文献

英文

［1］ Ahas R, Aasa A, Roose A et al. Evaluating passive mobile positioning data for tourism surveys:An Estonian case study. *Tourism Management*, 2008, (29): 469–486.

［2］ Ampt E S, Richardson A J, Brög W (Eds.). New survey methods in transport. VNU Science Press, 1983 .

［3］ Arentze T, Hofman F, Kalfs N et al. Data needs, data collection and data quality requirements of activity–based transport models. *Proceedings of International Conference on Transport Survey Quality and Innovation* (Transport Surveys: Raising the Standard), Grainau, Germany, 1998, 24–30.

［4］ Alfonzo M A. To walk or not to walk? The Hierarchy of Walking Needs. *Environment and Behavior*, 2005, 37(6): 808–836.

［5］ Ann Forsyth, Kevin Krizek. Promoting walking and bicycling: Assessing the evidence to assist planners. *Built Environment*, 2010, 36(4): 429–446.

［6］ Babey SH, Hastert TA, Yu H, Brown ER. Physical activity among adolescents. When do parks matter? *Am J Prev Med* , 2008, 34: 345–348.

［7］ Bagley, M. N., Mokhtarian, P. L. The impact of residential neighborhood type on travel behavior: a structural equations modeling approach. *The Annals of Regional Science*, 2002, 36(2), 279–297.

［8］ Barton H. A health map for urban planners: towards a conceptual model for healthy sustainable settlements. *Built Environment*, 2005, 31: 339–55.

［9］ Barton, H. Land use planning and health and well–being. *Land Use Policy*, 2009, *26*, S115–S123.

［10］ Barton, H., & Grant, M. Urban planning for healthy cities. *Journal of Urban Health*, 2013, *90*(1), 129–141.

［11］ Battelle. Lexington area travel data collection test: final report. Columbus, OH: Battelle Memorial Institute, 1997.

［12］ Bauman, A., Smith, B., Stoker, L., Bellow, B., & Booth, M. Geographical influences on physical activity participation: Evidence of a 'coastal effect'. *Australian and New Zealand Journal of Public Health*, 1999, 23, 322–324.

［13］ Berrigan, D., & Troiano, R. The association between urban form and physical activity in U.S. adults. *American Journal of Preventive Medicine*, 2002, 23(2S), 74–79.

［14］ Booth KM, Pinkston MM, Poston WSC. Obesity and the built environment. *J Am Diet Assoc* , 2005, 105: S110–17.

［15］ Boulin J Y. 12. Gender divisions and working time in the new economy: changing patterns of work, care and public policy in Europe and North America, *Local Time Policies in Europe*, 2006: 193.

［16］ Braimoh A K, Onishi T.Spatial determinants of urban land use change in Lagos, Nigeria. *Land Use Policy*, 2007, 24(2),502–515.

［17］ Brunekreef B, Janssen N A H, de Hartog J, et al.Air pollution from truck traffic and lung function in children living near motorways. *Epidemiology*, 1997: 298–303.

［18］ Buliung, R. N., Remmel, T. K. Open source, spatial analysis, and activity–travel behaviour research: capabilities of the aspace package. *Journal of Geographical Systems*, 2008, 10(2), 191–216.

［19］ Burchell R W, Shad N A, Listokin D, et al. The costs of sprawl–revisited, 1998.

［20］ Boarnet M G, Day K, Anderson C, et al. California's safe routes to school program: impacts on walking, bicycling, and pedestrian safety. Journal of the American Planning Association, 2005, 71(3): 301–317.

［21］ Boarnet M G, Forsyth A, Day K, et al. The street level built environment and physical activity and walking: results of a predictive validity study for the irvine minnesota inventory. *Environment and Behavior*, 2011, 43(6): 735–775.

［22］ Boarnet M, Greenwald M, McMillan T. Walking, urban design, and health. *Journal of Planning Education and Research*, 2008, 27(3): 341–358.

［23］ Booth M L, Owen N, Bauman A, et al. Social–cognitive and perceived environment influences associated with physical activity in older australians. Preventive Medicine, 2000, 31(1): 15–22.

［24］ Borst H C, de Vries S I, Graham J M A, et al. Influence of environmental street characteristics on walking route choice of elderly people. *Journal of Environmental Psychology*, 2009, 29(4): 477–484.

［25］ Borst H C, Miedema H M E, de Vries S I, et al. Relationships between street characteristics and perceived attractiveness for walking reported by elderly people. *Journal of Environmental Psychology*, 2008, 28(4): 353–361.

[26] Brown B B, Yamada I, Smith K R, et al. Mixed land use and walkability: variations in land use measures and relationships with BMI, overweight, and obesity. *Health & Place*, 2009, 15(4): 1130–1141.

[27] Brown B, Werner C. A new rail stop: tracking moderate physical activity bouts and ridership. *American Journal of Preventive Medicine*, 2007, 33: 306–309.

[28] Brownson Ross C, Elizabeth A Baker, Robyn A. Housemann, Laura K Brennan, Stephen J Bacak. Environmental and policy determinants of physical activity in the United States. *American Journal of Public Health*, 2001, 91(12): 1995–2003.

[29] Caragliu, A., Del Bo, C., & Nijkamp, P. Smart cities in Europe. *Journal of Urban Technology*, 2011, 18(2), 65–82.

[30] Casagrande SS, Whitt–Glover MC, Lancaster KJ, Odoms–Young AM, Gary TL. Built environment and health behaviors among African Americans: a systematic review. *Am J Prev Med*, 2009, 36: 174–181.

[31] Cave B, Bond A, Coutts A. Addressing health in strategic environmental assessment. *Town Country Plan*, 2007, 76: 59–61.

[32] Cataldi, M., *Kelley*, D., Kuzmich, H., Maier–Rothe, J., & Tang, J. Residues of a dream world the high line, *Theory, Culture & Society*, 2011, 28(7–8), 358–389.

[33] Cervero R, Kockelman K. Travel demand and the 3Ds: Density, diversity, and design. *Transportation Research Part D:Transport and Environment*, 1997, 2(3): 199–219.

[34] Cervero R. Mixed land–uses and commuting: Evidence from the American Housing Survey. *Transportation Research Part A: Policy and Practice*, 1996, 30(5): 361–377.

[35] Chapin F S Jr. Human activity patterns in the city: Things people do in time and in space. New York: John Wiley & Sons, Inc. 1974, 21–42.

[36] Crane R. The influence of urban form on travel: An interpretive review. *Journal of Planning Literature*, 2000, 15(1): 3–23.

[37] Crane, R. The influence of urban form on travel: an interpretive review. *Journal of Planning Literature*, 2000, 15(1), 3–23.

[38] Crane, R. Is there a quiet revolution in women's travel? Revisiting the gender gap in commuting. *Journal of the American Planning Association*, 2007, 73(3), 298–316.

[39] Cummins, S. K., & Jackson, R. J. The built environment and children's health. *Pediatric Clinics of North America*, 2001, 48(5), 1241–1252.

［40］ Cao X, Mokhtarian P, Handy S. The relationship between the built environment and nonwork travel: a case study of northern california. *Transportation Research Part A*, 2009, 43: 548–559.

［41］ Cervero R, Gorham R. Commuting in transit versus automobile neighborhoods. Journal of the American Planning Association, 1995, 61(2): 210–225.

［42］ Chatman D. Residential Choice, The built environment, and nonwork travel: evidence using new data and methods. *Environment and Planning A*, 2009, 41(5): 1072–1089.

［43］ Cohen D A, Golinelli D, Williamson S, et al. Effects of park improvements on park use and physical activity: policy and programming implications. *American Journal of Preventive Medicine*, 2009, 37(6): 475–480.

［44］ Colabianchi N, Kinsella A E, Coulton C J, et al. Utilization and physical activity levels at renovated and unrenovated school playgrounds. *Preventive Medicine*, 2009, 48(2): 140–143.

［45］ Coogan P, White L, Adler T, Hathaway K, Palmer J, Rosenberg L. Prospective study of urban form and physical activity in the black women's health study. *American Journal of Epidemiology*, 2009, 170(9): 1105–1117.

［46］ Coombes E, Jones A P, Hillsdon M. The relationship of physical activity and overweight to objectively measured green space accessibility and use. *Social Science & Medicine*, 2010, 70(6): 816–822.

［47］ Dalgard O S, Tambs K. Urban environment and mental health: a longitudinal study. *British Journal of Psychiatry*, 1997, 171(1957):530–536.

［48］ Dijst M. Two–earner families and their action spaces: a case study of two dutch communities. *GeoJournal*, 1999, 48(3): 195–206.

［49］ Ding Chuan, Lin Yaoyu, Liu Chao. Exploring the influence of built environment on tour–based commuter mode choice: a cross–classified multilevel modeling approach. *Transportation Research Part D: Transport and Environment*, 2014, 32:230–238.

［50］ Dratva, J., Zemp, E., Dietrich, D. F., et al. Impact of road traffic noise annoyance on health–related quality of life: results from a population–based study. *Quality of Life Research*, 2010, 19(1): 37–46.

［51］ Duncan M J, Mummery W K. GIS or GPS? A comparison of two methods for assessing route taken during active transport. *American Journal of Preventive Medicine*, 2007, 33(1): 51–53.

［52］ Ewing R, Schmid T, Killingsworth R, et al. Relationship between urban sprawl and

住区建成环境对居民健康活动行为的影响研究

physical activity, obesity, and morbidity. *American journal of health promotion*, 2003, 18(1): 47–57.

[53] Eliason RN. Towards sustainability in village health care in rural Cameroon. *Health Prom Int*, 1999, 14: 301–06.

[54] Ewing R, Brownson R C, Berrigan D. Relationship between urban sprawl and weight of United States youth. *American Journal of Preventive Medicine*, 2006, 31(6): 464–474.

[55] Ewing R, Schmid T, Killingsworth R, et al. Relationship between urban sprawl and physical activity, obesity, and morbidity. *American Journal of Health Promotion*, 2003, 18(1): 47–57.

[56] Frank L D, Pivo G. Impacts of mixed use and density on utilization of three modes of travel: single–occupant vehicle,transit, and walking. *Transportation Research Record*, 1994, 1446: 44–52.

[57] Frank, L., Engelke, P., Schmid, T., & Killingsworth, R. (n.d.). How land use and transportation systems impact public health: A literature review of the relationship between physical activity and built form (Working paper #1).

[58] Feng J, Glass T A, Curriero F C, et al. The built environment and obesity: a systematic review of the epidemiologic evidence. *Health & Place*, 2010, 16(2): 175–190.

[59] Folte C, Piombini A. Urban layout, landscape features and pedestrian usage. *Landscape and Urban Planning*, 2007, 81(3): 225–234.

[60] Forsyth A, Oakes J M, Schmitz K H, et al. Does residential density increase walking and other physical activity? *Urban Studies*, 2007, 44(4): 679–697.

[61] Frank L D, Andresen M A, Schmid T L. Obesity relationships with community design, physical activity, and time spent in cars. *American Journal of Preventive Medicine*, 2004, 27(2): 87–96.

[62] Frank L D, Engelke P O. The built environment and Human Activity patterns: exploring the impacts of urban form on public health. *Journal of Planning Literature*, 2001, 16(2): 202–218.

[63] Frank L D, Sallis J F, Conway T L, Chapman J E, Saelens B E, Bachman W. Many pathways from land use to health. *Journal of the American Planning Association*, 2006, 72(1): 75–87.

[64] Frank L D, Schmid T L, Sallis J F, Chapman J, Saelens B E. Linking objectively measured physical activity with objectively measured urban form: findings from

SMARTRAQ. *American Journal of Preventive Medicine*, 2005, 28(2, Supplement 2): 117–125.

[65] Frank L, Pivo G. Impacts of mixed use and density on utilization of three modes of travel: single–occupant vehicle, transit, and walking. *Transportation Research Record*, 1994, 1466: 44–52.

[66] Giles–Corti, B., & Donovan, R. The relative influence of individual, social and physicalenvironment determinants of physical activity. *Social Science and Medicine*, 2002, 54, 1793–1812.

[67] Golledge R G, Stimson R J. Spatial behaviour: a geographic perspective. Guilford, New York, 1997.

[68] Gottdiener M, Hutchison R. The new urban sociology. New York: McGraw–Hill, 1997.

[69] Groenewegen, P., van den Berg, A., de Vries, S., & Verheij, R. Vitamin G: Effects of green space on health, well–being, and social safety. BMC Public Health, 2006, 6(1),149.

[70] Galea S, Ahern J, Rudenstine S, Wallace Z, Vlahov D. Urban built environment and depression: a multilevel analysis. *Journal of Epidemiology Community Health*, 2005, 59(10):822–827.

[71] Giles–Corti B, Broomhall M H, Knuiman M, Collins C, Douglas K, Ng K, et al. Increasing walking: how important is distance to, attractiveness, and size of public open space? *American Journal of Preventive Medicine*, 2005, 28(2, Supplement 2): 169–176.

[72] Giles–Corti B, Donovan R J. Socioeconomic status differences in recreational physical activity levels and real and perceived access to a supportive physical environment. *Preventive Medicine*, 2002, 35(6): 601–611.

[73] Greenwald M, Boarnet M. Built environment as determinant of walking behavior: analyzing nonwork pedestrian travel in portland, oregon.*Transportation Research Record: Journal of the Transportation Research Board*, 2001, 1780(1): 33–41.

[74] Handy S L, Boarnet M G, Ewing R, et al. How the built environment affects physical activity: views from urban planning. *American Journal of Preventive Medicine*, 2002, 23(2, Supplement 1): 64–73.

[75] Handy S L, Cao X, Mokhtarian P. Correlation or causality between the built environment and travel behavior? evidence from northern California. *Transportation Research Part D*, 2005, 10(6): 427–444.

[76] Handy S, Cao X, Mokhtarian P L. Self-selection in the relationship between the built environment and walking: empirical evidence from northern California. *Journal of the American Planning Association*, 2006, 72(1): 55–74.

[77] Handy S, Cao X, Mokhtarian P. The causal influence of neighborhood design on physical activity within the neighborhood: evidence from northern California. *American Journal of Health Promotion*, 2008, 22(5): 350–358.

[78] Hillsdon M, Panter J, Foster C, Jones A. The relationship between access and quality of urban green space with population physical activity. *Public Health*, 2006, 120(12): 1127–1132.

[79] Hoehner C M, Ramirez L K, Elliott M B, et al. Perceived and objective environmental measures and physical activity among urban adults.American *Journal of Preventive Medicine*, 2005, 28 (2, Supplement 2):105 –116.

[80] Humpel N, Owen N, Leslie E, Marshall A L, Bauman A E, Sallis J F. Associations of location and perceived environmental attributes with walking in neighborhoods. *American Journal of Health Promotion*, 2004, 18(3): 239–242.

[81] Hägerstrand T. Aspekte der räumlichen Struktur von sozialen Kommunikationsnetzen und der Information sausbreitung, 1970.

[82] Handy S, Cao X, Mokhtarian P. Correlation or causality between the built environment and travel behavior? Evidence from northern California. *Transportation Research Part D: Transport and Environment*, 2005, 10(6): 427–444.

[83] Handy S, Cao Xinyu, Mokhtarian P. Correlation or causality between the built environment and travel behavior.

[84] Handy, S. Urban form and pedestrian choices: Study of austin neighborhoods. *Transportation Research Record*, 1996: 135–144.

[85] Hii JL, Chee KC, Vun YS, Awang J, Chin KH, Kan SK. Sustainability of a successful malaria surveillance and treatment program in a runggus community in Sabah, east Malaysia. *Southeast Asian J Trop Med Public Health*, 1996, 27: 512–21.

[86] Hollands, R. G. Will the real smart city please stand up? City: Analysis of urban trend, culture, theory, policy, action, 2008, 12(3), 303–320.

[87] Inose T, Shimodozono K, Hanaki K. Impact of anthropogenic heat on urban climate in Tokyo. *J . Atmosphere Environment*, 1999, (33) :3897~3909.

[88] Israr SM, Islam A. Good governance and sustainability: a case study from Pakistan. Int J Health Plann Manag, 2006, 21: 313–25.

[89] Inoue S, Murase N, Shimomitsu T, et al. Association of physical activity and neighborhood environment among Japanese adults. *Preventive Medicine*, 2009, 48(4): 321–325.

[90] Inoue S, Ohya Y, Odagiri Y, et al. Association between perceived neighborhood environment and walking among adults in 4 cities in Japan. *Journal of Epidemiology*, 2010, 20(4): 277–286.

[91] Jones P, Sloman L. Encouraging behavioral change through marketing and management: What can be achieved?

[92] Jones P, Stopher P R (Eds.). Transport survey quality and innovation. Emerald Group Publishing, 2003.

[93] Jones, M., Pebley, A. R. Redefining neighborhoods using common destinations: social characteristics of activity spaces and home census tracts compared. *Demography*, 2014, 51(3), 727–752.

[94] Kaczynski AT, Henderson KA. Parks and recreation settings and active living: a review of associations with physical activity function and intensity. *J Phys Act Health*, 2008, 5: 619–632.

[95] Katz P. The new urbanism: toward an architecture of community. New York: McGraw–Hill, 1994.

[96] Kwan M P. Feminist visualization: Re-envisioning GIS as a method in feminist geographic research. *Annals of the association of American Geographers*, 2002, 92(4): 645–661.

[97] Kwan M P. GIS methods in time–geographic research: geocomputation and geovisualization of human activity patterns. geografiska annaler: series B, *Human Geography*, 2004, 86(4): 267–280.

[98] Kwan M P. From place–based to people–based exposure measures. *Social science & medicine*, 2009, 69(9): 1311–1313.

[99] Kwan, M. Gender and individual access to urban opportunities: A study using spacetime measures. *Professional Geographer*, 1999, 51(2), 210.

[100] Krasny, M. E., & Tidball, K. G. Civic ecology: a pathway for earth stewardship in cities. *Frontiers in Ecology and the Environment*, 2012, 10(5), 267–273.

[101] Katzmarzyk Peter T, Mark S Tremblay. Limitations of Canada's physical activity data: implications for monitoring trends. *Canadian Journal of Public Health*, 2007, 98 (Supplement 2): 185–194.

[102] Kristen M. Grabill. Structural equation modeling. *Handbook of Research Methods in Tourism*, 2012, 13(3):5413–5421.

[103] Kelly–Schwartz A C, Stockard J, Doyle S, et al. Is sprawl unhealthy?: A multilevel *analysis* of the relationship of metropolitan sprawl to the health of individuals. *Journal of Planning Education and Research*, 2004, 24(2): 184–196.

[104] Khattak A J, Rodriquez D. Travel behavior in neo–traditional neighborhood developments: A case study in USA. *Transportation Research Part A*, 2005, 39(6): 481–500.

[105] Krizek K J, Johnson P J. Proximity to trails and retail: effects on urban cycling and walking. *Journal of the American Planning Association*, 2006, 72(1): 33–42.

[106] Law, R. Beyond 'women and transport': towards new geographies of gender and daily mobility. *Progress in Human Geography*, 1999, 23(4), 567–588.

[107] *Lee* AJ, Bonson AP, Yarmirr D, O' Dea K, Mathews JD. Sustainability of a successful health and nutrition program in a remote aboriginal community. Med J Aust, 1995, 162: 632–35.

[108] Leslie, E., Owen, N., Salmon, J., Bauman, A., Sallis, J., & Kai Lo, S. Insufficiently active Australian college students: Perceived personal, social, and environmental influences. *Preventive Medicine*, 1999, 28, 20–27.

[109] Levtnson D M, Kumar A. Density and the journey to work. *Growth and Change*, 1997, 28(2): 147–172.

[110] Li Si–Ming. Housing tenure and residential mobility in urban China: A study of commodity housing development in Beijing and Guangzhou. *Urban Affairs Review*, 2003, 38(4): 510–534.

[111] Larsen Kristian, Jason Gilliland, Paul Hess, Patricia Tucker, Jennifer Irwin, Meizi He. The influence of the physical environment and sociodemographic characteristics on children's mode of travel to and from school. *American Journal of Public Health*, 2009, 99(3): 520–26.

[112] Learnihan V, Van Niel KP, Giles–Corti B, et al. Effect of scale on the links between walking and urban design. *Geographical Research*, 2011, 49(2): 183–191.

[113] Lee C, Moudon A V. Physical activity and environment research in the health field: implications for urban and transportation planning practice and research. *Journal of Planning Literature*, 2004, 19(2): 147–181.

[114] Lee I M, Ewing R, Sesso H D. The built environment and physical activity levels:

the harvard alumni health study. *American Journal of Preventive Medicine*, 2009, 37(4): 293–298.

[115] Li F, Harmer P A, Cardinal B J, Bosworth M, Acock A, Johnson–Shelton D, Moore J M. Built environment, adiposity, and physical activity in adults aged 50–75. *American Journal of Preventive Medicine*, 2008, 35(1): 38–46.

[116] Loon J V, Frank L. Urban form relationships with youth physical activity: implications for research and practice. *Journal of Planning Literature*, 2011, 26(3): 280–308.

[117] Limtanakool N, Dijst M, Schwanen T. The influence of socioeconomic characteristics, land use and travel time considerations on mode choice for medium– and longer–distance trips. *Journal of Transport Geography*, 2006, 14(5): 327–341.

[118] Liu L, Wang X, Eck J, et al. Simulating crime events and crime patterns in RA/CA Model, 2005.

[119] Liu Y, Kang C, Gao S, et al. Understanding intra–urban trip patterns from taxi trajectory data. *Journal of Geographical Systems*, 2012, 14(4): 463–483.

[120] Lu X, Pas E I. Socio–demographics, activity participation and travel behavior. *Transportation Research Part A: Policy and Practice*, 1999, 33(1): 1–18.

[121] Maantay J. Zoning. Equity and Public Health.*American Joural of Public Health*, 2001, (7): 1 033–1041.

[122] McCormack G, Giles–Corti B, Lange A, Smith T, Martin K, Pikora TJ. An update of recent evidence of the relationship between objective and self–report measures of the physical environment and physical activity behaviours. *J Sci Med Spor*, 2004, 7: 81–92.

[123] Melia S, Parkhurst G, Barton H. The paradox of intensification. *Transport Policy*, 2011, 18(1): 46–52.

[124] M White, I Alcock, B W Wheeler, M H Depledge. "Would You Be Happier Living in a Greener Urban Area? A Fixed–Effects Analysis of Panel Data" in Psychological Science, 2013.

[125] Miller, H. J. Activities in space and time. In P. Stopher, K. Buttun, K. Haynes, D. Hensher (Eds.), Handbook of transport 5: transport geography and spatial systems: pergamon/elsevier science, 2004.

[126] Moilanen M. Matching and settlement patterns: the case of norway. Papers in Regional Science, 2010, 89(3): 607–623.

[127] Moilanen M. Matching and settlement patterns: the case of norway. *Papers in Regional Science*, 2010, 89(3): 607–623.

[128] Macintyre S, Macdonald L, Ellaway A. Lack of agreement between measured and self-reported distance from Public green parks in Glasgow, Scotland. *International Journal of Behavioral Nutrition and Physical Activity*, 2008, 5(1): 1–8.

[129] McCormack G R, Rock M, Toohey A M, et al. Characteristics of urban parks associated with park use and physical activity: a review of qualitative research. *Health & Place*, 2010, 16(4): 712–726.

[130] Meurs H, Haaijer R. Spatial Structure and Mobility. *Transportation Research Part D*, 2001, (6): 429–446.

[131] Monn C. Exposure assessment of air pollutants: a review on spatial heterogeneity and indoor/ outdoor/ personal exposure to suspended particulate matter , nit rogen dioxide and ozone. *Atmospheric Enviornment*, 2001, 35: 1–32.

[132] Mora R. Moving bodies: open gyms and physical activity in Santiago. *Journal of Urban Design*, 2012, 17(4): 485–497.

[133] Moudon A V, Lee C , Cheadle A, Collier C, Johnson D, Schmid T L, Weathers R, Lin L. Operational definitions of walkable neighborhood: theoretical and empirical insights. *J. Phys. Activity Health*, 2006, 3(Supplument 1): 99–117.

[134] Nelson M C, Gordon-Larsen P, Song Y, Popkin B M. Built and social environments associations with adolescent overweight and activity. *American Journal of Preventive Medicine*, 2006, 31(2): 109–117.

[135] Norman Gregory J, Marc A *Adams*, Jacqueline Kerr, SherryRyan, Lawrence D Frank, Scott C Roesch. A latent profile analysis of neighborhood recreation environments in relation to adolescent physical activity, sedentary time, and obesity. *Journal of Public.Health Management and Practice*, 2010, 16(5): 411–419.

[136] Nowak, *Crane*, & Stevens, Nowak et al., Escobedo, Kroeger, & Wagner, Escobedo, F. J., Kroeger, T., & Wagner, J. E. Urban forests and pollution mitigation: analyzing ecosystem services and disservices. *Environmental Pollution*, 159(8), 2078–2087.

[137] Ohmori N,Nakazato M, Harata N. GPS mobile phone-based activity diary survey. *Proceedings of the Eastern asia Society for Transportation Studies*, 2005, 5: 1104–1115.

[138] Owen N, Cerin E, Leslie E, et al. Neighborhood walkability and the walking behavior of Australian adults. *American Journal of Preventive Medicine*, 2007,

33(5): 387–395.

[139] Pikora T, Giles-Corti B, Bull F, et al. Developing a framework for assessment of the environmental determinants of walking and cycling. *Social Science & Medicine*, 2003, 56(8): 1693–1703.

[140] Powell K E, Martin L M, Chowdhury P P. Places to walk: convenience and regular physical activity. *American Journal of Public Health*, 2003, 93(9): 1519–1521.

[141] Purciel M, Neckerman K M, Lovasi G S, et al. Creating and validating GIS measures of urban design *for* health research. *Journal of Environmental Psychology*, 2009, 29(4): 457–466.

[142] Pardo, T. A., & Nam, T. Smart city as urban innovation: focusing on management, policy and context. *Proceeding of the 5th International Conference on theory and Practice of Electronic Governance* (pp. 185–194). New York: ACM, 2011.

[143] Pred A. Social reproduction and the time–geography of everyday life. Geografiska Annaler. Series B, *Human Geography*, 1981, 63(1): 5–22.

[144] Ratti C, Frenchma D et al. Mobile landscapes: using location data from cell phones for urban analysis. *Environment and Planning B: Planning and Design*, 2006, 33(5): 727–748.

[145] Reed J, Ainsworth B. Perceptions of environmental supports on the physical activity behaviors of university men and women: a preliminary investigation. *J Am Coll Health*, 2007, 56: 199–204.

[146] Richardson D B, Volkow N D, Kwan M–P, et al. Spatial turn in health research. Science,. 2013, 339: 1390–1392.

[147] Roberts, J., Hodgson, R., Dolan, P. 'It's driving her mad': gender differences in the effects of commuting on psychological health. *Journal of Health Economics*, 2011, 30(5): 1064–1076.

[148] Rowley KG, Daniel M, Skinner K, Skinner M, White GA, O'Dea K. Eff ectiveness of a community–directed 'healthy lifestyle' program in a remote Australian aboriginal community. *Aust N Z J Public Health*, 2000, 24: 136–44.

[149] Rundle A, Neckerman KM, Freeman L, Lovasi GS, Purciel M, Quinn J, Richards C, Sircar N, Weiss C. Neighborhood food environment and walkability predict obesity in New York City. *Environ Health Perspect*, 2009, 117: 442–447.

[150] Rhodes R E, Brown S G, McIntyre C A. Integrating the perceived neighborhood environment and the theory of planned behavior when predicting walking in a

Canadian adult sample. *American Journal of Health Promotion*, 2006, 21(2): 110–118.

[151] Rundle A, Diez Roux A V, Freeman L M, Miller D, Neckerman K M, Weiss C C. The urban built environment and obesity in New York City: A multilevel analysis. *American Journal of Health Promotion*, 2007, 10(4 supplement): 19–23.

[152] Rutt C D, Coleman K J. Examining the relationships among built environment, physical activity, and body mass index in El Paso, TX. *Preventive Medicine*, 2005, 40(6): 831–841.

[153] Sallis J F, Bowles H R, Bauman A, et al. Neighborhood environments and physical activity among adults in 11 countries. *American Journal of Preventive Medicine*, 2009, 36(6): 484–490.

[154] Sallis J F, Frank L, Kraft M K. Active transportation and physical activity: opportunities for collaboration on transportation and publicHealth research. *Transportation Research Part A*, 2004, 38(4): 249–268.

[155] Sadoun B, Al–Bayari O. Location based services using geographical information systems. *Computer Communications*, 2007, 30(16): 3154–3160.

[156] Saelens B E, Sallis J F, Frank L D. Environmental correlates of walking and cycling: findings from the transportation, urban design, and planning literatures. *Annals of behavioral medicine*, 2003, 25(2): 80–91.

[157] Scheiner, J., Holz–Rau, C. Gendered travel mode choice: a focus on car deficient households. *Journal of Transport Geography*, 2012, 24, 250–261.

[158] Schwanen, T. Matter(s) of interest: artefacts, spacing and timing. Geografiska Annaler. Series B, *Human Geography*, 2007, 89(1), 9–22.

[159] Schwanen, T., Kwan, M. The internet, mobile phone and space–time constraints. *Geoforum*, 2008, 39(3), 1362–1377.

[160] Schoonen R. Structural equation modeling. *Journal of Travel&Tourism Marketing*, 2007, 21(4):41–71.

[161] Shiftan Y, Barlach Y. Effect of employment site characteristics on commute mode choice. Transportation Research Record. *Journal of the Transportation Research Board*, 2002, 1781(1): 19–25.

[162] Shediac–Rizkallah MC, Bone LR. Planning for the sustainability of community-based health programs: Conceptual frameworks and future directions for research, practice and policy. *Health Educ Res* 1998; 13: 87–108.

［163］ Shoval N. Tracking Technologies and Urban Analysis. *Cities*, 2008, 25(1): 21–28.

［164］ Spinney, J.E.L., Scott, D.M., Newbold K.B. Transport mobility benefits and quality of life: A time–use perspective of elderly Canadians. Transport Policy, 2009, 16(1): 1–11.

［165］ Stopher P R, Greaves S P. Household travel surveys: Where are we going? *Transportation Research Part A*, 2007, 41: 367–381.

［166］ Stopher, P R. Use of an activity–based diary to collect household travel data. *Transportation*, 1992, 19(2): 159–176.

［167］ Taylor M, Ampt E. Travelling smarter down under: policies for voluntary travel behaviour change in Australia. *Transport Policy*, 2003, 10: 165–177.

［168］ Tannenbaum TN. Sustainable tuberculosis control. *Can Respir J*, 2002, 9: 387–88.

［169］ Thomson JM. Great cities and their traffic. London: Victor Gollancz, 1977.

［170］ Transportation Research Board. Does the Built Environment Influence Physical Activity: Examining the Evidence. Washington DC: TRB, 2005.

［171］ Timmermans H, Arentze T, Joh C H. Analysing space–time behaviour: new approaches to old problems. *Progress in human geography*, 2002, 26(2): 175–190.

［172］ Toledo Romani ME, Vanlerberghe V, Perez D, et al. Achieving sustainability of community–based dengue control in Santiago de Cuba. *Soc Sci Med*, 2007, 64: 976–88.

［173］ van Londersele B, Delafontaine M, Van de Weghe N. Bluetooth Tracking: A Spy in Your Pocket. *GIM International*, 2009, 11: 23–25.

［174］ vom Brocke, J., Simons, A., Niehaves, B., Plattfaut, R., & Cleven, A. Reconstructing the giant: on the importance of rigour in documenting the literature search process. ECIS 17th European Conference on Information Systems (pp. 2–13), 2009.

［175］ Van Dyck D, Cardon G, Deforche B, et al. Neighborhood SES and walk ability are related to physical activity behavior in Belgian adults. *Preventive Medicine*, 2010, 50 (Supplement 1): 74–79.

［176］ Wang Y P, Murie A . Social and spatial implications of housing reform in China. *International Journal of Urban and Regional Research*, 2000, 24(2): 397–417.

［177］ Whitehead M, Dahlgren. What can be done about inequalities in health? *Lancet*, 1991, 338: 1059–63.

［178］ Wells N, Yang Y. Neighborhood design and walking. A quasiexperimental longitudinal study. American Journal of Preventive Medicine, 2008, 34(4): 313–319.

[179] Yuan J, Zheng Y, Xie X. Discovering regions of different functions in a city using human mobility and POIs. *Proceedings of the 18th ACM SIGKDD International Conference on Knowledge Discovery and Data Mining*. ACM, 2012, 186–194.

[180] Zhang M. The role of land use in travel mode choice: Evidence from Boston and Hong Kong. *Journal of the American Planning Association*, 2004, 70(3): 344–360.

中文

[1] 埃比尼泽·霍华德. 明日的田园城市. 金经元译 [M]. 北京：商务印书馆, 2002.

[2] 柴彦威, 刘志林, 李峥嵘等. 中国城市的时空间结构 [M]. 北京：北京大学出版社, 2002.

[3] 柴彦威, 张文佳, 张艳等. 微观个体行为时空数据的生产过程与质量管理——以北京居民活动日志调查为例 [J]. 人文地理, 2009, 24（6）: 1-9.

[4] 柴彦威. 城市空间与消费者行为 [M]. 南京：东南大学出版社, 2010: 153.

[5] 陈希镇. Logistic模型中参数的估计 [J]. 数理统计与管理, 1999, 18（6）: 38-44.

[6] 陈佑启. 北京城乡交错带土地利用问题与对策研究仁 [J]. 经济地理, 1996,（4）: 46-50.

[7] 冯健, 周一星. 郊区化进程中北京城市内部迁居及相关空间行为——基于千份问卷调查的分析 [J]. 地理研究, 2004, 02: 227-242.

[8] 冯健, 周一星. 转型期北京社会空间分异重构 [J]. 地理学报, 2008, 63（8）: 829-844.

[9] 冯维波, 龙彬, 张述林. 基于游憩者感知的重庆都市区游憩空间品质评价 [J]. 人文地理, 2009, 06: 91-96.

[10] 冯维波. 城市游憩空间分析与整合 [M]. 北京：科学出版社, 2009.

[11] 冈本耕平. 都市空间における認知と行動 [M]. 东京：古今书院, 2000.

[12] 顾朝林. 北京土地利用/覆盖变化机制研究 [J]. 自然资源学报, 1999, 14（4）: 307-312.

[13] 何春阳, 史培军, 陈晋等. 北京地区城市化过程与机制研究 [J]. 地理学报, 2002, 57（3）: 363-371.

［14］候百镇. 转型与城市发展［J］. 规划师，2005，29（2）：67–72.

［15］胡正凡，林玉莲. 环境心理学［M］. 北京：中国建筑工业出版社，2012.

［16］黄潇婷，马修军. 基于GPS数据的旅游者活动节奏研究［J］. 旅游学刊，2011，12：26–29.

［17］柯焕章. 北京城市空间布局发展的回顾与构想［J］. 北京规划建设，2003，（4）：28–33.

［18］韩西丽，Sternudd Catharina，赵文强. 城市儿童户外体力活动研究进展［J］. 人文地理，2011，（06）：29–33.

［19］雷春浓. 现代高层建筑设计［M］. 北京：中国建筑工业出版社，1997：46–52.

［20］李延龄. 建筑设计原理［M］. 北京：中国建筑工业出版社，2011.

［21］李志刚，吴缚龙，高向东. "全球城市"极化与上海社会空间分异研究［J］. 地理科学，2007，03：304–311.

［22］林玉莲，胡正凡. 环境心理学［M］. 北京：中国建筑工业出版社，2000，65–68.

［23］刘望保，翁计传. 住房制度改革对中国城市居住分异的影响［J］. 人文地理，2007，22（1），49–52.

［24］陆化普. 交通规划理论与方法（第二版）［M］. 北京：清华大学出版社，2006.

［25］申悦，柴彦威. 基于GPS数据的北京市郊区巨型社区居民日常活动空间［J］. 地理学报，2013，04：506–516.

［26］石谦飞，王祖纬. 使用后评价对城市公共空间设计的启示［J］. 山西建筑，2007，21：11–12.

［27］宋金平，王恩儒，张文新，彭萍. 北京住宅郊区化与就业空间错位［J］. 地理学报，2007，（62）4：387–396.

［28］王德，朱玮，黄万枢等. 基于人流分析的上海世博会规划方案评价与调整［J］. 城市规划，2009，（8）：26–32.

［29］王静远，李超，熊璋，单志广. 以数据为中心的智慧城市研究综述［J］. 计算机研究与发展，2014，02：239–259.

［30］王茹芹，王成荣，赖阳等. 北京商业三十年发展成就与展望［J］. 北京财贸职业学院学报，2008，24（4）：8–16.

［31］王兴中，王立，谢利娟等. 国外对空间剥夺及其城市社区资源剥夺水平研究的现状与趋势［J］. 人文地理，2008，（06）：7–12.

［32］ 任晋锋，吕斌. 土地使用对交通出行的影响［J］. 城市规划学刊，2011，
　　　（05）：63-72.

［33］ 苏萌，杜宇坤，吕筠等. 城市体力活动相关建成环境的评价工具进展［J］.
　　　中华流行病学杂志，2011，32（6）：632-635.

［34］ 魏立华，刘玉亭. 转型期中国城市"社会空间问题"的研究述评［J］. 国际
　　　城市规划，2010，（06）：70-73.

［35］ 吴缚龙. 中国城市社区的类型及其特质［J］. 城市问题，1992，（5），24-
　　　27.

［36］ 吴缚龙. 中国的城市化与"新"城市主义［J］. 城市规划，2006，08：19-
　　　23.

［37］ 吴启焰. 城市社会空间分异的研究领域及其进展［J］. 城市规划汇刊，
　　　1999，（3），23-26.

［38］ 仵宗卿，戴学珍. 北京市商业中心的空间结构研究［J］. 城市规划，2001，
　　　25（10）：15-19.

［39］ 肖作鹏，柴彦威. 从个人出行规划到个人行为规划［J］. 规划师，2012，28
　　　（1）：5-11.

［40］ 阎小培，周素红，毛蒋兴等. 高密度开发城市的交通系统与土地利用——以
　　　广州为例［M］. 北京：科学出版社，2006：213 - 235.

［41］ 杨上广，王春兰. 大城市社会空间演变态势剖析与治理反思——基于上海的
　　　调查与思考［J］. 公共管理学报，2010，（01）：35-46.

［42］ 叶依广等. 大城市居住房地产区位演变趋势探讨［J］. 中国房地产，2002，
　　　（3）：41-43.

［43］ 张京祥，殷洁，罗小龙. 地方政府企业化主导下的城市空间发展与演化研究
　　　［J］. 人文地理，2006，（04）：1-6.

［44］ 张庭伟，田莉. 城市读本［M］. 北京：中国建筑工业出版社，2013.

［45］ 张文佳，柴彦威. 居住空间对家庭购物出行决策的影响［J］. 地理科学进
　　　展，2009，（3），362-369.

［46］ 张文茂，苏慧. 北京城市化进程与特点研究［J］. 北京规划建设，2009，
　　　（3）：80 -83.

［47］ 张艳，柴彦威. 基于居住区比较的北京城市通勤研究［J］. 地理研究，
　　　2009，（5），1327-1340.

［48］ 张艳，柴彦威，郭文伯. 北京城市居民日常活动空间的社区分异［J］. 地域
　　　研究与开发，2014，33（5），65-71.

［49］ 周素红，邓丽芳. 基于T-GIS的广州市居民日常活动时空关系［J］. 地理学报，2010，65（12）：1454-1463.

［50］ 周热娜，李洋，傅华. 居住周边环境对居民体力活动水平影响的研究进展［J］. 中国健康教育，2012，（09）：769-771.

［51］ 周一星. 北京的郊区化及引发的思考［J］. 地理科学,1996,16（3）：198-206.

［52］ 宗跃光，周尚意，张振世等. 北京城郊化空间特征与发展对策［J］. 地理学报,2002，57（2）：135-142.